二战风云人物

鸿儒文轩 编著
HONGRUWENXUAN

Vasilevsky 谋略元帅
华西列夫斯基
1895-1977

中国书籍出版社

图书在版编目(CIP)数据

谋略元帅——华西列夫斯基/鸿儒文轩编著. —北京：中国书籍出版社，2012.8
ISBN 978-7-5068-3026-3

Ⅰ.①谋… Ⅱ.①鸿… Ⅲ.①华西列夫斯基 A.M.（1895～1977）-传记 Ⅳ.①K833.125.2

中国版本图书馆 CIP 数据核字（2012）第 173585 号

谋略元帅——华西列夫斯基

鸿儒文轩　编著

图书策划	武　斌　崔付建
责任编辑	刘洁琼
责任印制	孙马飞　马　芝
出版发行	中国书籍出版社
地　　址	北京市丰台区三路居路 97 号（邮编：100073）
电　　话	（010）52257143（总编室）　（010）52257140（发行部）
电子邮箱	chinabp@vip.sina.com
经　　销	全国新华书店
印　　刷	三河市华东印刷有限公司
开　　本	710 毫米×1000 毫米　1/16
字　　数	252 千字
印　　张	17
版　　次	2013 年 2 月第 1 版　2018 年 4 月第 3 次印刷
书　　号	ISBN 978-7-5068-3026-3
定　　价	29.80 元

版权所有　翻印必究

前 言

第二次世界大战是人类历史上规模最大、战斗最为惨烈、影响最为深远的一场战争。在这场正义与邪恶的较量中，参战双方都涌现出了不少风云人物。他们或为法西斯卖命，成为了遗臭万年的战争罪犯；或为国家和民族的自由而奋战，成为了名传千古的英雄。苏联时期著名的谋略元帅华西列夫斯基无疑是第二次世界大战舞台上最富传奇性的风云人物之一。

华西列夫斯基出身于贫苦的神父之家，兄弟姐妹众多，从小就在菜园和田地里从事劳动。父亲希望他能像自己一样，终生从事神职工作，但他却一心想成为一名出色的农学家。但谁也不曾想，他既没有成为神职人员，也没有成为农学家，而成为了苏联红军中的"智多星"，声名远播的"谋略元帅"。

战争将华西列夫斯基安排到了红军总参谋长的位置之上，使得这位军事天才有了运筹帷幄、决胜千里的舞台。在整个第二次世界大战期间，他与斯大林、朱可夫一起，领导了苏联红军抗击法西斯德国的战斗！

作为总参谋长，他几乎参加了红军每一次战役计划的制定与修正工作，当然这也是他的主要工作。同方面军司令员指挥大军，威风八面地在战场上同德军决战不同的是，这项出谋划策、决胜千里的工作虽然艰苦，但却没有给他太多"露脸"的机会。

不过，他也经常以红军最高统帅部代表的身份在前线，协调各方面军、各兵种之间的作战行动。在苏德战场上的几次决定性的战役中，如莫斯科会战、斯大林格勒战役、库尔斯克战役、波罗的海沿岸战役、东普鲁士战役等等，都能看到他忙碌的身影。第二次世界大战接近尾声之时，他还奉命直接指挥远东军，击溃了日本关东军！

  以往的传记作家在为其立传之时，往往仅写他的政治、军事生涯和重要功绩，而忽略了他的家庭背景、生活经历，甚至故意剔除其性格上的瑕疵与人生的败笔。如此一来，就使得人物过于单薄，传记也有失客观公正。

  本书在大量考证历史资料和细节的基础之上，以全新的视角，从华西列夫斯基所处的特殊家庭和社会环境之中叙述了他的成长轨迹和心路历程。希望他的成长经历以及编者的评论能给广大读者带来一些启发，引起广大读者的思考。由于编者的水平有限，书中难免存在谬误与不足之处，请广大读者批评指正！

目 录

第一章　追求进步的青年

一、出生于贫苦神父之家 …………………………… 2
二、逐步接受进步思想 ……………………………… 7
三、成为一名准尉军官 ……………………………… 12
四、主动率部开赴前线 ……………………………… 17
五、对临时政府产生怀疑 …………………………… 21

第二章　成长为红军军官

一、从教官到乡村教师 ……………………………… 26
二、升任红军第五团团长 …………………………… 30
三、受到不公平的处罚 ……………………………… 34
四、婉拒好朋友的帮助 ……………………………… 38
五、与伏罗希洛夫的相识 …………………………… 41
六、加入布尔什维克党 ……………………………… 45

第三章　大战爆发的前夜

一、紧张的党内外形势 ………………………… 52
二、出任战役训练处处长 ………………………… 56
三、法西斯德国闪击波兰 ………………………… 60
四、斯大林的特别关怀 ………………………… 64

第四章　总参谋部的核心

一、法西斯德国的阴谋 ………………………… 70
二、德军突袭苏联边境 ………………………… 75
三、出任第一副总参谋长 ………………………… 80
四、领导参谋部第一梯队 ………………………… 85
五、莫斯科保卫战的胜利 ………………………… 90

第五章　在斯大林格勒

一、德军瞄准斯大林格勒 ………………………… 96
二、临危接任总参谋长 ………………………… 101
三、斯大林格勒的混战 ………………………… 106
四、参与制定反攻计划 ………………………… 111
五、飞机在大雾中遇险 ………………………… 115
六、斯大林格勒的胜利 ………………………… 120

第六章　指挥库尔斯克战役

一、库尔斯克战役前夕 …………………… 126
二、坚持积极防御战略 …………………… 133
三、指挥库尔斯克会战 …………………… 138

第七章　解放乌克兰共和国

一、受到斯大林的指责 …………………… 144
二、控制第聂伯河左岸 …………………… 148
三、两位元帅的冬季使命 ………………… 153
四、忍受斯大林的怒火 …………………… 157
五、将战场推进到国境线 ………………… 160

第八章　"巴格拉季昂"计划

一、向克里米亚半岛进军 ………………… 166
二、攻克塞瓦斯托波尔 …………………… 170
三、"巴格拉季昂"计划 ………………… 174
四、协调战役准备进程 …………………… 178
五、合围维捷勃斯克之敌 ………………… 183
六、解放白俄罗斯全境 …………………… 186

第九章　驰骋东普鲁士

一、波罗的海沿岸受挫 …………………… 192

二、解放波罗的海沿岸 …………………………… 195
三、部署东普鲁士战役 …………………………… 201
四、主动请辞参谋长之职 ………………………… 205
五、指挥东普鲁士战役 …………………………… 209
六、法西斯德国的覆亡 …………………………… 214

第十章 出任远东军总司令

一、向远东地区调兵遣将 ………………………… 220
二、出任远东军总司令 …………………………… 225
三、认真制定作战计划 …………………………… 229
四、重新考评战役期限 …………………………… 234

第十一章 击溃日本关东军

一、战役开始前的风波 …………………………… 240
二、三路大军直扑关东军 ………………………… 245
三、迅速分割合围日军 …………………………… 250
四、日本宣布无条件投降 ………………………… 255
五、日本关东军的覆灭 …………………………… 260

第一章

追求进步的青年

一

出生于贫苦神父之家

俄罗斯帝国横跨亚欧两大洲,军事力量强大,曾长期充当"欧洲宪兵"的角色。但这个强大的军事帝国并没有把俄罗斯人,尤其是把农奴从穷困潦倒的生活状况之中解救出来。相反,为了骑在人民的头上作威作福和维持巨大的军费开支,帝国贵族们横征暴敛,弄得民不聊生,哀鸿遍野。

19世纪中叶,当欧洲各国相继完成工业革命和资产阶级革命,成为政治、经济、军事强国之时,古老的俄罗斯帝国却依然深陷在封建农奴制的泥潭之中,不能自拔。各地农奴纷纷揭竿而起,为生存和自由向贵族发起了挑战。庞大的帝国在风雨飘摇之中拖着贫弱多病的身躯,苟延残喘着。

为了延续专制统治,沙皇亚历山大二世(1818~1881年,1855~1881年在位)被迫于1861年进行了一场自上而下的废奴运动,给了农奴一定的人身自由,甚至允许他们拥有土地。当然,这一切并不是沙皇的无偿恩赐,农奴们需要付出高出地价几倍,甚至几十倍的钱财才能获得一点点可怜的土地。

由于一贫如洗的农奴们根本无力承担这笔费用,这场改革并没有消灭农奴主土地所有制,也未能改变帝国脆弱的农业基础和歧视农奴的文化传统。在此后的几十年之中,俄罗斯帝国的掌权者虽然由亚历山大二世换成了他的儿子亚历山大三世,但这种状况始终未曾改变。少数的农奴主贵族仍然霸占着大量肥沃的土地,而占绝大多数人口的农民却只占少量贫瘠的土地。农奴主骑在农民的头上作威作福,而广大农民却依然过着食不果腹、衣不蔽体的贫苦生活。

1894年，沙皇亚历山大三世（1845~1894年，1881~1894年在位）去世了，他的儿子尼古拉二世（1868~1918年，1894~1917年在位）继承了皇位，成为俄罗斯帝国最后一位君主。尼古拉二世深受其父亚历山大三世的影响，对外侵略，对内镇压，导致广大农民的生活更加困苦不堪。

俄罗斯是一个英雄辈出的民族。在尼古拉二世登基一年之后，一个伟大的英雄便在伏尔加河中游平原的伊凡诺沃州基涅什马县的新戈利奇哈村出生了。他就是日后叱咤风云的苏联元帅亚历山大·米哈伊洛维奇·华西列夫斯基。

伏尔加河中游平原生长着大片大片茂盛的森林，翁扎河、涅姆达河、卢赫河、科斯特罗马河等伏尔加河的支流在森林中蜿蜒着，滋养着在这片贫瘠的平原上世代生息的人们。新戈利奇哈村是这片平原上典型的古典俄罗斯式的自然村落。村子四周长满了高大的云杉，伏尔加河的支流叶尔纳季河就在这些高大的云杉中穿梭而过。

尽管新戈利奇哈村的风景十分秀丽，但村民们根本无心领略大自然赐给他们的美丽景色。这里的土地十分贫瘠，人们一年辛苦到头也只能勉强维持最低的生存需求。

新戈利奇哈村的规模很小。与其说它是一个村落，倒不如说它是几座破房子堆成的废墟。整个村子只有几户人家，他们全都住在低矮狭窄的草房子里。常年的辛苦劳作让大部分农民都累垮了身体，年纪轻轻便去世了。小伙子米哈伊尔·亚历山德罗维奇的父亲便早早地抛下了妻子和儿子，撒手人寰了。那一年，米哈伊尔只有17岁。

父亲去世后，母亲很快便改嫁给了基涅什马县自治局的一个小职员，组建了新的家庭。小职员的生活也不富裕，他不愿接受业已17岁的继子。因为按照俄罗斯当时的传统，男孩子在十一二岁的时候便开始到工厂里去劳动，自谋生计了。由于新戈利奇哈村十分偏僻，附近并没有工厂，米哈伊尔才不得不一直跟着父亲在乡间从事农业生产。

母亲改嫁之后，米哈伊尔便留在了村子里，独自一人过着艰苦的生活。长期贫苦的生活让俄罗斯民族养成了互相帮助的优良传统。在米哈伊尔生活最困顿的那段日子里，无私的村民们给了他很大的帮助。但村民们的生活都不富裕，无法长期帮助生活困顿的米哈伊尔。

在米哈伊尔走投无路之时，友善的村民们纷纷劝他到科斯特罗马大教堂的唱诗班去找个差事。米哈伊尔有一副天生的好嗓子，唱起歌儿动听极了。科斯特罗马位于伏尔加河和科斯特罗马河的交汇处，是俄罗斯著名的古城之一。米哈伊尔在好心人的帮助下在科斯特罗马谋到了一份差事，干了几年。

后来，他又辗转回到了故乡新戈利奇哈村，在本村谋到了一个教堂唱诗班诵经士的职位。由于年轻的米哈伊尔嗓音优美，很快便被提升为唱诗班的指挥。在这前后，米哈伊尔组建了自己的家庭。他的新娘是同县乌格耶茨村的一位诵经士的女儿，名叫娜杰日达·伊凡诺夫娜·索科洛娃。

婚后的几年里，他们的孩子就像赶趟似的出生了。到1912年，他们总共生下了9个孩子。长子亚历山大没能长大成人，在很小的时候便夭折了。次子名叫德米特里，成年后当了医生，后来又成为了一名光荣的红军军官。老三是个女儿，名叫叶卡捷琳娜，后来成为了一名乡村教师。在第二次世界大战期间，她的丈夫和儿子都死在了德军的手上。1896年9月18日，他们的第四个孩子出生了。这个孩子便是亚历山大·米哈伊洛维奇·华西列夫斯基。

在华西列夫斯基之后，父母又给他生了两个弟弟和3个妹妹。老五名叫叶夫根尼，成年后成了一名农艺师，还当上了弗利卡基米尔州的集体农庄主席。老六名叫维克托，后来成为了苏联红军的空军领航员。妹妹叶列娜和维拉长大后都在农村学校工作，玛尔加丽达则在一家科学研究所当上了实验员。

尽管孩子们给贫困的家庭带来了很多欢声笑语，但他们的衣食开支却是一项沉重的负担。米哈伊尔在唱诗班里领取的薪水根本不够全家生活的需要。为了填饱孩子们的小肚皮，米哈伊尔不得不在工作之余再和妻子一起开辟一些荒地，种一些蔬菜和粮食。

1896年，米哈伊尔因工作出色而被上级教会组织派到了诺沃波罗夫斯科耶村当上神父。诺沃波罗夫斯科耶村在他的故乡新戈利奇哈村附近，也是一个贫穷的小村落。当时，全村总共只有3幢像样点的房子，

1910年，华西列夫斯基和兄弟姐妹在一起。

农民们都过着衣不蔽体、食不果腹的日子。离村子约5公里的地方有一个热闹的商业中心，名叫巴特曼纳。在信息极其闭塞的年代，附近的村民们，不论是大人还是小孩，都以到过这里或了解这里的某件事情而感到自豪。

米哈伊尔被派到诺沃波罗夫斯科耶村当神父之后不久，他便把全家人都接到了这里来居住。随着米哈伊尔工作的调动，家里的生活比原先好了一些，但家里的日子依然时常捉襟见肘。为了维持生计，心灵手巧的米哈伊尔又找到了一条生财之道。每当漫长的冬季来临之后，他便会做一些木工活来贴补家用。有时，他给地方当局定做学生用的课桌、饭桌和门窗，有时则给养蜂场做些蜂箱。每当父亲干木工活的时候，华西列夫斯基都会跟哥哥德米特里给他打下手。

慈爱的母亲为了让孩子们吃得好一点也想尽了办法。春夏季节，她会带着孩子们到田里和菜园里劳动，还会按照每个孩子的年龄将活计分配给他们。孩子们干得最多的活是割草，牲口秋冬季节吃的草料几乎全是孩子们准备的。

采蘑菇和摘野果的季节是孩子们最快乐的时候了。他们和村民的孩

第一章　追求进步的青年

· 5 ·

子们一起，三五成群地溜到村子周围的树林里，跑啊，跳啊，玩得高兴极了。等到回家的时候，他们的兜里还会装满各种各样的野果和大量味道鲜美的蘑菇。华西列夫斯基还会跟其他的男孩子们一起上树掏鸟窝，抓小鸟，捡鸟蛋……

　　童年的生活虽然艰辛，但华西列夫斯基依然觉得十分快乐。直到多年之后，华西列夫斯基依然记得诺沃波罗夫斯科耶村的模样，将它的一切都珍藏在了记忆深处。

二
逐步接受进步思想

俄罗斯帝国的农民大多都是虔诚的东正教信徒，对神父十分敬重。神父在人文和自然科学方面的知识也要比一般的农民丰富得多！他们是村民们的精神领袖。米哈伊尔在诺沃波克罗夫科耶村便很受农民的敬重，因为他不但很有学问，而且还十分重视孩子的教育。1904年，8岁的华西列夫斯基被送到了村里的教会学校读小学。

学校里的学生并不多，因为能像华西列夫斯基一样幸运的孩子很少。普通农民家的孩子大多都没有机会受到教育。华西列夫斯基的许多幼年的伙伴刚满10岁就不得不到附近的工厂里去当童工了。他们的父母为了维持生计也不得不到县城去打零工。基涅什马县是俄罗斯著名的亚麻纺织中心，有很多的纺织厂，尤其是擀毡厂。许多农民一年四季都要远离自己的家，在工厂里没日没夜地劳动，才能勉强挣够维持一家人生活所必需的薪水。

孩子们不能像大人们一样到那么远的地方去干活，只能在家乡附近的工厂里做工。妇女们也要在农闲时节努力赚一些外快。她们有的用自己家里的瘦马给工厂运送燃料，有的在家里根据工厂主的订货擀毡靴，有的则织手套和袜子。

在同情那些不能到学校接受教育的小伙伴们的同时，华西列夫斯基也十分珍惜自己受教育的机会。他学习十分努力，成绩也不错，很受父母和老师的喜爱。

小学毕业之后，父亲又把华西列夫斯基送到了基涅什马神学学校去学习神学。在当时的欧洲国家，神学学校或神学院的教学条件要比一般的学校好很多。学生在那里既可以专攻神学专业，也可以学到很多自然和人文科学方面的知识。米哈伊尔希望儿子将来能像自己一样当一名乡村神父，过上平静安宁的生活。当时，年轻的华西列夫斯基还没有形成自己的人生观，便遵从了父亲的安排，到基涅什马神学学校攻读神学去了。

20世纪初，俄罗斯帝国处于严重的内忧外患之中。俄罗斯紧追西欧，展开了快速的工业化脚步，但由于封建残余势力异常强大，社会贫富差距日益拉大，贫富两极对立十分严重，再加上俄罗斯帝国幅员辽阔，民族众多，除了各民族与俄罗斯在文化、历史等方面存在严重的冲突外，此时，欧洲列强为了瓜分殖民地，冲突不断，俄罗斯彻底失去了"欧洲宪兵"的作用，在冲突中失利不断。

1904年，俄罗斯帝国与日本为了争夺在中国东北和朝鲜半岛的利益，在中国的土地上爆发了日俄战争，俄军虽有较日军先进的军备，却一直处于劣势。俄罗斯的军政界一片哗然，自信心受到了严重的创伤，民间也对沙皇的领导产生疑虑及不满。

俄罗斯的有识之士纷纷寻求救国之路，自由派人士提倡地方自治，并于1905年成立了宪政民主党，要求效仿英国，实施君主立宪制。社会主义派人士则分处两个阵营，分别是沿袭民粹主义的社会革命党和信仰马克思主义的社会民主工党，两者皆主张以暴力革命的手段推翻沙皇的统治，以实现社会改革。其中，以列宁为首的社会民主党中的布尔什维克是一个坚决的革命派。布尔什维克在俄语中意为多数派之意，与此相对的是孟什维克，即少数派。

在基涅什马神学学校攻读神学期间，华西列夫斯基逐渐接触到了先进的革命思想。1907年，基涅什马出现了工人代表苏维埃，当时人们称之为"粮食委员会"。1906年的基涅什马遭到了罕见的自然灾害，农作物歉收严重，谷物和面粉的价格急剧上涨。一些不法商人趁机囤积居奇，赚取不义之财。

1907年2月15日，基涅什马的工人宣布了罢工，纷纷聚集到集市的广场上，召开了工人代表大会。粮食委员会便是在这次代表大会上成立的。粮食委员会对基涅什马的存粮进行了登记，强迫商人按照委员会经过严格审议规定的价格出售粮食。城市劳动者和附近的农民纷纷起来响应，极力支持粮食委员会的行动。

不久之后，沙俄政府便派兵镇压了这次革命行动。一支哥萨克骑兵从科斯特罗马开到了基涅什马，强行解散了粮食委员会，并支持当地的警察机构逮捕了18名委员。

基涅什马县的这次革命活动虽然被沙皇政府残酷地镇压了下去，但却宣传了共产主义革命思想。布尔什维克党人冒着被沙皇政府逮捕和杀害的危险，在城里散发了大量的传单。他们在传单上说："同志们，暴虐无道不会永久，也不会长时间地统治着我们的俄罗斯大地。全民报仇雪恨的时刻即将来临！"

华西列夫斯基这个年轻的神学学校学生通过这些革命活动对布尔什维克有了初步的了解，并对他们产生了深深的同情。

时间很快来到了1909年春天。华西列夫斯基很快就要从基涅什马神学学校毕业了。到秋天的时候，他就要到科斯特罗马神学学校去继续深造了。就在这时，他的家遭了一场意外的损失，一场无情的大火将他家的房子和财产几乎全部烧光了。于是，华西列夫斯基向父亲提出，他不准备再去科斯特罗马神学学校读书了。他的理由是，那里每年的食宿费高达75卢布，这对刚刚遭受惨重损失的家庭来说无疑是一笔沉重的负担。实际上，华西列夫斯基提出这个请求还有另外一层原因。此时的华西列夫斯基已经对神学产生了怀疑，他不愿像父亲一样做一辈子神职工作，更不愿意永久地保留自己的僧侣身份。

固执的米哈伊尔并没有答应儿子的请求，他东挪西借地为华西列夫斯基凑足了读书的费用，在当年秋天准时将他送到了科斯特罗马神学学校。科斯特罗马城要比基涅什马大得多，也繁华得多！

当时，科斯特罗马城大约有5万居民，但大多都是市民阶层，而基涅什马以工人和手工业者为主。市中心耸立着当地的一位人民英雄苏萨宁的塑像，塑像周围的巨大广场也是以他的名字命名的。广场四周的建筑壮观而又华丽，有八面体的城区消防瞭望塔，有富丽堂皇的地方警备队大楼，还有鳞次栉比的食品店、面粉店和鱼店等建筑群。商店的后面是议会广场和一座美丽的公园。公园里有一条修建在人工堤上的林荫路，一直伸到伏尔加河岸边。每到黄昏时分，尤其是在节假日里，市民和学

第一章　追求进步的青年

生们都喜欢到这里散步。

科斯特罗马神学学校就坐落在临河街的上游，地理位置十分优越。每年的春秋季节，学生总是三五成群地到河对岸观赏城市的风景。学校的不远处有一座在当地颇为著名的修道院，名叫伊帕季耶夫修道院。它坐落在科斯特罗马河和伏尔加河交汇处的一片草地上。这座历史悠久、建筑奇特，并镶嵌着无数神奇壁画的修道院散发着浓郁的古典俄罗斯文化的幽香。每一个到过这里的人，无不为之倾倒。华西列夫斯基曾多次到这里感受传统文化的魅力！

华西列夫斯基

科特斯罗马城除了神学学校之外，还有很多普通中学、师范学校、女子学校等学校。在众多学校中，神学学校在市民中的影响最大，这并不是因为它是一所培养神职人员的学校，而是因为在学校就读的学生的思想都相当进步。他们都十分同情布尔什维克，有的甚至还加入了其中。他们利用节假日在科斯特罗马的工人中进行革命宣传，鼓励大家反抗沙皇的反动统治。有很多学生因为宣传革命思想而被沙皇政府逮捕了。

刚到科特斯罗马神学学校不久，华西列夫斯基便遇到了一次大规模的罢课事件。由于时代的发展，许多神学学校的毕业生都不愿意在毕业后从事神职工作，更不愿保持僧侣的身份，而是想进入世俗大学继续深造，追求进步。为了强迫这些追求进步的学生接受神职工作，国民教育部于1909年通过了一项决议，决定禁止神学学校普通教育的四年级毕业生升入世俗大学或专科学院。

这一消息一公开便立即遭到了全国各个神学学校学生的一致反对。学生们纷纷走出了课堂，以罢课的形式抗议沙皇政府的无理规定。科特斯罗马神学学校的学生也积极响应，举行了声势浩大的罢课运动。业已产生了进步思想的华西列夫斯基自然也参加了这一运动。

罢课运动惊动了省长，他和校长一起到学校的礼堂去劝说学生们停止罢课，收回请愿书，立即复课。愤怒的学生当场把省长和校长嘘出了门。不久，地方当局便对罢课的学生采取了暴力手段，出动警察把全部学生都赶出了科斯特罗马城，学校也被强行关闭了。

　　当局的做法让学生们更加愤怒了。他们虽然被赶出了科斯特罗马城，但并没有停止抗议活动。他们将进步思想撒向了科特斯罗马城周围的每个角落，以至很多乡村的教会学校和神学组织都感到了很大压力。迫于无奈，当局只好通过谈判答应了学生们的部分要求，让学生们回到学校上课了。

　　罢课运动最后取得了胜利，学生们以胜利者的姿态重返校园，继续攻读学业了。通过这次运动，华西列夫斯基的思想更加进步了，对布尔什维克和共产主义也有了更深层次的理解。他逐渐从一个乡村神父之子成长为了一个进步青年！

三

成为一名准尉军官

1914年夏季,华西列夫斯基像往年一样回到故乡去过暑假。还有一年的时间他就要从科特斯罗马神学校毕业了,这是他所能享受的最后一个暑假了。因此,他特别珍惜这个假期。他计划把所有的时间都花在帮父母干活上。他在田地和菜园里除草、翻地、采摘蔬菜,忙得不亦乐乎!那一天,他正在田地里除草,突然看到几个人在田间小道上疯狂地跑着。他们一边跑,一边大声喊:"战争打响了,战争打响了!"

华西列夫斯基在学校里就听说,巴尔干半岛的局势十分紧张,很有可能会引发世界大战。当他听到人们高声喊"战争打响了"之时,心中猛地一震!难道是世界大战爆发了?他忙丢下手中的活计跑回了村子。一进村子,他就发现人们都惊慌失措地在讨论着战争爆发的消息。这场战争便是第一次世界大战。

第一次世界大战是一场非正义、帝国主义争霸性质的掠夺战争。在这场战争中,以英、法、俄为代表的协约国与以德、奥为代表的同盟国为了争夺殖民地和世界霸权将整个欧洲掀了个底朝天。1914年7月28日,奥匈帝国与塞尔维亚断交并对其宣战。7月30日,俄罗斯帝国则宣布全国总动员,以支持同为斯拉夫国家的塞尔维亚。俄罗斯帝国的此举引起了德国的不满。8月1日,德国以俄罗斯帝国拒绝停止全国总动员为借口向其宣战。8月6日,奥匈帝国也向俄罗斯帝国宣战,俄罗斯帝国卷入了这场罪恶的战争。

第一次世界大战的爆发彻底改变了华西列夫斯基的人生轨迹。华西列夫斯基晚年在回忆录《毕生的事业》中提到这段往事时,不无感慨地写道:"战争打破了我原先的一切计划,将我一生推向了原来根本没有想象过的另外一条道路。我曾经幻想在神学学校毕业后到某个农村学校当上三年教师,攒一点钱,然后再进农业学校,或者进莫斯科测地学院学习。然而,现在战争打起来了,爱国主义的情感激励着我,保卫祖国的口号使我心潮澎湃。因此,我当了兵,这是出乎我自己和亲人意料的。"

战争打响了,年轻人们坐不住了,他们都想到前线去报效祖国。在他们看来,战争是残酷的,但也是浪漫的,能够死在保家卫国的战场上是人生最大的荣誉。当时,青年们根本不知道第一次世界大战是帝国主义的争夺战。在沙皇政府的宣传下,他们都相信此战是保卫国家和民族之战。

年轻的华西列夫斯基也是一位爱国青年。他怀着纯朴的爱国主义感情,提前结束了暑假,回到了学校。学校里已经聚集了一大批和他一样准备为祖国献身的年轻人。他们决定向校方提出要求,提前参加毕业考试,然后报名参军,到前线去报效祖国。

在战争年代,政府总是千方百计地征召青年入伍,充实军队。既然华西列夫斯基等人自愿参军,那就再好不过了。他们的要求很快得到了满足。华西列夫斯基等人提前参加了毕业考试,取得了毕业证书。幸运的是,华西列夫斯基虽然没有按照父亲的规划读完神学学校去当一名神父,但米哈伊尔并没有强迫儿子,而是对他的选择采取了宽容的态度。

1915年1月,华西列夫斯基等一大批从神学学校提前毕业的学生被置于科斯特罗马州军事首长的管辖之下。他们已经成为了正式的现役军人。在兵营里,他们接受了简单的训练,被要求无条件地忠诚于沙皇和他的政府。华西列夫斯基等人对兵营里的生活虽然不大适应,但新的环境却让他感到十分新奇。

在科斯特罗马进行了为期一个月的训练之后,华西列夫斯基被派往莫斯科的阿列克谢耶夫军事学校学习。当时,俄罗斯帝国共有十多所专门的军事学校。就规模和名气而言,阿列克谢耶夫军校在所有的军校中排名第三,排名第一和第二的军校分别是巴甫洛夫军校和亚历山德罗夫军校。阿列克谢夫军校成立于1864年,原名叫莫斯科步兵士官生学校。1906年,沙皇尼古拉二世的儿子阿列克谢耶夫出生了。为了表示庆贺，尼古拉二世便下令将学校改名为阿列克谢耶夫军校。

巴普洛夫军校和亚历山德罗夫军校是专门招收贵族子弟的学校，而阿列克谢耶夫军校则是专门培养下级军官的学校，学生大多是平民知识分子。学生毕业后境遇虽然不大好，多数都会被分配到外省偏僻的地区去服役，但这并不妨碍学生们以自己的军校为荣的自豪心理。华西列夫斯基能到帝国排名第三的军校学习，自然也十分兴奋。

不过，华西列夫斯基并不打算长期在部队服役。他在回忆录《毕生的事业》中回忆这段往事时说："我所以决定当一名军官，并非为了想在军界飞黄腾达。我仍然幻想着成为一名农学家，打完仗之后，在俄罗斯广阔无垠的大地的某个角落里安静地从事劳动。"

校长哈明将军只拥有团长一级的权限，他对待学生尚算温和，就像老父亲对待成年的儿子一样，关爱但又保持着一定的距离。副校长波波夫上校是一个十分严厉的长官，和沙俄时代的大多数军官一样，波波夫上校坚信只有严厉的处分才能有严格的秩序。因此，他对待学生们十分严厉，有时候甚至可以说有些残酷。每当接见立正站在他面前纹丝不动的学生时，他总是不停地大声问："你们做好了战斗准备了吗？"

如果学生们回答说"不是"，他就会立即命令他们全副武装地罚站几个小时。他会不停地在学生的队列前走来走去，大声训斥说："你们是皇帝陛下未来的军官，你们自己不先尝尝这罚站的滋味，将来怎么处罚别人呢？"

学生们如果回答"是"，波波夫上校便会满意地点点头，但仍然不忘大声叮嘱学生们，不要忘记他们是皇帝陛下未来的军官。

学校给他们进行的训练几乎没有考虑战场上出现的新特点，完全是按照早已过时的训练大纲进行的。学生们在毕业之时甚至连在野外障碍下的军事行动、新型重炮、各种类型手榴弹的使用原理都不清楚，更不要提各兵种间协同动作这种更高一级的指挥原则了。

尽管年轻的华西列夫斯基还没有形成自己的指挥理论，但他隐隐感觉到军校对他们进行的训练远远不能满足战争的需要。他曾愤愤不平地对一位同乡同学说："难怪外国人都说，俄国人善于送死，而且往往是糊里糊涂地送死。我们现在学习的这些东西，究竟有多少能用到将来的

1914年，华西列夫斯基和阿列克谢耶夫军事学校的同学们。

实际战争中呢？"

正是因为对学校的教学感到不满，华西列夫斯基便自己努力通过其他途径进行了学习。在课余时间，他阅读了许多俄罗斯著名军事家和军事指挥者的著作，熟悉他们的生平与事业追求。苏沃洛夫、库图佐夫、米柳钦、斯科别列夫等俄罗斯帝国时期的战斗英雄是华西列夫斯基最喜欢的人物。他读了他们的传记，还做了大量的笔记和卡片。后来奔赴战场时，他还带着这些笔记。

华西列夫斯基所在的第五连连长是一个名叫特卡丘的大尉。特卡丘大尉是当时教官中极少数亲自参加过战争、负过伤、得过奖章的军人之一。华西列夫斯基很尊敬他，努力地向他学习实战指挥经验。

华西列夫斯基在阿列克谢耶夫军校学习之时，前线的战火越烧越猛烈。沙皇政府本以为这场战争最多进行四五个月的时间便会结束，战争动员和战略物资储备也都是按照这个时限准备的。但让沙皇尼古拉二世没有想到的是，战争的规模越来越大，卷入的国家和人口也越来越多，战争已经超出了任何一个国家所能控制的范围。

在战争的开始阶段，由于德军忙于西线的战事，无暇东顾，俄军进

· 15 ·

展顺利，一度攻入了东普鲁士。但德军迅速回师，在东线与俄罗斯帝国的交战中，在科穆辛森林附近消灭了数万名俄军，使得东线战局发展受到德国控制。1914年9月11日，俄军第一集团军再度被德军击败，德军进逼至俄国境内。在此一役中，俄军损失共25万余人。在南线方面，俄军开始时在加里西亚和布柯维纳屡次击败奥匈帝国的军队，但德国随后对奥匈帝国提供支持，结果到12月中旬，东线战事亦进入胶着状态。俄罗斯深陷战争的泥潭而不能自拔。由于前线伤亡很大，下级军官的缺额尤其大，很多部队甚至因为缺乏指挥员而无法组织起来。

在这种情况下，华西列夫斯基那一批阿列克谢耶夫军校的学生仅仅经过了4个月的速成培训，便被派往了前线。毕业时，华西列夫斯基和其他毕业生一样，都被授予准尉军衔。按照规定，他们只要服役8个月便可晋升为少尉了。当然，如果有战功的话，则不在这个期限的限制之内。

离校时，学生们领到了400卢布的薪俸，其中300卢布是军服费，100卢布是离校补贴。准尉们的军服是由学校统一监制的，样式跟沙皇军队里的其他下级军官一模一样，看上去十分呆板。此外，学校还给每人都发了一把左轮枪、一把军刀、一个指南针、一架野战用望远镜和一本现行军队条令。就这样，年方20岁的华西列夫斯基便成为了沙俄军队中的一名准尉军官。

在沙俄军队服役的华西列夫斯基

四

主动率部开赴前线

1915年6月，刚从阿列克谢耶夫军校毕业的华西列夫斯基被派往到了一个预备营服役。预备营驻扎在罗斯托夫—亚罗斯拉夫省的一个古城。古城虽然不大，但却有很多文物古迹，华西列夫斯基对历史遗迹的兴趣很浓。在抵达小城后不久，他便走遍了全城，参观了内城的城堡和楼塔，还饶有兴致地在一家艺术品作坊中学习了如何制作金属坯珐琅。这些对提高他的艺术修养起到了很大的作用。

抵达小城十来天之后，预备营忽然接到了立即开赴前线的命令。预备营只有一个补充连的士兵，另外还有近百名准备派往前线的军官。军官们大多都是刚从军校毕业的准尉或少尉，只有几个人是从预备役补充上来或伤愈出院的中年人。当时，补充连还没有连长。为了给这个即将开赴前线的补充连选拔一名连长，营长便把军官们都集合在了一起。

营长是一名老上校，年龄至少已经超过50岁了。他对军官们说："我希望愿意赴前线的军官可以自动报名，这可是一次难得的机会！"

连长的职务是华西列夫斯基想都不敢想的。他只是一名准尉，到预备营的时间也很短。他想，那些在预备营中呆了很久，或者军衔是少尉的人肯定会自动站出来去当这个连长的。但实际情况并不是这样，上校喊了很久，也没有人自己站出来。

大厅里一片寂静，除了上校的说话声之外，什么声音也没有。很显然，大家都不愿意去当这个连长。华西列夫斯基百思不得其解，他无法理解这种奇怪的现象！实际上，这种现象在沙俄的军队中十分普遍。帝国的军队在前线伤亡惨重，下级军官的死伤率是最高的。来自平民的下级军官不愿意为沙皇进行的这场罪恶之战白白地丧失生命。

上校发火了，大声地责备军官们说："你们是皇帝陛下的军官！不应该只拿朝廷的俸禄，而不为国家的祸福担忧。你们谁去保卫祖国？"

大厅里仍然是死寂般的沉默。老上校无奈地摇了摇头，又挥手叫来了副官，对他说："用抽签的办法从速选出一名连长来。"

多么荒唐的事情啊！华西列夫斯基再也坐不住了，他真为那些没有担当的军官而感到耻辱。尽管他不愿意毛遂自荐，但也不能让抽签选拔军官这种荒唐的事情发生在自己的身边。当副官正在忙着给军官们制作预备抽取的纸签时，华西列夫斯基"唰"地站了起来，跨前一步，向老上校敬了一个军礼，然后大声说道："报告营长，我是刚从阿列克谢耶夫军校毕业的准尉亚历山大·米哈伊洛维奇·华西列夫斯基。虽然我的资历不够，但我愿意同另外的某位军官先生一起率领这支连队，立即奔赴前线。报效祖国是我的义务和志愿，服从命令则是我的天职。"

老上校的脸上立即露出了笑容。他急步走过来，先拉住了华西列夫斯基的双手，又拍了拍他的肩膀，赞赏地说："好样的！真是好小伙子！我感谢你的勇敢和忠诚。"

这时，有一位和华西列夫斯基年龄差不多大的准尉也主动地跨出了队伍，表示愿与华西列夫斯基一起率领这个连队去前线。就这样，华西列夫斯基被任命为这支补充连的代理连长。军官选拔的事情定下来了，其他的军官们终于松了一口气。

由于战局的变化，补充连开赴前线的命令被取消了。不久，华西列夫斯基便带着全连转到了另一省区，先后被编入了好几支预备役部队。直到9月份，华西列夫斯基所率的这个连队才被派往前线，被编入了西南方面军。

到达西南方面军不久，华西列夫斯基便被司令部派到了第九集团军。第九集团军不但是西南方面军的左翼，也是东线战场俄军的左翼。从1915年秋季一直到1916年春季，这个集团军一直驻守在从德涅斯特河畔的拉塔奇到普鲁特河上的鲍扬长约90公里的阵地上。集团军阵地的南边是罗马尼亚的边境，北边则是俄军第七集团军的驻地。集团军的司令是列奇茨基将军。他虽然没有受过高等军事教育，但却有着非常丰富的实战经验，是沙俄军队中最优秀的高级指挥官之一。

第九集团军在战争中已经经受了惨重的人员伤亡。部队的军官和士兵几乎已经换了一茬。军官们大多是预备役的准尉，或者是和华西列夫斯基一样，刚从军校毕业的学生。军士几乎全部都是从战斗勇敢的士兵中提拔上来的。步兵大部分是预备役的农民，还有一部分是仓促应征入伍的新兵。从部队的装备和单兵素质来看，第九集团军都无法跟当前的奥匈帝国的第七集团军相提并论。

华西列夫斯基被分配到了步兵第一〇三师，任该师第四〇九团第一营第二连连长。直到此时，他才第一次接触炮火，受到了战争的洗礼。1915年12月中旬，华西列夫斯基奉命率部参加了第一次战斗。华西列夫斯基所在的第一营被部署在了团部所在地尔扎维涅茨村以西的阵地上。战壕修筑得十分蹩脚，完全是普通的沟渠，既没有胸墙，也没有枪眼和遮弹檐，甚至连起码的伪装都没有。战壕内挖掘了一些可供两三个人起居的地窖，里面有一个小炉子。进出的洞口盖着一顶帐篷。没有防御炮火和迫击炮的掩蔽部，连人工的障碍物也很原始。

士兵们的武器装备和弹药供应也很差。俄军步兵的制式武器是1891年定型的三道膛线步枪。这种枪操作简便，拆卸和保养也都很方便。可惜的是，这种步枪严重不足。他们只好用缴获的奥地利武器来装备士兵。第四〇九团的士兵使用全部是奥制步枪，子弹严重不足。部队的火炮虽然性能不错，但各种型号的炮弹都极为匮乏。

战斗打响后，第四〇九团多次组织兵力向敌军正面阵地发起冲击，以求获得局部突破。由于奥军抵抗顽强，部队的多次冲击均未能达到战役目的，而且遭到了惨重的损失。直到该年年底，俄军才把阵地向前推移了大约15公里。由于损失严重，第四〇九团不得不在冬季的时候多次退出战斗，作为集团军的预备队进行长时期的修整。

休整的日子对士兵们来说也并不轻松。走出战壕的士兵脱掉了身上满是秽物的衣裳，洗了澡，休息了几天之后马上就会被要求参加残酷的军事训练。军官们想借这种残酷的折磨来提高士兵们的纪律性。但军官们的做法却使得情况越来越糟糕，很多士兵因为受不了折磨而开了小差。

其实，造成沙俄军队纪律性极差的主要原因是军官与士兵之间的对立情绪。军官们大多来自贵族、银行家、工厂主、商人和资产阶级知识分子门第，他们不信任穿军装的工农。大部分军官都把手中的棍子当成了教育士兵的主要手段，对下属粗暴、傲慢，甚至敌视。第一○三师师长萨拉福夫将军就明确告诉下属，必须使士兵害怕班长的棍子胜过害怕敌人的子弹。

实际上，慑于惩罚的服从是毫无用处的。一旦部队处于不利的作战条件下，士兵们便会想尽各种办法逃离来自己方军官和敌方子弹的危险。经过在阿列克谢耶夫军校的学习和在部队中的耳闻目睹，华西列夫斯基觉得，要想克敌制胜，光有服从是远远不够的。军队中真正需要的应该是下属对指挥官的信任。在他看来，俄国历史上的那些伟大将领，如苏沃洛夫大元帅、库图佐夫元帅等人莫不如此。

正是在这种思想的指导之下，华西列夫斯基在训练自己的连队时从来不用打骂和体罚的烂招数，他把自己从书本上学到的经验全都发挥了出来。尽管他的做法遭到了一部分军官的指责，但他还是坚持了下去。不久，他辛勤的耕耘便结出了果实。周围的非议也随之逐渐消失了。他那温文尔雅的儒将风采在这时已经初步显现了出来。

1916年春，华西列夫斯基因治军有方被正式任命为第一连少尉连长。团长列昂节夫上校对华西列夫斯基所取得的成绩十分赞赏。他认为第一连不论在训练、纪律，还是战斗力方面，都是第四○九团最优秀的单位之一。

在全团的一次总评会上，列昂节夫上校称赞华西列夫斯基说："我到过许多连队和团队，甚至我自己也有过率领一支基本连队的经历。但是像华西列夫斯基少尉这样，几乎从未与下属发生过纠纷的青年军官，确实是极为罕见的。"

华西列夫斯基的做法也得到了士兵们的普遍赞誉，更赢得了他们纯真的友谊。直到四五十年之后，很多第一连的士兵和军官还和他保持着密切的联系，双方都对第一次大战中彼此和睦、融洽的上下级关系记忆犹新。例如，1946年1月，第四○九团第一营第一连的列兵基斯利钦科在写给他的信中说："过了28年，你还没有忘记前线同一战壕里生死与共的战友……"

五

对临时政府产生怀疑

1916年春末,俄罗斯春季的泥泞期一过,俄西南方面军便在英法联合指挥部的压力之下在东线对德奥军队发动了强大的攻势。经过长时间休整的第九集团军也参加了这次被称为"勃鲁西洛夫突破"之战的攻势。第九集团军正面的敌人仍是奥匈帝国的第七集团军。

士兵们得到这个消息都很高兴,因为奥地利人要比德国人好对付。每次炮战一开始,华西列夫斯基就会跟士兵一起观察爆炸的颜色。只要看到大家熟悉的玫瑰色烟雾,大家便松了一口气,因为那正是奥制炮弹爆炸的颜色。

根据集团军的作战部署,华西列夫斯基所在的步兵第一〇三师并没有被编入规定军建制,而是与步兵第八十二师暂编成了一个混成军。混成军的任务是迅速突破敌人的正面阵地,同时随整个第九集团军向科洛梅亚地区挺进。第四〇九团的任务是突入东喀尔巴阡峡谷,穿越布科维纳地区,最后攻取基尔利巴巴等一系列高地,从而彻底把奥军赶回罗马尼亚。

5月22日,西南方面军以猛烈的炮火准备开始"勃鲁西洛夫突破"之战。在这次大规模越野进攻战斗中,华西列夫斯基学到了不少在遭遇战和行军中领导分队的经验。在回忆录《毕生的事业》中,华西列夫斯基如是评价这次战役:"虽然西南方面军和沙皇大本营指挥部对这次大规模进攻的胜利结果没有很好地加以利用,但就突破本身来说,仍然不失其世界性声誉,因为它曾直接影响了第一次世界大战的进程和结局。它对我的作战观点的形成起了一定的推动作用。我在进攻期间得到的锻炼,对我后来很有帮助,在各种分队范围内组织战斗行动的经验,在卫国战争时期都派上了用场。"

在俄军强大的攻势下，奥军的第一道防线在 5 月 28 日被突破了。奥地利人的防守策略和德国人完全不同，德军的第二道、第三道防线几乎和第一道防线同样坚固，但奥军则习惯于将主要力量集中在第一道防线上。所以，一旦他们的第一道防线被突破了，进攻便势如破竹了。

第九集团军的步兵迅速向前推进，其左翼的骑兵第三军也沿着罗马尼亚边境前进，以切断罗马尼亚同奥匈帝国的联系。华西列夫斯基所在的第四○九团紧挨着骑兵第三军，迅速进入了普鲁特河谷山麓。随着地势不断升高，树林也多了起来。华西列夫斯基只好率领连队在羊肠小道上摸索着前进。

部队推进到喀尔巴阡比斯特里查河谷的时候，速度突然降了下来。奥军在隘口凭险固守，让第九集团军的兵员损失近半。第四○九团第一营营长在战斗中牺牲了，华西列夫斯基被任命为新营长，军衔也被提升到了上尉。

在整个七八月间，部队一直停滞不前。在此期间，华西列夫斯基结识了骑兵第三军军长克列尔伯爵。当时第四○九团正作为集团军的预备队进行休整，被划归克列尔伯爵的骑兵第三军统辖。有一次，克列尔将军要抽调一个步兵营去担任军司令部的警卫工作。表现最出色的第一营顺理成章地被选中了。

当华西列夫斯基到骑兵第三军司令部向参谋长报到时，那位参谋长看着年轻的营长惊问道："小家伙，你今年多大了？"

华西列夫斯基双脚一并，向他敬了一个军礼，朗声回答说："报告阁下，我今年 22 岁了。"

参谋长点头微笑，转身向办公室走去。这时，身材高大的克列尔军长正好走了出来，问他道："你在和谁讲话？"

参谋长用手一指，回答道："将军，这位就是给您派来的警卫营营长。我刚才正在同这位年轻的上尉聊天。"

克列尔将军惊讶地看着华西列夫斯基，走上前去，用他那两只大手捧住了华西列夫斯基的脑袋，饱含温情地说道："好啊，再打两年仗，我们这些昨天的准尉就要当上将军了！"

克列尔将军对待士兵十分友好。有一次，华西列夫斯基正率领全营在操场上训练。克列尔将军正在旁边的一条林边小道上散步。这时，刚好有个叫哥萨克的骑兵从他身边经过。克列尔友好地把哥萨克叫到了跟前，和他并排坐在树桩上，请他抽烟。两人一边抽烟，还一边无拘无束地聊着天。过了一会，那名幸福的士兵才心满意足地走开。克列尔对待士兵的方式给了华西列夫斯基很大的影响。尽管他自己当时已经同全营的每一个士兵朝夕相处了。克列尔将军虽然对待士兵很友好，但却是一个地道的保皇党人。在俄国的二月革命之后，克列尔走到了布尔什维克的对立面，成为了无产阶级的敌人。

1916年8月，罗马尼亚对德国宣战，站在俄罗斯帝国一方，一起对抗奥匈帝国和德国。沙皇政府认为有了罗马尼亚这个强有力的帮手，肯定能迅速打败敌人，便盲目乐观起来。但后来的事实表明，这位新盟友根本没有做好接受战争考验的任何准备。到11月，罗马尼亚军队便彻底失败了，首都布加勒斯特也沦入敌手，大约三分之一的罗马尼亚士兵成了奥地利人的俘虏。尚有战斗力的部队全都退到了摩尔多瓦省。

在如此严峻的形势之下，俄军只好将战线向南移动，以确保边境地区的安全。为此，俄军新组建了一个罗马尼亚方面军。华西列夫斯基所在的第九集团军全部划归该方面军指挥。华西列夫斯基也率部跨越了国境，来到罗马尼亚境内执行作战任务。

正当华西列夫斯基率部在境外的疆场上驰骋之时，俄国二月革命爆发了。1917年3月初，彼得格勒（今圣彼得堡）的工人举行了大规模的罢工活动，旨在反对饥饿、反对帝国主义战争、反对沙皇制度，罢工人数曾达到25万人。

沙皇政府下令开枪镇压参加示威和集会的群众，尼古拉二世此举更加激起了人民强烈的反抗。布尔什维克维堡区委员会决定将罢工转变为武装起义。3月12日（俄历2月27日），起义席卷全城。驻守彼得格勒的士兵拒绝向工人开枪，大批转到革命方面。起义士兵和工人逮捕沙皇的大臣和将军，释放政治犯，布尔什维克党中央发出《告全体俄国公民书》，宣布首都已经转到起义人民手中。革命在全国迅猛展开。3月15日，沙皇尼古拉二世被迫退位，俄罗斯帝国彻底覆灭了。这就是俄罗斯历史上著名的二月革命。

二月革命期间，彼得格勒工人和士兵建立新的政权——工兵代表苏维埃。同时，资产阶级得到孟什维克和社会革命党人的支持，钻进了革命队伍，成立了俄国临时政府，勾结沙皇尼古拉二世，企图建立君主立宪制。这样，彼得格勒就形成了两个政权并存的局面。

二月革命的消息传到前线之后，俄军内部一度出现了混乱的局面。一方面，各方面军和各集团军纷纷要求中下级军官和士兵对临时政府宣誓效忠；另一方面，一部分保皇党军人趁机叛乱，企图恢复沙皇尼古拉二世的统治。当然，布尔什维克人也利用这一时机宣传鼓动士兵展开革命活动。由于罗马尼亚方面军距离首都较远，再加上大部分高级军官都是保皇党人，他们极力封锁彼得格勒爆发革命的消息，千方百计地阻挠布尔什维克人在军中的宣传工作，当时接受了布尔什维克思想的士兵和军官还比较少。华西列夫斯基所在的第四〇九团只有几个布尔什维克鼓动员在秘密状态下展开活动。在这一时期，华西列夫斯基的政治倾向还不是很明确，对临时政府还抱有一定的幻想。

指挥系统的混乱和士兵思想的浮动导致俄军在前线节节失利。许多士兵和下级军官都开始开小差，悄悄脱离了军队，回故乡去了。8月，临时政府任命科尔尼洛夫将军为武装部队的最高司令，相当多的军官都归到了他的麾下。华西列夫斯基等追求进步的年轻军官并没有这样做，他们在布尔什维克的影响下，已经开始向士兵阶层靠拢了。就这样，整个军队就分裂成了两派：一派是以进步军官和多数士兵组成的反战派，一边是保皇党和资产阶级组成的主战派，他们号召士兵们继续保卫祖国。

军队里发生了这么多事情，华西列夫斯基的思想也悄悄地发生了变化。他开始怀疑临时政府继续进行战争的正义性与合理性，同时也在思谋着出路。在回忆录《毕生的事业》中，他如是描述自己当时的心情："难道有不跟自己的人民站在一起的爱国者吗？没有！我暗自回答。这说明，真理并不在我以前寻找的地方。科尔尼洛夫的叛乱是对我的幻想的彻底打击。我开始谴责战争，对临时政府也产生了怀疑。"

第二章

成长为红军军官

一

从教官到乡村教师

对临时政府产生了怀疑之后，华西列夫斯基开始主动向布尔什维克靠拢了。他参加了第四〇九团的苏维埃代表大会。此后，他逐渐意识到，布尔什维克是代表工人、农民和士兵利益的政党，只有他们才能挽救古老的俄罗斯民族。1917年的整个夏季，第四〇九团进行了多次艰苦的战斗。夏季过后，第四〇九团被编入了第四集团军的预备队，进行了休整。在休整期间，所有的人都将注意力转移到了国内革命的形势上。华西列夫斯基和其他追求进步的军官一样，都在千方百计地打听后方的情况。虽然还没有确切的消息，但华西列夫斯基认为布尔什维克革命一定会取得胜利的。

1917年11月7日（俄历10月25日），在列宁和托洛茨基等布尔什维克领导人的号召下，震惊世界的十月革命爆发了。当晚10点45分，第二次全俄苏维埃代表大会宣布十月革命取得了胜利。临时政府被推翻了，布尔什维克建立了苏维埃政权，并宣布退出第一次世界大战。

十月革命取得胜利的消息传到罗马尼亚前线已经是几天之后的事情了。军队里的分化更加严重了，绝大多数出身农民和工人的士兵都在毫不避讳地讨论着《和平法令》和《土地法令》。由于新政权已经宣布退出了罪恶的第一次世界大战，兴高采烈的士兵们当天就丢掉了武器，跟奥匈帝国的士兵搞起了大规模的联欢活动。在前一天，他们还刀兵相见，非要拼个你死我活，但现在已经互相拥抱，共同欢庆东线战事的结束了。看着眼前热烈的场面，华西列夫斯基的心灵深处受到了猛烈的震撼。他意识到，苏维埃政权宣布退出世界大战符合广大人民和士兵的意愿，他们都不愿意打仗。

贵族和资产阶级出身的军官看不惯眼前的一切，他们开始极力排挤那些同情苏维埃政权的军官。华西列夫斯基就因为结交布尔什维克和出席过士兵苏维埃代表大会而受到了许多营连级以上军官的白眼。华西列夫斯基感觉自己脱离旧军队的时机成熟了。他准备回到故乡先呆一段时间，然后再到某所农业学校学习，毕业后当个农艺师。

1917年11月底，华西列夫斯基辞去了军职，取道乌克兰往家乡赶去。12月底，华西列夫斯基终于回到了阔别已久的故乡。父母都老了很多，哥哥德米特里和姐姐叶卡捷琳娜都已经长大成人了。但紧张的形势让他们并没有多少时间和心情去享受天伦之乐。

十月革命胜利之后，迎接苏维埃政权的并不是革命成功的喜悦，而是铺天盖地而来的各种敌人和叛乱。俄罗斯爆发了全国性的内战。英、法、美、日等帝国担心无产阶级掌权，也纷纷起兵干涉俄国的无产阶级革命。这个新生的国家几乎从诞生伊始就面临着夭亡的威胁。临时政府和支持沙皇的反动派控制着军队，而布尔什维克手中只有20万赤卫队。苏维埃政权立即开始筹划，准备组建一支正规军，保卫革命的胜利果实。

乱哄哄的局势让华西列夫斯基想进入农业学校学习的梦想也破灭了。今后应向什么去处和方向求发展呢？华西列夫斯基再一次站在了人生的十字路口上。上一次，他选择了沙俄军队，以求实现保家卫国的理想，但沙皇政府却欺骗了他。这一次应该如何选择呢？

正当华西列夫斯基彷徨之际，基涅什马县的地方苏维埃军事部给他传来一封电报。这封电报是从罗马尼亚前线发来的。电报上说，第四〇九团根据当时军队中通行的选举原则，已经退伍的华西列夫斯基当选为步兵第四〇九团团长。士兵委员会建议他立即返回部队，担任指挥职务。

地方苏维埃军事部建议他不要前去接受这一职务，因为乌克兰的形势十分复杂。当时，临时政府时期成立的资产阶级民族主义中央拉达颠覆了乌克兰的苏维埃政权，控制了乌克兰的大部分地区，并宣布不服从彼得格勒的领导。中央拉达同叛乱的顿河哥萨克将领卡列金结成反动联盟，并与罗马尼亚方面军司令谢尔巴切夫商定，准备将罗马尼亚方面军与西南方面军合并成乌克兰方面军，统归拉达节制。

步兵第四〇九团归罗马尼亚方面军指挥。如果华西列夫斯基此时重返部队出任该团团长，则很有可能受谢尔巴切夫的裹胁而卷入反苏维埃政权的军事冒险中。正是因为这种复杂的政治形势，华西列夫斯基接受了县军事部的建议，拒绝了士兵委员会的邀请。

华西列夫斯基趁机向军事部提出了谋职的要求。他决定利用自己的专长为稳固新生的苏维埃政权做一点贡献。不久，基涅什马县苏维埃军事部便任命华西列夫斯基为该县下属的乌格列茨克乡役前普遍军训处的教官。

1918年1月28日，在列宁的号召下，苏维埃人民委员会通过了关于建立工农红军的法令。红军最高领导机关是列宁领导的人民委员会，直接指挥机关是军事人民委员部。起初，红军以赤卫队为骨干，按照自愿的原则，动员劳动者阶级中最有觉悟最有组织性的先进分子参加红军。"役前普遍军训处"便是为了训练新入伍的红军战士而设立的。

华西列夫斯基也想参加红军，并成为这支伟大军队中的一名军事指挥人员，为保卫苏维埃政权作出直接的贡献。但是他在教官的职位上工作了8个月也没有机会参加红军。1918年3月21日，俄罗斯联邦最高军事委员会下令取消了红军中的选举原则。与此同时，全俄工农红军筹建委员会号召军事专家和旧军队中的所有军官参加工农红军，担任指挥职务。立刻就有许多从旧军队中退役的军官响应这一号召，愿意把自己的知识和才能贡献给年轻的苏维埃政权。华西列夫斯基也递交了申请，他本以为自己的申请一定会被批准，因为他有实战经验，担任作战部队的指挥官是比较合适的。

但他的申请并没有被批准。当时，俄罗斯的阶级斗争十分残酷。家庭出身被作为考核一名青年革命积极性的标准之一。由于华西列夫斯出身于神职人员家庭，又在沙皇军队中被授过上尉军衔，红军筹建委员会在处理他的申请时显得十分谨慎。在战争年代，这种谨小慎微的做法是完全合理的，华西列夫斯基也对红军筹建委员会的做法给予了充分的理解。他积极地投入到了工作之中，积极努力地完成上级交付的每一项任务。他希望通过诚实的劳动来获取苏维埃政权的信任。

但直到8月份，华西列夫斯基的申请依然没有被批准。这时，他在一份报纸上看到了图拉省招聘农村小学教师的信息。科斯特罗马神学学校的毕业证书证明华西列夫斯基已经具备了当一名农村小学教师的资格，而且他曾在神学校附设的小学实习过。这则消息在华西列夫斯基的思想上引起了振动。既然暂时还看不到参加红军的希望，何不去当一名农村教师呢？姐姐叶卡捷琳娜不就是一名农村教师吗？那种安宁、和平的生活不正是自己所向往的吗？何况新生的苏维埃政权也需要大量的知识青年来建设社会主义国家。自己在农村教师的岗位上一样可以为祖国服务。

于是，华西列夫斯向基涅什马县军事部提出了改行的申请。不久，县军事部就批准了他的改行申请，给他送来了乡村小学教师的委任状。9月，华西列夫斯基怀揣委任状，来到新西尔县戈隆斯克乡的维尔霍维耶村小学报到。后来，他又被调往同乡的波德亚科夫列沃村小学。

新西尔位于奥卡河上游的支流祖沙河流域，自然环境十分优越，宽广的橡树林同森林草原交错相间。气候条件也比较温暖，十分适宜农业耕作，但由于土地问题突出，贫农手中无地，农民的生活也十分艰苦。因此，当时这一地区的阶级斗争也十分尖锐。华西列夫斯基亲眼目睹了当地土地革命的进程。

在新旧交替的时代，乡村小学里的斗争也异常尖锐。教师分化成了两部分，一部分跟随着全俄学联，选择继续效忠资产阶级政权，仍然采取旧的教学方法；而另一部分教师则积极参加到了苏维埃革命当中。华西列夫斯基属于后者。他一边执鞭任教，哺育新人，一边积极投身于当地反对富农叛乱的政治斗争中去。

波德亚科夫列沃村小学的规模在当时的俄罗斯乡村属于比较大的学校，3个班有上百名学生。华西列夫斯基被校长分配到了初级班教学。由于他全身心地投入了教学工作中，许多学生和家长都与他建立了密切的关系。华西列夫斯也觉得自己终于找到了长期向往的生活归宿。他一天到晚忙个不停，几乎把全部时间都花在教学工作上。

二

升任红军第五团团长

尽管在学校里的工作很顺利，华西列夫斯基的心情也比较愉悦，但在他的内心深处始终有一种怅然若失的感觉。到底缺少点什么呢？华西列夫斯基自己也不大清楚。1919年4月，新西尔县军事委员会给华西列夫斯基发来了一封电报，令他立即到预备第四营报到。直到此时，华西列夫斯基才恍然大悟，他缺少的到底是什么了。尽管他一直想过平静安宁的生活，但在他的内心深处却是向往军旅生涯的。参加了红军，他的理想终于实现了。

预备第四营在1918年9月才建立起来，驻在叶弗列莫夫市。5月，华西列夫斯基完成了学校的交接工作，准时到该市报到去了。他被任命为一个排的教官，相当于副排长。营长是旧军队的中校顿钦科，军事委员也是从旧军队退役的军官。

尽管预备第四营才刚刚建立几个月，但其内务制度之井然有序，战士们之整洁卫生，纪律之严明自觉，都让华西列夫斯基感到震惊！这在旧军队中是极为罕见的。他还发现，这里的普通士兵与指挥人员的关系完全是建立在互相信任基础上的一种新型关系。这一点跟在旧军队中也是完全不一样的。

入伍不到一个月，华西列夫斯基就率部参加了一次战斗。叶弗列莫夫县斯图平诺乡的富农打死了征粮队的一名干部。当时，苏维埃政权正在实行战时共产主义。战时共产主义其中一项政策便是余粮收集制。1919年1月11日，苏维埃人民委员会颁布了《关于国家在出产谷物的省份征粮办法》的命令，在全国各地实行了谷物和饲料的余粮收集制。征收数额由粮食部根据收成情况规定，原则是富农多征，中农少征，贫农不征。不按期完成的，其储粮一经发现，当即没收。这种政策在一定的历史时期，特别是在战争时期，对集中社会资源，取得战争胜利具有重要意义。但在客观上，这种政策也会损害富农和中农的利益，必然会遭到反抗。在当时的俄罗斯，富农武装打死征粮队干部的事件屡见不鲜。

为了给富农以震慑，图拉省革命委员会决定立即成立一个专门负责镇压富农和土匪的专门委员会，并决定在预备第四营里调出百余人的武装小分队划归该委员会指挥。华西列夫斯基的表现已经证明他是一个纯洁的革命者了，布尔什维克决定重用他，指定他担任这支小分队的队长。为了加强小分队的思想政治工作，第四营党组织指派了以马祖罗夫为首的几位党员前来协助华西列夫斯基工作。

当天下午，华西列夫斯基的心情十分激动，这是他第一次去完成布尔什维克党交给他的战斗任务。他带着小分队全副武装地穿过叶弗列莫夫县城，向目的地进发了。由于形势复杂，小分队又要经过土匪出没的荒山野林，华西列夫斯基便命令队员们昼夜保持戒备。

战士们的革命热情都很高，他们克服了种种困难，在当晚便抵达了斯图平诺乡。为了出其不意地将打死征粮队干部的富农擒获，华西列夫斯基命令小分队悄悄地呈扇形散开，分组包围了当地富农的大庭院。

一切准备就绪之后，他下达了行动命令。突击队的成员像出笼的猛虎一样突进了富农们的庭院。富农武装还没有反应过来，就被解除了武装。大门被打开了，小分队的其他队员纷纷冲进大院，开始搜查富农分子，并在一处地下通道里，他们抓到了企图逃走的富农分子。

到黎明时分，队员们将追随当地富农的农民全部抓获了。他们还搜缴了上万普特（1普特＝16.38千克）的粮食。华西列夫斯基率领小分队第一次执行任务就取得了辉煌的胜利。他把抓获的农民和搜缴到的粮食全部送交到了叶弗列莫夫县革命委员会。

经过革命的洗礼之后，华西列夫斯基在政治上迅速成熟了起来。他意识到，军队是唯一适合他性格特点的职业。也是在此时，他产生了加入布尔什维克党的想法。他暗暗决定，一定要在红军队伍里为保卫无产阶级政权做出更大的贡献。

1919年的夏季对新生的苏维埃政权来说是一个严峻的考验。各地的反革命武装叛乱活动日益猖獗,红军在作战中显得十分被动。红军在图拉省遭到了邓尼金反革命武装的进攻,边打边撤。图拉省距离莫斯科已经不远了,如果邓尼金在这里站稳了脚跟,新生的苏维埃政权将被扼杀在摇篮里。

为了击退邓尼金,俄共(布)中央在7月4日公布了《大家都去同邓尼金作斗争!》的号召信。信中说:"社会主义革命的危急关头,甚至是最危急的关头到了。"

8月23日,图拉省革命委员会宣布全省处于军事戒备状态,各县都成立了防卫委员会。图拉筑垒地区的任务十分明确,就是守住从南面进入莫斯科的通道,阻滞邓尼金叛军的进军速度,为红军反攻赢得时间。在军事委员会的领导下,图拉地区的百姓被迅速武装了起来。战士们在图拉周围和通往图拉的各条道路上都挖了战壕,设置了铁丝网,构筑了机枪掩体。

图拉各县驻防的预备营被组织起来,编成了图拉步兵第二师。华西列夫斯基所在的预备第四营从叶弗列莫夫调到了图拉,被改编成了拥有两个营建制的团。建制扩大了,各级指挥官的职务也随之升高了。华西列夫斯基从小分队队长升为了连长。不久之后,团里组建了第三营,他又被任命为该营的营长。

9月,前线的局势更加危急了。在邓尼金匪军的强大压力之下,红军节节败退,战线已经接近图拉了。9月20日,邓尼金匪军占领了图拉南部最重要的城市库尔斯克。图拉危急,莫斯科危急,新生的苏维埃政权危急!

9月22日,俄共(布)中央成立了莫斯科防区,图拉也在该防区内。防区内总共设置了4道防线,华西列夫斯基所在的步兵第二师驻守在第三道防线上。红军当前的任务很明确,俄共(布)中央在致图拉省委的一封信中说:"近期内,主要的军事任务和政治任务是不惜一切牺牲地击退邓尼金的进攻,保住图拉及其工人,保卫莫斯科!随后,以巨大优势步兵转入对因道路泥泞而受困的邓尼金骑兵的进攻。"

10月初,红军的规模不断扩大,各级部队的建制也再次升级。原先的叶弗列莫夫营被扩建成了一个团,华西列夫斯基被任命为该团团长。

不久之后，该团被改编为图拉步兵第二师第五团。年仅24岁的华西列夫斯基成为了红军的团级指挥官。第五团新补充的兵员大多都是从旧军队中转过来的老兵。他们大多出身农民和工人，参加过第一次世界大战，政治和军事素质都比较好。

  10月中旬，战略重地奥廖尔被邓尼金匪军占领了。俄共（布）中央在列宁的主持下举行紧急会议，要求加强南线防御，无论如何不准放弃图拉地区，以确保首都莫斯科的安全。10月下旬后，南线战场形势出现明显的好转。南方方面军的第十三、十四集团军在奥廖尔和克罗梅地域给了邓尼金匪军以惨重打击。邓尼金匪军在遭到重创后，暂时放弃了进攻图拉的企图，带着残部仓皇向南方退去。随后，他的反革命军队又在一次战斗中彻底败北，几至全军覆灭。这样，首都莫斯科的危险彻底解除了。

三

受到不公平的处罚

邓尼金的匪军被击溃之后，红军取消了预备兵团和后备兵团的地方名称，各地方部队得到了按顺序排列的新番号。图拉步兵第二师改称为步兵第四十八师，华西列夫斯基领导的第五团也相应地成为了第一四三旅的第四二七团。部队接受新番号之后，华西列夫斯基几次向革命委员会提出请求，让上级给他们派一个新团长。华西列夫斯基说，他自己还很年轻，缺乏在作战条件下指挥一个团的经验，更适宜担任副团长或一个营的营长。革命委员会的领导同志很赞赏华西列夫斯基这种谦逊、坦率的作风，派索鲍尔诺夫前来担任该团团长，命令华西列夫斯基担任该团的副团长。

不久，红军将主要的兵力都调到了边境地区，去对付国外的干涉军。1919年11月，华西列夫斯基奉命率第四二七团随同步兵第四十八师转战西部的白俄罗斯，被划归第十五集团军指挥。第四二七团的驻地位于维捷勃斯克省的谢别日县境内。该县地形复杂，山峦起伏，森林密布，是进行防御战的好地方。驻守该地的西方方面军的任务是抵制来自波罗的海沿岸国家和波兰资产阶级民族主义军队对苏俄的进犯和武装干涉。

1920年初，步兵第四二七和四二八团一起被调离了步兵第四十八师，补充到了第十一师第三十二旅。第四二七团改称第九十六团，华西列夫斯基仍然任副团长一职。同年4月，波兰的武装部队在法国等帝国主义的支持下向红军发动了进攻。红军立即组织部队进行了反攻。华西列夫斯基所在的第十一师奉命作为整个第十五集团军的左翼，向前推进。第九十六团则担任了全师主要攻击团的艰巨任务。在战斗中，华西列夫斯基带领全团沿铁路线周围的湖泊地区，快速向前推进了大约20余公里。

5月18日，第九十六团与波兰的精锐部队波兹南师相遇。在此后的战斗中，第九十六团遭受了惨重的损失，向前推进的速度也因缺乏与骑兵作战的经验而慢了下来。直到7月间，红军向波兰军队发动新一轮的攻势之时，第九十六团才又开始奋力向前突进。战斗打得异常激烈，敌我双方的损失都十分惨重。第九十六团的很多基层指挥员牺牲了，受伤的那些则带着伤继续指挥作战。

正当战斗进行得空前激烈之时，华西列夫斯基突然接到了一道命令，要他立即动身前往原来所在的步兵第四十八师担任第四二七团团长之职。华西列夫斯基匆匆辞别了第九十六团的战友们，到步兵第四十八师师部所在地的维利诺地区报到。师长指示他立即到第一四三旅报到，因为第四二七团仍归该旅节制。

到了旅部，旅长兼政治委员卡尔宁对华西列夫斯基说："很抱歉，华西列夫斯基同志！第四二七团团长已经有人接任了，看来你还得到师部去听候师长的新指示。"

华西列夫斯基很纳闷，这是怎么回事呢？怎么定下来的命令说改就改呢？不过，华西列夫斯基并没有计较这些，他觉得自己担任副团长或营长这类自己熟悉的职务要比团长更好一些。因此，他没再去找师长，而是请求卡尔宁旅长在旅里给他派一个这类的职务。卡尔宁想了想，便把他派到了第四二九团当了副团长。

8月，红军在西线遭到了敌军的猛烈进攻，损失惨重，不得不暂时后退。为了阻击敌人优势兵力对后撤红军部队的追击，第四十八师奉命开赴第十五集团军各部刚刚撤出的沃尔科维斯克地区。这一带原是第十五集团军的后方，有各种辎重、炮场的炊事房。华西列夫斯基等初到这里时，还看到一些走散的红军战士不时一群群地来到这里。他们一个个面孔黧黑，疲惫不堪，还有不少人裹着带血的绷带。看到这副惨景，华西列夫斯基的心里难受极了！

抵达沃尔科维斯克地区不久，第四十八师便与波兰的追击部队相遇了。第四二九团在待命的斯维斯洛奇地区也遭到了敌军的猛攻。经过官兵们顽强勇敢的抵抗，波兰军队的进攻才被暂时打退了。此后的一段时间，部队一直驻守在此地，并与波兰军队进行了残酷的拉锯战。

第四二九团的左翼是第四二七团的阵地。有一次，波兰军队突破了第四二七团的阵地。为保障侧翼安全并支持受难中的友邻，第四二九团团长德列伊维奇决定使用本团的预备队第二营对敌实施反突击行动。第四二七团是华西列夫斯基的老部队，很多战士都是他从图拉第二师第五团带来的。出于对老部队的感情，华西列夫斯基主动请命，亲自率第二营实施反突击。

面对敌人的优势兵力，华西列夫斯基决定率部迂回到敌军后方，出其不意地对其实施反击。华西列夫斯基的反突击成功了，波兰军队被打退了，但仍然没有同业已被波兰军队冲散的第四二七团建立联系。

当晚，第四二九团团长德列伊维奇把华西列夫斯基叫到团部，当面递给了他一份卡尔宁旅长的电报命令。卡尔宁在电报上命令华西列夫斯基立即接任步兵第四二七团团长，并在清晨之前无论如何要恢复该团受创之前的状态。

这简直就是一项无法完成的任务！要将一支被敌人冲散的部队重新聚拢起来并不是一件容易的事情。华西列夫斯基立即拨通了旅部的电话，向卡尔宁旅长汇报说他已经接到了命令，并询问第四二七团的下落。卡尔宁回答他说，第四二七团就在第二营刚刚撤下来的地方。华西列夫斯基的心猛然一震，看来旅长还不了解前线的最新情况。

华西列夫斯基把自己看到的一切向旅长做了汇报，并建议将旅预备队第四二八团调到被冲毁的地段。他还请求旅长说："请给我一点时间，哪怕是一夜的时间，来收拢第四二七团被冲散的士兵。"

卡尔宁感到自己的自尊受到了侮辱，权威受到了挑战。他立即气势汹汹地对华西列夫斯基吼道："好了，你不要说了！请你立即到我的旅部来一趟。请记好，是立即！"

放下电话，华西列夫斯基看了看怀表，已经深夜10点20分了。没顾上多想，他便赶到了旅部。一见面，卡尔宁旅长便再次决断地重复了他先前的命令，并问华西列夫斯基到底执行不执行。

华西列夫斯基无奈地解释说："像我刚才在电话中说的那样，尽管我主观上想执行您的这项命令，但这个命令我实在无法完成，因为……"

还没有等华西列夫斯基把话全说出来，卡尔宁旅长便咆哮着说："你不要狡辩了，我也不想听。既然你不服从上级的命令，我就有权把你监禁起来！"

说着，卡尔宁旅长便命令卫兵把华西列夫斯基捆了起来，将他押送到设立在沃尔科维斯克的师部革命军事法庭。华西列夫斯基明白，再争辩什么也没用了。于是，他便在旅部卫兵的押送下连夜向沃尔科维斯克方向去了。

他们刚刚走出不到4公里，旅部的传令兵追上了他们。卡尔宁旅长命令他们立即返回旅部。在旅部，卡尔宁再次重复了让华西列夫斯基收拢整顿第四二七团的命令。华西列夫斯基如实回答说："这项命令无法在天亮之前完成。"

恼羞成怒的卡尔宁旅长立即交给了华西列夫斯基一份书面命令。卡尔宁在命令上称，华西列夫斯基因"怠工和盲目胆怯"被撤销了第四二九团副团长之职，到第四二九团的第二营六连充当一名排长。

华西列夫斯基委屈极了！团长德列伊维奇和军事委员都为华西列夫斯基的遭遇而深感不平。但作为红军普通军官，他们也毫无办法，只能安慰安慰他而已。当夜，华西列夫斯基赶到了第二营六连，跟士兵们一起躺在战壕里静静地数着星星……

实际上，卡尔宁旅长已经接受了华西列夫斯基的建议，将第四二八团的一部分派到了被波兰军队撕开的裂口上。第四二八团在第四二九团第二营的协助下，终于将缺口补上了。

一周之后，华西列夫斯基突然接到了师长的命令，要求他立即赶到师部听候对他的新指示。在师部，师长和军事委员热情地接待了华西列夫斯基。两位首长对他宣布说："经师党委和军事调查机关的详细调查，卡尔宁旅长对你的控告并不能得到证实。因此，现在师党委决定，撤销卡尔宁旅长对你的不正确命令。希望你能正确对待这件事情。"

就这样，卡尔宁旅长对华西列夫斯基不公正的处分被纠正了。由于华西列夫斯基在一系列行动作战中表现的十分勇敢，部队已经提出了授予他"红旗勋章"的申请。随后，华西列夫斯基被任命为师新编成的独立营的营长。

四

婉拒好朋友的帮助

1920年10月之后，俄罗斯境内的战斗逐渐平息了下来。为了给国内建设营造一个和平的环境，苏维埃政权同波兰进行了秘密谈判。波兰在获得了一部分领土之后，双方初步达成了停战协定。如此一来，红军在西方前线反对干涉军的斗争便也基本结束了。但国内的匪军在外国势力的支持下依然十分猖獗。华西列夫斯基所在的步兵第四十八师奉命作为集团军的预备队，控制了第聂伯河到列津纳河之间的走廊地区，严密监视着各部匪军的动向，伺机围而歼之。在剿匪的过程中，第一四三旅旅长卡尔宁英勇地牺牲了。

对此，华西列夫斯基感到十分痛心，他在回忆录《毕生的事业》中如是写道："尽管过去发生过误会，但是我同他仍然建立了友好的关系，我同全体同志一样，对这一损失感到十分沉痛。他和我同年，他的生活还刚刚开始。就在这短短的一生中，卡尔宁却为苏维埃政权做了许多贡献……"

1920年11月，步兵第四十八师奉命调到斯摩棱斯克省驻防，同时负责该地区的剿灭残匪的工作。随着战事逐渐平息下来，红军开始遣散一些年龄较大的军人退役参加社会主义经济建设。直属师部的独立营在这种情况下被解散了。华西列夫斯基改任第一四二旅第四二四团副团长。半年多之后，剿匪战斗也基本结束了。苏维埃政权的任务也由保卫革命的胜利果实转到了和平建设上。

第四十八师被编入了首都军区的建制，驻地在特维尔省。步兵第四二四团则驻守在尔热夫。尔热夫位于伏尔加河上游，城市规模和形制与华西列夫斯基的家乡基涅什马十分相似。华西列夫斯基很喜欢这里，但也因此激起了他的淡淡乡愁。

1922年初，红军进行了规模浩大的改制工作，所有的步兵师都撤销了旅一级建制。按照规定，内地各军区的师只能有3个步兵团、一所师办初级指挥学校及若干分队。由此，旅改编成团，团改编成营，营改编成连。步兵第四十八师也循此例，将原来的3个旅分别改编成了第一四二、第一四三和第一四四团，另外还有一个骑兵团和一个炮兵团。起初，华西列夫斯基被任命为第一四二团副团长，后因该团长被派出学习，他便代理该团团长之职，最后成为正式团长。

转入和平建设之后，红军各部开始总结在内战中获得的经验，并按照新的标准对部队进行了训练。可惜的是，由于当时红军部队严重缺乏新式的自动火器，部队的改革进行得很慢，再加上新入伍的士兵大多都是文盲或半文盲，部队在进行军事训练的同时还不得不对其进行文化教育，就使得这一工作的进度更加缓慢了。

不过，由于华西列夫斯基的努力，第一四二团的总体水平和实力在第四十八师，乃至军区中都是数一数二的。不论是师里还是军里的各种赛事中，该团总的成绩一直保持领先地位。为此，华西列夫斯基本人多次受到师首长，甚至上至军区首长的表彰。

正因为如此，当1924年初，整个苏联红军又一次进行了规模浩大的改革，实行预备役登记制之后，华西列夫斯基便被任命为专门为第四十八师训练中级指挥人员的师初级指挥学校校长。在此任上，华西列夫斯基工作十分努力，结合当时进行的军事改革活动，对该师初中级指挥机构做了相当合理且更切合实际需要的大胆调整。

正当华西列夫斯基忙于师初级指挥学校紧张的日常工作之时，他突然接到了红军总部的调令，要他去苏联工农红军军事学院（即著名的伏龙芝军事学院）参加入学考试。这份直接下达到师部的调令不但让华西列夫斯基感到十分震惊，就连师部的首长们也没有想到。

苏联工农红军军事学院是培养中高级指挥人员的。按照规定，华西列夫斯基似乎还不够条件到该学院深造。一向谦逊谨慎的华西列夫斯基也意识到了自己的条件不够，亲自找到师首长和师党组织，如实谈了自己的想法，并请求师部向上级提出建议，不要派他去这所学院学习。

过了一段时间，红军总部的批文下来了。他们不但没有同意师部按华西列夫斯基的要求写出的建议，反而再次重申了调令的内容，要华西列夫斯基立即到工农红军军事学院报到。华西列夫斯基怀着几分兴奋和几分忐忑前往了莫斯科。

临出发前，他对师首长说："报告师长，如果有可能改变目前的现状，我仍希望回到师里继续工作。请师长同志批准！"

师长也舍不得放走华西列夫斯基，紧紧地握了一下他的手，点头应允他的请求。

到了红军军事学院之后，华西列夫斯基便按照自己的实际想法，向学院招生委员会主席提出了一份请求允许他放弃学习，回到步兵第四十八师继续工作的报告。

报告递交上去之后，华西列夫斯基感到有些不安，他不知道学院招生委员会主席会如何处理自己的申请。第二天，华西列夫斯基被通知说，招生委员会副主席要与他当面谈话。他的心情更加惴惴不安了。

但一走进副主席的办公室，华西列夫斯基便明白了一切。他快步向前，紧紧握住了副主席的双手，随后又一把把他抱在了怀里。原来，这位副主席竟是他十分了解和熟悉的朋友特卡切夫。当年，特卡切夫在工农红军军事学院学习期间，曾到步兵第四十八师实习过相当长的一段时间。在那段时间里，华西列夫斯基同他建立了深厚的友谊。他们经常在一起坐论时局，纵谈军事，直至个人生活中的许多琐事。

特卡切夫毕业后被分配到了红军总部机关工作。红军军事学院的这次招生工作就是由他来具体负责的。这位老朋友便把资历虽然稍嫌不够，但工作十分突出的华西列夫斯基调到了该校学习。

但正因为如此，华西列夫斯基就更加不安心。虽然特卡切夫试图再次说服他留下来参加这难得的考试，他还是委婉地拒绝了。就这样，华西列夫斯基便回到了第四十八师，继续从事他原来的工作。

五

与伏罗希洛夫的相识

1924年春，华西列夫斯基被任命为第一四三团团长。因为该团原团长被调往莫斯科特种部队工作了。在此后的4年之中，华西列夫斯基曾多次担任过该团团长之职。第一四三团是步兵第四十八师的主力团，即国内战争期间的第一四三旅，曾经荣膺过集团红旗勋章。华西列夫斯基曾在该团工作过，与各级指挥人员非常熟悉，关系也不错，所以他一上任就受到了全团官兵的热烈欢迎。

团里的工作十分繁重，既要进行军事训练和政治学习，还要组织士兵建设新营房。不过，士兵们并没有被吓到，他们跟着华西列夫斯基以极大的热情投入到了新的生活之中。6月，当华西列夫斯基正率全团努力训练之时，他们得知消息，莫斯科军区司令员、著名的苏共政治活动家伏罗希洛夫同志将到第四十八师及他们团视察。

当时，第一四三团正在进行通常为期3个月的新兵集训。伏罗希洛夫一行是在视察了步兵第一四四团之后再来特维尔的。在此之前，他便通过第四十八师师长了解了第一四三团的情况。华西列夫斯基有些紧张，这是他第一次见到伏罗希洛夫。他精心地准备着一切接待工作。伏罗希洛夫到达的第一天，他便通过师部递交了第一四三团近期的训练计划。深夜，华西列夫斯基接到师部的通知，伏罗希洛夫同志将在次日由师长陪同，到靶场参观第一四三团的实弹射击训练。

第二天上午9点，在师长的陪同下，军区司令员伏罗希洛夫带着著名的步兵专家谢斯塔科夫直接来到了一个班的射击现场。他们首先检查了这个班在射击前的准备情况，接着又耐心地观看了全班每个新战士的射击过程。

待射击完毕，伏罗希洛夫没有让人向他报告各靶标的中弹情况，而是亲自走到靶场的另一端，仔细地逐个检查靶标。这位严肃的司令员逐一把士兵叫到自己的跟前，让他们自己亲自向他报告自己的射击成绩。总的看来，这次射击成绩良好，但也有不如人意之处，有一名战士竟然一弹也没有打中。

伏罗希洛夫看了看靶标，扭头问身边的战士道："嗨，小伙子，你的成绩为什么这么坏呢？"

这名调皮的战士向司令员行了一个漂亮的军礼，立正回答说："报告首长同志！我原来的成绩一直不错，这次是因为这支枪不太好使……"

伏罗希洛夫转身问负责全团军训的华西列夫斯基："团长同志，每支枪在发给战士使用前是否都进行过校准试验？"

华西列夫斯基点了点头，说："是的，全部都经过校准试验。"

说完，他便让一名连长去把步枪试射登记卡片拿了过来。华西列夫斯基接过卡片，略看了一眼，随后转交给了伏罗希洛夫。伏罗希洛夫拿过一看，卡片表明，这支步枪射效良好。他点了点头，微笑着向那名战士要过了那支步枪。华西列夫斯基早就听说这位司令员是曾经是各种步兵武器特等射手。看来，他是要亲自检验一下这支步枪的射击精度了。

伏罗希洛夫一手拎着步枪，一手拉着那名战士，向附近的一座瞄准架走去。按军事常规，依托瞄准架射击的结果便可临时验出枪支的基本射效情况。走到瞄准架旁边，伏罗希洛夫略略地弯下腰，把枪平稳地放在架托之上。只听"叭叭叭……"一阵枪声，伏罗希洛夫站了起来。这时，靶场另一端的报靶员兴高采烈地跑了过来，举着双手大声喊道："优秀！优秀！"

华西列夫斯基对伏罗希洛夫的枪法十分佩服，也对他教育士兵的方式十分赞赏。不过，他也为自己的士兵在司令员面前丢了丑而感到不好意思。正当华西列夫斯基走神之时，伏罗希洛夫又命令士兵把靶标向射击线以后挪动了300米。士兵示意挪动好了之后，伏罗希洛夫伏下了高大的身躯，以无依托的卧姿向靶标射击。"叭叭叭……"一阵枪响之后，他微笑着站起身来，擦了擦手中的步枪。这时，报靶员又高声喊道："优秀！优秀！还是优秀！"

在场的全体官兵全都为司令员热烈鼓掌，战士群中不时发出"啧啧"的赞叹声。只有他身边的那名战士红着脸低下了头。伏罗希洛夫对射击班的战士们及在场的各位陪同首长发表了即兴演说。他情绪饱满地说："同志们！你们班打得很好！对你们取得的良好的射击成绩和学习成绩，我向你们和你们的指挥官表示感谢！希望你们再接再厉，成为祖国保卫事业的合格军人。"

说到这里，伏罗希洛夫顿了顿，转向刚才一弹未中的战士，点了他的名，继续说："但是，你们班的这个同志却一弹未中。这倒也不要紧，任何优秀射手都是苦练出来的！然而，他在回答我的问题时却说枪不好使，那么，请大家看看靶标吧！看来，现在他自己也该信服了。这支他认为'不太好使'的枪，在会使用它的人的手里是多么地好使啊！我想，我们首先应该奉送给他一句聪慧的俄罗斯古谚语，这就是'脸丑别抱怨镜子'。我希望他今后能更认真地对待学业和训练，争取在集训结束时能够成为一名优秀的射手。但是，由于他侮辱了他没有任何过错的朋友，我不能把这支枪再还给他了。况且，我看这支步枪的射效甚至比我平时用来练习射击的那一支还要好一些。"

伏罗希洛夫说到这里，转过身对着华西列夫斯基说道："因此，我非常想请团长同志把这支步枪赠送给我。我对团长的第二个请求是，请发给这个战士另外一支射效同样良好的步枪。当然，我相信，你们团里是不会有射效不好的步枪的。另外，在夏季训练结束后，还请团长同志通过谢斯塔科夫同志，把这个'与众不同'的同志的射击成绩和学习成绩转告给我。当然，我再重复一遍，我希望并且也相信，到那时候，这个同志一定会成为一名优秀的步枪射手和合格的红军战士！"

随后，伏罗希洛夫还视察了两个班，又了解了该营其他连射击训练的情况。他还说想看看团的战术作业。当他知道步兵第一营和第三营此时正好在进行班、排合练的演习之后，便要求华西列夫斯基带他去第三连看战术作业。

华西列夫斯基对战术作业很感兴趣，他向战士们提出了很多问题，并就战斗行动的战术和地形利用等问题提出了许多有益的建议。视察结束之后，伏罗希洛夫同志对第一四三团的表现十分满意。他在总结大会上高度赞扬了华西列夫斯基的工作和该团所取得的成绩。这是华西列夫斯基与伏罗希洛夫初次见面,在今后的岁月里,他们的联系越来越紧密,在第二次世界大战期间还携手创造了许多战场上的奇迹。

六

加入布尔什维克党

1926年夏，当华西列夫斯基正在紧张地工作时，一份红军参谋部的命令被送到了他的办公室。命令上明确要求他到"维斯特列尔"步兵战术进修学校团长进修班学习一年。步兵战术进修学校是红军中最老和最有名望的军校之一，始建于1918年11月。1924年，联共（布）中央将其正式定名为——共产国际"维斯特列尔"工农红军指挥人员步兵战术进修学校。

团长进修班的学员是从全军中级指挥员中优选出来的。给他们上课的老师也都是当时享有盛名的专家。校长是国内战争期间著名军事首长、3枚红旗勋章获得者哈哈尼扬，他亲自负责战术作业的教学。教师中的佼佼者有地形学专家舒瓦耶夫、军事工程师彼得罗夫、枪炮学专家谢格尔克兰茨等人。他们都是苏联德高望重的理论家，很受学员们的尊敬。

进修班的主要课程分为4大科目，即战术、射击、教学法及社会科学。学员们研究了当时来说最新的以各种形式进行的战斗，研究了那时新式武器的基本原理和使用方法，还研究了在各兵种协同作战条件下的指挥技巧。至于社会科学，学校则专门为学员请来联共（布）中央和共产国际的著名政治活动家做国际国内形势报告。在校期间，华西列夫斯基的军事指挥能力和政治思想都得到了很大的提高。

进修班的很多学员在第二次世界大战期间都成为了苏联红军的著名将领。正是因为有了同学这层关系，时任总参谋长的华西列夫斯基与他们的配合十分默契。当然，华西列夫斯基对进修学校也有很深的感情。1958年11月21日，时任苏联武装力量部部长的华西列夫斯基曾专门为该军校建校40周年题词纪念。题词为："维斯特列尔"进修学校是苏联军队中培养军官干部最老的一所军校,它在其存在的整个时期里为苏联武装力量成功地培养了一批具有高度素养的军官。我以感激的心情怀念着我在进修学校的生活和学习,军校给了我这个红军指挥官各种扎实的知识。"

一年之后,华西列夫斯基从"维斯特列尔"进修学校毕业了。他回到第一四三团之时正值红军在全军范围内开始推行新的《步兵战斗条令》教育活动。与此同时,军队还在更换新式武器,其中主要是半自动步枪、苏制新式机枪及团属加农炮等。为了检验部队的动员速度和作战能力,部队在1928年的夏季进行了一次试验性动员演习。军区对第一四三团的表现十分满意,予以了嘉奖。

此时,莫斯科军区司令员再次易人。接替伏罗希洛夫的沙波什尼科夫因工作需要,被调离了莫斯科,前来接替他的则是乌鲍列维奇。这位新司令员刚一到任就提出要视察步兵第四十八师。他在视察中发现,第四十八师各团之间存在着严重的不平衡现象,如第一四二和第一四三两个团无论在军事训练和战斗力,还是在纪律性方面,都是相当不错的部队。但第一四四团的情况则相当糟糕。

有鉴于此,乌鲍列维奇建议第四十八师师长兼军事委员马克西莫夫改组第一四四团的领导机构,以提高该团的作战能力。乌鲍列维奇通过马克西莫夫的介绍了解到华西列夫斯基是该师工作最出色的团长,便指名由他接任第一四四团团长之职。

乌鲍列维奇走了之后,马克西莫夫把华西列夫斯基叫到了师部,告诉了他这件事情。华西列夫斯基大感意外,他从来没有想过要离开第一四三团。第一四三团是全师唯一的红旗勋章团,是战斗力和纪律性最好的部队,华西列夫斯基在过去的4年中在这个团里投入了巨大的精力和感情,他说什么也不愿离开。更何况,他想通过自己在第一四三团的良好基础尽快加入布尔什维克党。如果到第一四四团去任团长之职,这个梦想不知道什么时候才能实现了。

马克西莫夫见华西列夫斯基的态度很坚决,就直截了当地对他说:"这次调动是军区司令员拍板同意的,目的是为了使第一四四团尽快地摆脱目前这种经常出问题的状态。"

华西列夫斯基仍感到很委屈，为什么要把自己从师里最好的团调到最差的团去呢？最后，马克西莫夫只好建议华西列夫斯基自己去见一见军区司令员乌鲍列维奇，同他当面谈谈。

1928年11月底，华西列夫斯基在师长马克西莫夫的帮助下见到了莫斯科军区司令员乌鲍列维奇。乌鲍列维奇很喜欢华西列夫斯基这样的年轻指挥员，热情地接待了他。他不但询问了华西列夫斯基在工作上的计划，还询问了他的家庭情况。

寒暄过后，华西列夫斯基向乌鲍列维奇说出了自己的真实想法，其中还特别谈到他希望能在第一四三团这样的荣誉单位解决自己的入党问题。到最后，他干脆毫不隐讳地把他目前与第一四三团党组织的良好关系也和盘托出了。

乌鲍列维奇静静地听华西列夫斯基把话说完了。他沉默了一会，突然站起来严肃地问道："亚历山大·米哈伊洛维奇·华西列夫斯基同志，我现在想问您一个问题。您是否知道关于您的这项新任命是根据谁的建议以及出于什么原因提出来的呢？"

华西列夫斯基小声回答说："我知道，这是经过司令员同志同意的。我也知道让我去那里的原因。"

乌鲍列维奇重新坐在了座位上，缓和了一下语气，和蔼地说："好，看来您是个很诚实的人，这让我感到高兴。你想加入布尔什维克党，我看这完全是正当的！可结果是什么呢？我们准备调你去第一四四团完全是党的工作需要。这个问题最初就是第四十八师党组织提出来的。师党组织和师首长相信你依靠第一四四团的党组织是能够使该团摆脱落后状态的。第一四四团的党组织是坚强的，当然也是合格的，它所需要的就是一个受过良好军事训练的有工作经验的团长。你通晓自己的工作，也热爱自己的工作，又在这一岗位上积累了相当的经验。我相信，经过你的努力，这项工作是一定会完成的。"

听着司令员的分析，华西列夫斯基隐隐地感到了一丝不安。是啊，他想加入布尔什维克党，但却没有想过自己被调往第一四四团正是党的工作需要。乌鲍列维奇看到华西列夫斯基的表情发生了微妙的变化，又继续说道："正是由于你过去工作一贯认真，而且也取得了很大的成就，所以我和你的师首长才做出了把你调往第一四四团工作的决定。当然，我们对你的意见会慎重对待的。如果到现在你还坚持留在第一四三团的话，我也愿意请求人民委员撤销那道命令。你自己来决定吧！"

华西列夫斯基红着脸站了起来，向司令员道歉说："对不起，司令员同志！请你原谅我不客气地占用了你的宝贵时间。请允许我立即前往新的工作岗位去报到。我在这里向你保证，我决不辜负党和首长们对我的信任！"

第一四四团的驻地在维什尼沃洛乔克。维什尼沃洛乔克是一座小巧而精致的俄罗斯小城。华西列夫斯基很喜欢城里那些古老的水渠、水闸、漂亮的花园以及遍布城区的各式各样的林荫道。但华西列夫斯基并没有太多的时间来享受小城的美景，他将主要的精力都放在了部队的训练工作上。他经常地蹲连队，哪里问题严重，他便亲自去那里住上一段，就地办公，现场解决，限期纠正。在他的模范行动带动下，各营连指挥员的积极性被充分调动起来，全团上下立即出现了可喜的转机。1929年春，在第四十八师全师的战役战术两级联合军事演习中，第一四四团取得了全团优秀、一个营第一的好成绩。为此，马克西莫夫亲自到该团为官兵颁发荣誉证书。

优秀的成绩进一步激发了全团官兵的斗志，他们在华西列夫斯基的带领下继续进行着紧张的训练工作。1930年秋，第一四四团在全师的校阅中夺得了第一名的好成绩。一个两年前还是全师最差的团一下子成了全师最优秀的团，这件事情轰动了整个莫斯科军区。莫斯科军区首长特别给该团以通令表扬。

华西列夫斯基的努力终于获得了回报。此时，他想加入布尔什维

1930年，年轻的苏联红军军官华西列夫斯基。

克党的愿望更加强烈了。就在这时，工农红军总部作战部部长、副参谋长兼第二军军长特里安达菲洛夫亲自找到华西列夫斯基做了晤谈。他告诉华西列夫斯基说，为了社会主义事业的需要，党很可能会在近期内将华西列夫斯基调赴陆海军人民委员部中央机关任职。他让华西列夫斯基做好心理准备。

得到这个消息，华西列夫斯基有些震惊！他对第四十八师有感情，从国内战争开始算起，他在这个师服役已经有12年的时间了。这里就像他的家一样，每一个人都像是他的家人。尽管不舍，但华西列夫斯基还是决定服从党的安排。在离开第一四四团的前夕，他向团党组织递交了入党申请书。

他的申请被顺理成章地接受了。讨论华西列夫斯基入党的会议是在他赴莫斯科任新职前最后的一个星期天举行的。由于华西列夫斯基温文尔雅，跟身边的人相处得都十分融洽，他的入党讨论会吸引了很多人前来参加。第一四四团的全体人员几乎都到场了。他们高度赞扬了华西列夫斯基的工作表现和对党的忠诚。

会议召开的很顺利，华西列夫斯基被接纳为了联共（布）预备党员。几天以后，师党委批准了这个决定，并将这个决定报送军区党委。1931年8月，莫斯科军区党委批准了这一决定。于是，华西列夫斯基便成为了一名光荣的联共（布）预备党员。

·第三章·

大战爆发的前夜

一

紧张的党内外形势

1931年春，华西列夫斯基被调往刚刚成立不久的军训部工作。为适应现代化战争的需要，苏联红军于20世纪30年代初期进行了更大规模的军事改革。改革的主要方向便是实现机械化。军训部的主要任务是负责全军新形势下军事训练的安排部署、督导检查等工作。其机构组成，除了有负责全面领导工作的军训司令部外，还设有步兵监察部、骑兵监察部、炮兵监察部、工程兵监察部、通讯兵监察部、体育训练监察部及军乐监察部等。坦克兵和航空兵的训练暂时独立，没有纳入军训部的统一领导之内。

军训部从部长到各兵种首长及机关工作人员都是按实际需要从各部队抽调上来的。在第二次世界大战期间担任红军最高副统帅的朱可夫此时便在骑兵监察部工作。在工作期间，华西列夫斯基同他建立了深厚的友谊，这为他们日后在指挥部队作战方面奠定了牢固的合作基础。

初到莫斯科，华西列夫斯基被安排住在索科尔尼基。索科尔尼基是一个安静的小镇，许多红军高级将领都住在这里。在一个休息日，华西列夫斯基在散步的时候遇到了特里安达菲洛夫夫妇。华西列夫斯基之所以能够被调到军训部工作主要是因为有这位杰出的军事首长的引荐。特里安达菲洛夫在兼任第四十八师所属的第二军军长之时发现了华西列夫斯基杰出的军事领导才能，便把他推荐到了新组建的军训部工作。

特里安达菲洛夫受过全面正规的军事训练，在军事理论研究方面也有很高的造诣。苏联红军在20世纪30年代初大力推广和训练的大纵深战役理论，就是以他为首的一批高级军事专家和高级军事首长们首先倡议的。这一理论对提高红军的现代战役水平及部队现代化建设起到了重要作用。

此时，刚到军训部司令部机关工作的华西列夫斯基对坐办公室的工作极不习惯。他十分留恋在基层部队的那种紧张而又热烈的生活。特里安达菲洛夫发现了华西列夫斯基的情绪很不好,便极力鼓励他,对他说:"军训部的工作也是一件重要而有意义的工作!"

受到了特里安达菲洛夫的鼓励,华西列夫斯基投入了更多的热情到工作当中。不久,他便完全适应了这份新工作。他经常到基层部队去检查军训的情况,发现训练中存在薄弱环节之时,他便会为指挥人员上示范课。除此之外,他还深入地研究了诸兵种协同作战的新方法,改进部队的训练方法。从1931年的秋天开始,他还担负了军事刊物《军训通报》的编辑工作。

正当华西列夫斯基逐步适应军训部的工作之时,他从基层部队过渡到红军领导机关的领路人特里安达菲洛夫却因飞机失事而英年早逝了。得知这一消息之后,华西列夫斯基的心情十分沉重。

但国际局势的持续紧张让他并没有太多的时间来悼念这位伟大的军事首长。苏联国内的阶级敌人时刻都在妄想推翻社会主义苏联,建立资产阶级政权。数百万资产阶级分子流亡国外,企图借助国外的反对势力来干涉苏联的经济建设。与此同时,意大利、德国和日本等国也逐步走上了法西斯的道路,对世界和平构成了很多的威胁。对苏联来说,来自日本的威胁最大。当时,日军制造了"九·一八事变",占领了中国东北三省广大地区,大量陈兵于中苏边境地区,经常发动反苏武装挑衅事件。

苏联红军面临着如何迅速提高部队的作战能力,消灭国内外反对势力的重任!1933年夏季,红军进行了诸兵种协同大纵深战役试验演习。在这场演习中,华西列夫斯基被任命为演习导演司令部的参谋长。担任这次演习总导演的是红军参谋长叶戈罗夫,副导演是苏军炮兵主任戈罗夫斯基。为了这次震动全军的大型演习的准备和总结工作,华西列夫斯基整整忙了4个月。演习结束后,他参与编写了《大纵深诸兵种合同战斗细则》、《步兵、炮兵、坦克兵和航空兵在现代诸兵种合同战斗中的协同动作细则》。这些经验总结性的文件后来成为了全军各部队协同作战的示范性条令之一。

在华西列夫斯基在军训部工作之时,红军的内部改革也取得了重大成绩。步兵基本实现了机械化,还建立了世界上第一个机械化军队。空军的装备也得到了很大的改善，甚至还建立了一个空降旅。

红军的装备和战斗力的飞速提升是以经济畸形发展为代价的。在苏联进行社会主义建设的头几十年中，工业化的脚步也很快，并建立了众多强大的工业基地。苏联的工业生产迅速超过了英国、德国等欧洲老牌资本主义国家而跃居欧洲第一位，世界第二位，仅次于美国。但是，由于集中力量发展重工业，苏联的农业和轻工业基础非常薄弱，普通百姓的生活困苦不堪。

当然，苏联实行这种政策并不是没有原因的。当时，世界上主要的几个军国主义国家，如德国、意大利和日本都在大量扩充常备军，积极准备侵略战争。1934年，日本的军费在国家预算中占43%，到1938年，这一比重已经上升到70%；意大利在1934年的军费开支占国家预算的20%，到1938年则上升至52%；德国的军费所占国家预算的比重也由1934年的21%上升到了1938年的61%。

1935年，法西斯意大利占领了阿比西尼亚（今埃塞俄比亚）。1936年，法西斯德国和意大利武装干涉西班牙革命。日本在东亚也不断滋事，扩大对中国的侵略。一场新的世界大战越逼越近。在这种形势下，苏联也不得不积极扩军备战。

实际上，苏联已经间接地卷入了反对法西斯的战争中去了。据有关资料显示，在1936年秋到1937年初夏，斯大林和伏罗希洛夫曾派遣一大批军事观察员赴西班牙帮助西班牙人民反抗意大利的入侵。苏联甚至派了部分官兵直接参战，但没有整建制的派军队过去。对这场战争的干预，使朱可夫及其战友能够在战斗中验证红军的装甲战理论，并让俄国坦克一试身手。

杰出的坦克专家之一帕夫洛夫也被派往了西班牙。帕夫洛夫是负责坦克作战的首长，但他对于装甲作战所作的结论是不正确的。由于在伊比利亚半岛战斗中出现的问题，他认定，在现代战场上坦克无法单独作战。红军被称作"摩托机械化军"的大型坦克部队（每个军约有500辆坦克）被解散了。坦克被降低到只起步兵支援武器的作用，坦克部队被编成一些单独的坦克营附属于步兵部队。这一举措致使苏联红军在卫国战争初期处于被动地位，吃尽了德国法西斯的苦头。

不过，扩军备战已经成了红军高层的共识。联共（布）中央政治局和政府同意并批准了苏联革命军事委员会提出的关于大大增加常备军师的数目和增强保留下来的地区师中的骨干力量的建议。执行这个建议必然大大增加红军的数量。1933 年，红军的数量为 88.5 万人，到 1937 年末骤然增加到 150 多万人。常备军师的数量增大了 9 倍。到 1938 年末，边境各军区的步兵师几乎全部转为常备军制。

在积极扩军备战的同时，联共（布）在党内进行了一次大清洗运动。从 1934 年开始，联共（布）逐步在党内展开了肃反工作，企图将国内的反革命势力以及国外指派的间谍驱逐出党内，以稳固无产阶级政权。但这一肃反工作被毫无目的地扩大化了，许多优秀的老布尔什维克惨遭杀戮。到了 1939 年，联共（布）党员干部中，80% 是列宁死后才加入布尔什维克的，他们是通过斯大林修改过的历史和各种宣传物品教育成长起来的一代人，在他们的心目中，除了列宁和斯大林，早期革命领袖几乎全是叛徒。

图哈切夫斯基、布柳赫尔和叶戈罗夫等第一批被授予苏联元帅军衔的著名的军事领袖悉数被捕，并先后被执行了死刑。肃反的扩大化严重影响了苏联红军的战斗力，因为很多优秀的指挥员都被当成叛徒而处决了。

党内的肃反运动致使苏联的政治气氛空前紧张，华西列夫斯基虽然顺利通过了政治审查，但他预备党员转正的事情却被耽误了下来。直到 1938 年，他才得以转为联共（布）的正式党员。

二
出任战役训练处处长

在肃反运动展开之时，华西列夫斯基小心翼翼，生怕将自己牵连进去。在那几年的时间里，他奉命到总参谋部军事学院深造了一年多的时间。当时，红军刚刚成立总参谋部的机关，军事学院也是在这一时期成立的。华西列夫斯基和其他许多后来成为苏军名将的指挥人员极为幸运地成为这所学院的第一期学员。

第一期学员的挑选工作十分严格，联共（布）中央直接领导了这一工作。被选中的学员都是总参谋部、各军区司令部的工作人员，各大兵团司令和参谋长以及工农红军各院校的教官。他们在过去的战争中都有过战斗经历，在军事训练当中的表现也十分突出。为了保证学员的文化和军事素质，总参谋部还特别强调，每一个学员都必须受过高等军事教育。

总参军事学院坐落于莫斯科特鲁别茨基大街。学院的设施比较简陋，只有两座大楼，一座作为教室使用，另一座则是学员的宿舍。1936年11月1日，总参军事学院举行了盛大的开学典礼。斯大林等联共（布）中央和红军的很多高级领导人都到场对学员们表示了祝贺。很显然，当地政府对他们寄予了深切的厚望。

第一期学员一共有137名。按照规定，他们要在18个月内学完战役学、战术学、军制学、俄国军事史、世界军事史、方面军战役战略理论、大纵深战役设计、诸兵合成指挥、新技术兵器等主要军事课程。除此之外，学院还专门开设了马克思列宁主义理论、当代世界政治与军事、现代外军研究等讲座课程。

给学员们讲课的教师也都是从全党、全军以严格的标准挑选出来的。联共（布）中央和红军总参谋部都希望最好的老师和最好的学员能够造就一批在世界上享有盛誉的军事指挥家。学员都十分理解总参谋部的良苦用心，他们学习起来十分努力。华西列夫斯基刻苦钻研各种军事理论和战略战术，优秀地完成每一学科的理论作业和导演战役实施方案，经常受到指导教官的表扬。他还用大量的时间和心血了解和研究了最新技术兵器和当前外军的书面材料。这些对他在第二次世界大战中以总参谋长的身份指挥红军作战奠定了坚实的基础。

1937年夏，总参军事学院的第一期学员经过短暂的暑假休息后被特别安排到海军舰艇上实习了两周。华西列夫斯基被派到了波罗的海舰队实习。在短短的两周时间内，他了解和学习到了许多以前根本不知道的海军知识。

实习刚结束，很多学员就接到了到各部队担任要职的命令。实际上，总参军事学院的第一批学员大部分都没有能够学到毕业，而是提前到各部队任职去了。当时，日本军国主义在中国挑起了"卢沟桥事变"，悍然发动了全面侵华战争。苏联不得不防备野心迅速膨胀的日军对苏联发动侵略战争。然而，联共（布）内部的肃反工作导致部队里高级指挥官职位大量空缺，部队的动员和作战都面临着严峻的考验。在这种情况下，联共（布）中央不得不用这些尚未毕业的年轻指挥官来填补这些空缺。

开始，华西列夫斯基也在被抽调的这部分学员中间。但在具体分配任务的时候，他又被留在了总参军事学院，担任包括集团军战役教研室在内的后勤教研室主任。仅仅一个月之后，总参谋部又来了新的调令，调他到总参谋部工作。

第二天，华西列夫斯基准时到了指定的办事机构。在这里，他才得知，自己已经被任命为总参机关主管军队高级指挥人员的战役训练处处长。国防人民委员的书面命令已经签署完毕。就这样，华西列夫斯基从1937年10月起便开始在苏联红军总参谋部工作了。这时他根本预料不到的是，他在总参谋部一呆就是数年，而且这段时间还是他军事生涯中最辉煌，也是最困难的岁月。

在时任红军总参谋长沙波什尼科夫的领导下，华西列夫斯基进行了大量纷繁复杂的工作。训练处的主要工作包括拟定苏联国防人民委员有关红军领导部门战役战略训练的年度命令和指示，通过这些文件做年度总结，并在年度总结的基础上确定下一年度的军事训练任务。同时也根据各军区的位置、特点、物质条件以及它在武装力量系统中的作用，向各军下达具体的军事训练任务。

被调到总参谋部工作之后，华西列夫斯基更加关注国际局势了。1938年3月，德国法西斯占领了奥地利；9月，英、法、意、德4国秘密签订了可耻的《慕尼黑协定》，德国吞并了捷克斯洛伐克的苏台德区。与此同时，西班牙的局势也越来越复杂化了。实际上，这段时间内苏联的东线也远不是风平浪静。日本帝国主义一手挑起的哈桑湖军事冲突（即张鼓峰事件）便是日军企图进攻苏联的前奏。

当时，德、意、日等3个法西斯国家组成轴心国，互相支持对方的侵略战争。而英、法等国则采取绥靖政策，怂恿日本把侵略的矛头指向社会主义的苏联。在日本统治集团内部，战略目标不定，所以，日本大本营决定对苏联发动一场小规模的试探性进攻。

苏联方面也一直密切注视着远东的局势，相应地加强了自己的防御力量。不过，由于苏联在西线有受到德国侵略的可能性，斯大林不愿与日本公开撕破脸皮，以免陷入两线作战的不利境地。在此背景下，苏联曾多次向日本政府提出缔结日苏互不侵犯条约的建议，但均遭到了日本的拒绝。

1938年7月，日本政府照会苏联政府，声称日本参谋部的地图上，中苏国境地线绕过哈桑湖东岸，又说每年清明和中秋，朝鲜族都上张鼓峰祭扫坟墓，可见其是"满洲国"的领土。照会强烈要求把哈桑湖一带划为日本属地。苏联政府断然拒绝了日本政府的这一无理要求。

7月15日，3名日本军人身着朝族服装，带着照相机和望远镜，由两位向导带路，公然进入苏联境内。他们一边观察张望，一边绘制和拍摄苏联的边境军事设施。这时，苏联士兵已潜伏到距离他们100米处，突然发起袭击。日军小头目当场丧命，其余人慌忙逃走。

这次冲突成了张鼓峰事件的导火线。日本政府紧急照会苏联政府，要求苏联立即从张鼓峰一带撤军。苏联毫不退让，发表声明称，日军侵入了苏联领土，并且胡作非为，苏军是在忍无可忍的情况下回击的。日军要求苏军立即撤出张鼓峰一带，并叫嚣如不撤军将采取必要的措施。苏军未予理睬。

7月16日，日军大本营陆军省向驻朝鲜日军发布了向苏朝边境地区集结的命令。对此，苏联外交人民委员会奉命宣称，任何威胁都不能恐吓莫斯科。在这段时间里，苏军也一直在进行同日军作战的准备。一面在张鼓峰和沙草峰构筑工事，一面加紧向前线运送作战物质。

7月30日，日军利用黑夜渡过图们江，到防川作最后集结。7月31日深夜12点，日军在朝鲜的洪仪里向张鼓峰开炮，拉开了张鼓峰事件的序幕。最后，在苏军的不断攻击下，损失惨重，无力继续作战。

红军总参谋部认为，哈桑湖军事冲突可能是日本人想检查一下红军在滨海地区的实际战备情况。在这段日子，遵照总参谋长指示，专门在总参谋部和国防人民委员伏罗希洛夫的办公室之间装设了一部专线电话，华西列夫斯基就奉命守在电话的一端，所有的事态变化都由他直接报告国防人民委员。

8月4日，日本提出议和。经过多轮谈判，日苏双方于8月10日在莫斯科缔结张鼓峰停战协定。协议规定，两国军队于8月11日12点停止一切军事行动。又经过双方代表现场交涉，双方同意在张鼓峰北坡阵地上各自后退80米，作为双方的警戒线。8月13日，日苏双方在张鼓峰东南坡交换了死者尸体。至此，历时13天的张鼓峰事件宣告结束。

在这次冲突中，苏联红军的战斗经验表明，苏联军事条令和教令是符合形势和新的战斗技术装备的要求的。当然，这一行动也暴露出了红军远东滨海集团军在战斗训练方面，特别是诸兵种协同动作、军队指挥以及动员准备方面的缺陷。

为了总结经验、吸取教训，总参谋部指示华西列夫斯基对军训处原来的战斗训练及战役训练条令作出新的补充和修改。国防人民委员伏罗希洛夫十分重视这项工作，他不但当面向华西列夫斯基提出了两条修改意见，还亲自审定了条令的最终稿。

修改后的条令下发到各军区和集团军群之后，立即受到了热烈的追捧。华西列夫斯基也因为工作出色而受到了联共中央政治局的表扬和嘉许。随后，总参谋部也给他发了一道嘉奖令，表彰他在工作中取得的成就。

三

法西斯德国闪击波兰

　　为了应对日益临近的战争，红军总参谋部于1939年初将原来的作战处扩充为权限更高的作战部，并对作战部的人员进行了较大的调整。作战部是总参谋部的核心机构，主要任务是制定所有战役的计划，收集和分析各方面军的情况材料，监督对最高统帅部训令的执行等。按照当时的惯例，只有作战部部长或副部长才有资格与总参谋长一起去最高统帅部汇报工作。由此可见，作战部在总参的地位是多么重要！

　　在作战部刚开始组建之时，总参谋长沙波什尼科夫就考虑把温文尔雅而又沉着干练的华西列夫斯基调到该部工作，但一时又找不到接替他担任战役训练处处长一职的合适人选，这件事情便被耽误了下来。到了6月间，沙波什尼科夫与国防人民委员伏罗希洛夫商定，最后报请最高统帅斯大林批准，决定调华西列夫斯基出任作战部副部长，同时暂时继续兼任战役训练处处长一职。如此一来，华西列夫斯基便成为了红军总参谋部的核心领导之一。

　　职务的变动让华西列夫斯基有更多的机会参与红军作战计划的制定工作了。张鼓峰事件之后，日军不甘心失败，决定在哈勒哈河地区发起新的更大的战斗。为了一举成功，日军在战前做了许多准备。为便于集中兵力，他们增加了哈尔滨—海拉尔铁路的运输量，同时还修建了一条从索伦到甘齐珠尔的新铁路。1939年4月，日军更是派了一支特别先遣队到哈勒哈地区绘制地形图。5月初，日本又派侦察机开始在作战地区上空进行侦察飞行。5月28日，日军近2500名士兵和军官越过中蒙边界，在炮兵、装甲车和飞机的支援下开始向哈拉哈河推进。蒙军和苏军阻止了日本侵略者的进攻，并于5月29日日终前将其击退至中蒙边境中国一侧。

6月22日，日军再次进犯这一地区。朱可夫奉命率独立第五十七军（不久扩编为第一集团军群）联合盟军奋起反击。在红军的强大反攻之下，日军损失惨重，最终不得不于9月向苏联政府求和。哈勒哈河一战让朱可夫名扬整个苏联和蒙古。据《苏联伟大卫国战争史》记载，朱可夫在此战中以苏军伤亡1万余人的代价，全歼日军第六集团军，击毙（伤）日军5.2~5.5万人。

就在朱可夫在哈勒哈河畔痛击日军之时，苏联西部边境也发生了一场让世界震惊的大事！第一次世界大战之后，德国被迫割让大片土地，其中但泽被划归波兰辟为自由市，通往波罗的海的"波兰走廊"将原本连成一片的德国领土分成了两块，位于"走廊"之东的东普鲁士成了远离德国本土的"孤岛"。因此德国人一直对失去但泽和"走廊"地区耿耿于怀。希特勒上台后便发誓要报这一箭之仇，他以极快的速度重整军备，在短短的几年间就把德国从《凡尔赛条约》的受辱者变成欧洲最大的军事强国。

吞并奥地利和捷克斯洛伐克之后，希特勒企图用恫吓和军事两种手段，迫使波兰同意但泽自由市合并，并允许德国在"波兰走廊"建造一条治外法权的公路来连接东普鲁士和德国本土。波兰政府拒绝希特勒的所有要求，并于1939年3月30日得到英、法的承诺，保卫波兰的国家主权。实际上，英、法两国并没有对波兰领土完整作出任何实质性的承诺。

希特勒和他的亲信据此认为英法不会为波兰向德国开战，便决定对波兰采取军事行动。1939年4月28日，德国发表声明，终止了《波德互不侵犯条约》。随后，希特勒便下令德军总参谋制定了一项"闪击波兰"的作战计划。

5月，法国与波兰签定了一个协议，法国承诺会在波兰侵入后15日内加入战争，援助波兰。8月25日，英国也与波兰签定了成为军事盟友的条约。但实际上，英法两国对法西斯德国依然抱有一丝幻想，不愿意相信德国会发动对波兰的战争。

但实际上，为了保证顺利进攻波兰，并且英法介入之后能够全力稳住西线，德国已经在8月23日与苏联在莫斯科秘密地签定《苏德互不侵犯条约》。这个条约实际上是苏德两个军事强国瓜分波兰的协议。

为什么出现这样的情况呢？第一次世界大战后期，以列宁为首的布尔什维克党领导国内人民推翻了沙俄政府和后来的临时政府，建立了世界上第一个社会主义国家。社会主义革命在俄国取得胜利引起了西方国家的恐慌，因此一向视共产主义如洪水猛兽的西方国家对世界上第一个社会主义国家采取了敌视的态度。刚刚成立不久的波兰便与苏俄爆发了一场战争。

当时，由于苏俄的根基未稳，要努力致力于消灭国内的反对势力。列宁政府在1921年3月18日，与波兰在拉脱维亚签定了《里加条约》，结束两国之间的战争。但这个条约的领土和解对苏俄不利，西乌克兰和西白俄罗斯被迫割让给了波兰。

于是，当德国密谋与苏联共同瓜分波兰之时，两个军事强国便一拍即合，签署了《苏德互不侵犯条约》。在附属条约里，德国允诺苏联收复《里加条约》签订以前的苏波边境线——寇松线以东的波兰所占的西乌克兰与西白俄罗斯以及波罗的海国家。

当然，苏联跟德国签订这一协议还有另外一层顾虑。当时的英、法、美等资本主义国家早已看清了德国法西斯侵略的本质。为了避免将战火引向自己的国家，他们便采取了绥靖政策，纵容，甚至怂恿希特勒向东进军，以便把祸水引向社会主义苏联。苏联方面也知道，红军与德军势必会有一战。但红军尚未做好准备，不愿意过早地与军事强国的德国发生冲突，唯有以签订互不侵犯条约来赢取战略准备的时间。

1939年9月1日凌晨，毫无后顾之忧的德军大举越过德波边境，分北、西、南三路，向波兰首都华沙进逼。这是人类历史上第一次大规模的机械化大进军。德军轰炸机群呼啸着向波兰境内飞去，目标是波兰的部队、军火库、机场、铁路、公路和桥梁。德军趁势以装甲部队和摩托化部队为前导，以每天50~60公里的速度向前突进。德军闪击波兰，标志着第二次世界大战欧洲战事正式拉开了帷幕！

9月3日，英国首相张伯伦向法西斯德国发出最后通牒，要求德军立即从波兰撤军。当天上午，一群纳粹头目正聚集在柏林总理府内前厅。突然，一名翻译官从人群挤过去，径直走进希特勒的书房，口译了最后通牒的内容。当翻译完毕，希特勒沉默无言，好一会儿呆坐不动，然后，冲着一直强调英国不会参与这场战争的德国外长里宾特洛甫恶声质问："现在你有什么话说？"

里宾特洛甫默默无言地站在希特勒的对面，显得十分窘迫。第二号纳粹人物戈林在外面前厅里作了回答："如果我们打输了这一仗，那么求上帝保佑我们吧。"

就在这一天，英国和法国同时对德国宣战。但实际上，英、法两国根本没有采取军事行动，他们违背了自己许下的"如果德意志帝国胆敢入侵波兰，英法联军将直捣鲁尔谷地"的诺言，屯重兵却躲在钢筋水泥的工事后面，眼睁睁地看着波兰独自抵抗着强大邻国的侵略。英法两国不过在外交上对德国加以谴责罢了，直到1940年5月10日，德意志帝国才和英法爆发正式冲突。

从1939年9月1日到1940年5月10日，这段奇特的历史时期在德国被称之为"静坐战"，而其他国家则称之为"假战"。英法两国的"假战"助长了法西斯德国的侵略野心，同时也让自己在后来的战争中付出了沉重的代价。

9月中旬，苏联红军越过了苏波边境，迅速攻占了乌克兰和白俄罗斯西部地区，并将这些地区纳入了苏联的领土之内。苏俄丢掉的面子和领土终于被苏联以强大的军事实力找了回来。与此同时，苏联与波罗的海沿岸的国家签订了互助条约，在那里建立了机场和海军基地，派驻了警备部队。这些措施对防止法西斯德国入侵波罗的海起到了一定的作用。当然，苏联在做这些事情的时候也不是以慈善家的身份出现的。

四

斯大林的特别关怀

苏联并没有对《苏德互不侵犯条约》抱有太多的幻想，斯大林知道，德国法西斯早晚要发动对苏联的侵略战争。在第二次世界大战爆发之初，斯大林便指示总参谋部着手拟定和编制旨在应付突发事变的苏军战时集中和展开作战的计划。总参谋部将这项计划命名为"反击侵略计划"。计划的制定工作由苏军总参谋长沙波什尼科夫亲自领导，具体工作由作战部瓦图京部长与华西列夫斯基副部长负责。

1940年5月间，联共（布）中央和苏联政府对国防人民委员部、总参谋部等重要的军事机关进行了大幅度的调整。在这次调整中，华西列夫斯基被任命为总参谋部第一副部长，具体负责西线的工作。

如此一来，编制"反击侵略计划"的任务便成了华西列夫斯基的主要工作。华西列夫斯基和其他几位参谋部的工作人员一起，根据总参谋长沙波什尼科夫提出的基本原则，时刻关注着西线战事的发展，而后将其形成书面材料。繁重的工作让华西列夫斯基每天都得在办公室呆上12个小时以上的时间。即使是休息时，他的脑子里也装满了作战计划。经过3个月的紧张工作，这项计划的雏形总算是完成了。

后来的历史证明，这项计划虽然并不完善，低估了战争的规模，但在基本判断上却是正确的。这项计划认为，法西斯德国将是苏联的最可能和最主要的敌人。意大利也可能站到德国一边，但它的军事行动多半会局限在巴尔干地区，因而最多只能对苏联边境地区造成间接威胁。此外，站在德国一边的还可能有芬兰、罗马尼亚和匈牙利等德国的附庸国。

一直在关注战事发展的总参谋长沙波什尼科夫认为，军事冲突可能会局限于苏联西部边境。因此，红军应将主力部队部署在这一地区。另外，日本军国主义也有可能在东线向苏联发动进攻。但鉴于日军与红军在战斗力和装备上的差距，在那里集中足以保证苏联地位稳定的力量就可以了。

沙波什尼科夫还判断，德军的主力很有可能会从桑河河口向北的地区展开。因此，红军主力应在由波罗的海沿岸至波列西耶一带集结，即当时西北方面军和西方方面军的驻扎地段。与此同时，红军还应在苏联南部部署两个方面军的力量，以确保南部边境的安全。

计划指出，德军在苏联西部从兵力的集结到展开至少需要 10～15 天。关于战争可能爆发的日期，计划中只字未提。这便是苏军最早的"反击侵略计划"梗概。

在工作过程中，华西列夫斯基出色的表现得到了总参谋长沙波什尼科夫的肯定。华西列夫斯基对这位上司也极为敬重。红军高层几乎都知道他是沙波什尼科夫的忠实拥护者。甚至连斯大林在与他讨论作战计划之时也说："让我们来听听沙波什尼科夫的人是什么意见。"

在此期间，华西列夫斯基还得到了斯大林的赞扬。有时候，斯大林还会跟他谈论一些私人话题。1940 年春天，在一次冗长的政治局会议之后，斯大林决定在克里姆林宫一楼的餐厅请所有与会人员进餐。由于会上做出了一些重大决定，沙波什尼科夫便命令华西列夫斯基赶回总参谋部，将命令下达到各方面军。

华西列夫斯基在总参谋部刚刚处理完工作，斯大林的秘书波斯克列贝舍夫便打来电话，对他说："华西列夫斯基同志，请快点来克里姆林宫，所有的人都在等你吃饭呢！"

华西列夫斯基受宠若惊，急忙驱车来到了克里姆林宫，坐在了沙波什尼科夫的旁边。斯大林的情绪不错，席间的话题也非常广泛。在祝酒中间，斯大林忽然举着酒杯来到华西列夫斯基身边，说："我提议，为我们可敬的沙波什尼科夫的人的健康来干一杯！"

华西列夫斯基连忙站起身来，连声道："谢谢！谢谢！"

放下酒杯，斯大林忽然问了华西列夫斯基一个私人问题。他说："米哈伊洛维奇，我很想问你一个问题。你在神学校毕业后为什么不去当神父呢？"

斯大林的这个问题让华西列夫斯基一下子陷入了尴尬之中。尽管他不喜欢神学和神职，可他出身于神职家庭是不可更改的事实。在阶级斗争年代，一个人的出身不但会影响他的政治前途，甚至会使他在生活中抬不起头来。华西列夫斯基的出身便给他惹了不少麻烦，以至他在1926年之时不得不与自己的生身父母断绝了一切关系。

这件事情成了华西列夫斯基心中的一个隐痛。他虽然老成持重，但内心的情感却极为丰富，对父母更是敬重有加。但在那个特殊的年代，像华西列夫斯基这样出身神职家庭的人来说，与家人欢聚一堂简直就是不切实际的幻想。

华西列夫斯基怎么也没有想到斯大林会在今天这种场合问他这样的问题。他定了定神，结结巴巴地回答说：“无论我，还是我父亲都没有过这种想法。我父亲的4个儿子中没有一个是当神父的。”

斯大林微微一笑，动情地说：“是啊，是啊。你没有这样的愿望。这是可以理解的。当年我和米高扬（联共（布）政治局委员之一）都曾想去当神父，却不知人家为什么不收留我们。这其中的原因，我们至今都不清楚呢！”

斯大林顿了顿，忽然又严肃地说：“请你说说，你和你的兄弟们为什么不在经济上帮助父亲一下呢？我多少知道一点你们家的情况。你的一个兄弟是医生，另一个是农学家，第三个是指挥官、飞行员，而且收入都相当丰厚。如果老人不是现在而是很早以前就离开教会的话，我想你们都会帮助双亲的。他所以需要教会，也不过是为了维持生活嘛！”

华西列夫斯基想了一下，决定实话实说。他说：“是的，自1926年起，我就同自己的双亲断绝了一切联系。如果我不这样，我不但不能加入到我们党的队伍里来，而且未必能够参加我们的军队，更谈不上到总参谋部服务了。”

华西列夫斯基还举例说，他几周前突然收到了老父亲的一封来信。那是他十多年来第一次收到父亲的信，但他并没有拆开看，而是立即将这件事情报告给了党组织。党组织书记告诉华西列夫斯基，今后在同双亲的过往关系方面还应保持过去的一贯做法。

华西列夫斯基的这段话让在场的所有委员都感到十分惊诧。联共（布）党内长时期的"肃反"及一系列政治斗争导致很多优秀的党员因家庭问题而被清除出党，甚至死于非命。这是共产主义发展史上严重的错误之一。但在当时，这种话题是讳莫如深，更不要说在斯大林的面前提及了。

但斯大林那天并没有生气，他用和缓的语气对华西列夫斯基说："你应该立即与你的双亲恢复联系，并在经济上给他们一些帮助。"

随后，斯大林给总参的党组织打了招呼，说明了华西列夫斯基家庭的情况，要求他们不要揪住这件事情不放。华西列夫斯基十分感激斯大林的特别关怀。但他也知道，如果不是沙波什尼科夫在斯大林的面前提及的话，斯大林无论如何也不会过问这些事情的。

这件事情多年之后，斯大林不知为什么又在另外一个场合向他询问起了他双亲的情况。斯大林问道："你的双亲现在住在哪里？日子过得如何啊？"

华西列夫斯基回答说："母亲已经去世，父亲已经80岁了，现在住在基涅什马的大女儿那里。她以前是个乡村女教师，丈夫和儿子都在卫国战争中牺牲了。"

斯大林若有所思地问："那你为什么不把你父亲，或者连同你姐姐一起接到这儿来呢？如果他们住在你这里的话，总不会更坏吧！"

经过这些事情，华西列夫斯基更加敬重沙波什尼科夫了。可惜的是，他在1940年8月被调离了总参谋部，转任副国防人员委员了。接替沙波什尼科夫任总参谋长的是麦列茨科夫。麦列茨科夫是一个很有才能的实践家，曾长期担任基层部队的指挥工作。他与沉着稳重的沙波什尼科夫不同，他感情外露，平易近人，略带一点民间的幽默与狡黠。

第四章

总参谋部的核心

一

法西斯德国的阴谋

击败波兰之后，德军于1940年4月开始大举侵犯挪威和丹麦，继而又在5月上旬征服了比利时和荷兰。经由马其诺防线终端挺进的装甲师越过阿登山脉的森林，突入法国境内。法军在德式闪电战的攻击和分割下迅速崩溃。

由于战事对英、法两国越来越不利，英国人民对战时内阁也产生了不满。5月8日，英国首相张伯伦感到自己无法继续执政，向英王提出辞呈，并建议由丘吉尔组阁。5月10日下午6点，英王召见了丘吉尔，令其组阁。3天之后，丘吉尔首次以首相身份出席下议院会议，发表了著名的讲话："我没有别的，只有热血、辛劳、眼泪和汗水献给大家……你们问：我们的目的是什么？我可以用一个词来答复：胜利，不惜一切代价去争取胜利，无论多么恐怖也要争取胜利，无论道路多么遥远艰难，也要争取胜利，因为没有胜利就无法生存。"

5月15日，丘吉尔致电美国总统罗斯福，担心德国将以惊人的速度征服欧洲，而意大利的法西斯党魁墨索里尼也将伺机劫掠。他要求罗斯福宣布美国处于"非交战"状态，即不派遣武装部队直接参战，但提供一切必要的援助。在电文的最后，丘吉尔以近乎孤傲而悲壮的语调说："如果必要的话，英国将单独战斗下去。"

5月21日，直抵英吉利海峡的德军切断了匆忙赶来援助比、法两国的英国派遣军的进军路线。近40万英法联军被围逼在法国北部狭小地带，只剩下敦刻尔克这个仅有万名居民的小港可以作为海上退路。形势万分危急，敦刻尔克港口是个极易受到轰炸机和炮火持续攻击的目标。如果40万人从这个港口撤退，在德国炮火的强烈袭击下，后果不堪设想。

英国政府和海军发动大批船员，动员人民起来营救军队。他们的计划是力争撤离 3 万人。对于即将发生的悲剧，人们怨声载道，争吵不休。他们猛烈抨击政府的无能和腐败，但仍然宁死不惧地投入到了撤离部队的危险中去。于是出现了驶往敦刻尔克的奇怪的"无敌舰队"。这支船队中有政府征用的船只，但更多的是自发前去接运部队的人民。他们没有登记过，也没有接到命令，但他们有比组织性更有力的东西，这就是不列颠民族征服海洋的精神。

一位亲身投入接运部队的英国人事后回忆道："在黑暗中驾驶是危险的事。阴云低垂，月昏星暗，我们没带灯，也没有标志，没有办法辨别敌友。在抵达半路的时候，我们开始和第一批返航的船队相遇。我们躲避着从船头经过的船队的白糊糊的前浪时，又落入前面半昏不明的船影里。黑暗中常有叫喊声，但不过是偶然的喇叭声而已。我们'边靠猜测边靠上帝'地航行着。"

这支杂牌船队就在这样危险的情形下，在一个星期左右时间里，救出了 33.5 万人。这就是举世震惊的奇迹——敦刻尔克大撤退。敦刻尔克大撤退保存了英法联军的有生力量，为最终取得反法西斯战争的胜利创造了条件，不过也因为英国派驻法国的远征军丢弃了所有的重型装备，给英国本土的地面防卫造成了一定的危机。

6 月 10 日，墨索里尼见德军已经逼近法国首都巴黎，也想趁机捞一把，便加入了战争。墨索里尼的加入让德军如虎添翼，法国被迅速击溃了。6 月 15 日，巴黎陷落了。无计可施的法国总理雷诺随即向罗斯福求助，要求调来"遮天蔽日的大批飞机"。由于美国国内孤立主义势力的阻挠，罗斯福除了同情与愤怒之外，什么也做不了。

6 月 16 日，罗斯福给法国总理雷诺的最后一封电报抵达了巴黎。但此时的雷诺已经是一筹莫展了，他不得不宣布辞职，由亲纳粹的贝当元帅出来组织新内阁。

6 月 22 日，贝当政府于贡比涅森林在停战协定上签了字，宣布投降。就在这个地方，22 年前法国人接受了德国人的投降。如今又轮到法国向德国投降了，历史发展让人多么的诧异啊！趾高气扬的希特勒也出席了签字仪式。他以轻蔑的神气注视着法国于 1918 年为庆祝胜利而树立的纪念碑，仿佛在说："1918年的仇已经报了。"

法国沦陷之后，希特勒便开始全力对付英国。1940年7月，希特勒下达了全面入侵英国的"海狮计划"。这项计划旨在歼灭英国的空中力量，夺取制空权，给陆军大规模登陆大不列颠扫清道路。由于英国南部天气不稳定，德国空军最终在8月13日才得以实施这一计划。面对德军的大规模空袭，英军在丘吉尔的领导之下进行了猛烈的还击。

法西斯德国在西欧肆虐，苏联不得不加紧制定"反击侵略计划"，以防备法西斯德国随时可能发起的进攻。1940年秋季，总参谋部制定的"反击侵略计划"被提交到了政治局审查。在审查的过程中，斯大林也认为苏联潜在的敌人是法西斯德国。但他认为德军可能发动的突击方向却不应该是计划中提出的西部方向，而应是西南方向。斯大林的理由很简单，战争需要巨大的战略物资予以支撑，德国国土面积比苏联小得多，资源也匮乏一些。尽管它已经占领了法国、比利时、丹麦等欧洲国家，但为了维持巨大的战争消耗，德军仍然会将突击方向放在苏联的东南部，以夺取那里大片的工业区、原料产地和粮食产区。在场的部分政治局委员及接替伏罗希洛夫任国防人民委员的铁木辛哥元帅也赞同斯大林的这种分析。

斯大林的这份分析改变了德军可能发动突击的方向，总参谋部必须重新编制反击计划。按斯大林的要求，所有与此有关的工作必须在12月15日前完成，以便各军区可以于1941年1月1日起制定本区的计划。华西列夫斯基等人不得不又开始了新的忙碌。

当时，乌克兰和白俄罗斯西部地区分别被并入了乌克兰共和国和白俄罗斯共和国，立陶宛、拉脱维亚和爱沙尼亚等波罗的海国家也在苏联的扶植下重建了苏维埃政权。如此一来，苏联的西部边境线便向西推移了250～300公里。这扩大了苏联战略回旋的空间，但也给红军的防御增加了困难。

红军不得不在西部边境重新部署防御力量，在最短的时间里熟悉那里的地形。更为严重的是，这里的铁路轨道与苏联的规格有很大的很大的差异。苏联政府不得不投入巨大的人力和物力对其进行改造。实际上，这些改造工作直到卫国战争爆发之后也没有完全解决。

1940年11月7日是苏联十月革命胜利23周年纪念日。为了表示庆祝，苏联在莫斯科红场上举行了盛大的阅兵式和群众游行。苏联各界重要的领导人都参加了这次在紧张的备战中举行的活动。阅兵式刚刚结束，华西列夫斯基和兹洛宾便被叫到了国防人民委员铁木辛哥那里。

华西列夫斯基不敢耽误，立即来到了铁木辛哥的办公室。铁木辛哥对他们说："根据苏联政府的决定，最近几天你们将以军事专家的身份参加政府代表团，前往柏林去进行访问。具体指示将由苏联政府代表团团长直接告诉你们。"

1941年6月22日凌晨3点，纳粹德国向苏联发动了全面进攻。到日落时分，德军坦克已进入苏联境内50英里。

代表团的团长是苏维埃人民委员会主席兼外交人民委员莫洛托夫。在代表团准备过程中，莫洛托夫专门召见了华西列夫斯基和兹洛宾，并给他们下达了必要的指示。11月9日，代表团启程，于12日清晨抵达了柏林。

德国外长里宾特洛甫和凯特尔元帅一行到车站迎接了苏联代表团。德国人把欢迎仪式搞得特别隆重，还特地邀请了大量的记者前来参加。当天，德国的各大报纸上就刊出了苏联代表团抵达柏林访问的报道和大幅新闻照片。十分显然，德国人在借机向英国示威，他们与苏联人的关系很好，英国将单独面对德军的强大攻势。

当天上午，代表团便在苏联驻德大使和德国外长里宾特洛甫的陪同下礼节性地拜访了希特勒。随后，里宾特洛甫在与苏联代表团的会谈中便极力怂恿苏联加入德意日同盟，共同瓜分欧洲和英法等国在世界各地的殖民地。希特勒也在随后的会谈中向莫洛托夫保证，德国将会保证苏联的利益，让其向波斯湾和印度洋扩张。

很显然，这是希特勒对苏联的试探。莫洛托夫并没有被希特勒画的大饼诱惑住，他委婉而又不失尊严地向德国人阐明了苏联的立场，拒绝了希特勒的提议。代表团出访柏林期间，苏联与德国之间没有达成任何实质性的协议。11月14日，苏联代表团离开了柏林。

苏联代表团离开之后，恼羞成怒的希特勒立即着手制定入侵苏联的计划。12月，他亲自制定了"巴巴罗沙"作战计划，准备于1941年6月以闪击战的方式入侵苏联。"巴巴罗沙"的意思是"红胡子"。"红胡子"是神圣罗马帝国皇帝腓特烈一世的绰号。腓特烈一世崇尚扩张与侵略，他曾6次入侵意大利，并指挥十字军东侵。

二

德军突袭苏联边境

从柏林回到莫斯科不久,华西列夫斯基便生了一场重病,未能参加紧张的备战工作。12月底,总参制定"反击侵略计划"通过了政治局的审查。这份计划基本上是按照斯大林的判断制定的,即将西南边境视为德军最有可能进攻的方向。根据这份计划,红军应提前做好军队动员和集中工作。

后来的历史事实证明,斯大林的判断是错误的。德军并没有在西南方向发动突击,而是在苏联西部宽大的正面实施了突然攻击。这是战争初期苏联红军一度混乱的最主要原因之一。红军统帅部不得不在德军发动攻击之后临时修正反击计划。而把主力部队从西南边境地区移到斯摩棱斯克——莫斯科的西部方向耗费了大量的时间。此外,原来的内地部队及预备队也不得不打乱原先设计的输送路线和固定停靠地域,在他们不熟悉的地方下车参战。

1941年1月31日,华西列夫斯基病愈出院,重新开始了紧张的工作。同一天,朱可夫将军被任命为红军总参谋部参谋长,接替麦列茨科夫的工作。从此之后,华西列夫斯基便开始了与这位红军伟大的统帅共同担负起反抗法西斯侵略的工作。

2月,希特勒开始大规模地向苏德边境地区增兵。得到消息之后,总参谋部和国防人民委员部等军事部门全都忧心忡忡。日益恶化的局势说明苏联已经直接面临着被德国法西斯侵略的危险了。不过,也有一部分人对苏联的军事实力过度自信,认为红军在战争初期击退德军的进攻,将战场转移到德国的领土之上。还有一部分人对《苏德互不侵犯条约》抱有幻想,认为德国根本不会发动对苏战争。这两种观点一度在红军内部影响甚

谋略元帅 华西列夫斯基 moulüeyuanshuai huaxiliefusiji

广,也是红军在战争初期处于被动局面的重要原因。

从3月起,为了掩盖即将开始的对苏作战,德军对英国的空袭加强了。5月10日晚,德国空军主力对伦敦进行了最后一次大规模空袭,随后便暗中准备飞往东线,空袭苏联的战略目标。

6月,红军总参谋部接连不断地接到从西部边境各军区和集团军的作战处一个比一个更为令人震惊的报告。德军已经在苏联边境集结完毕,开始着手拆除边境上早先设置的铁丝网,并在扫雷。种种迹象表明,德军已经开始为其强大的坦克集群清除道路了。

在柏林,纳粹的宣传部长戈培尔宣布:苏联士兵侵犯了德国边境,德国被迫采取"防御措施"。

6月13日,国防人民委员铁木辛哥打电话给斯大林,要求批准下令边境军区部队进行战斗准备,并根据掩护计划展开第一梯队。斯大林回答说:"让我们再考虑一下。"

第二天,铁木辛哥又和朱可夫一起到克里姆林宫,向斯大林汇报西部各军区的不安情绪,请求必须使部队进入一级战略状态。斯大林显然不高兴了,他放大嗓门说:"你们要进行全国动员,立即把部队调到西部边境吗?这就是战争!你们懂不懂?"

斯大林已经意识到了德军会对苏联发动突然袭击,但他同时也明白苏联红军与德军之间的差距。德国已夺取了欧洲几乎所有的经济和战略资源,并建立了强大的军事经济潜力。仅1941年,德国就生产了约11000架飞机,约5200辆坦克和装甲车,30000门各种口径的火炮,约170万支骑枪、步枪和自动枪。苏联生产这么多武器至少需要3年时间。

德军在兵力上也占绝对优势。截至1941年6月,德军总数达850万人,共208个师。苏联连同征召的补充兵员在内,共有约500万人,而且其中大部分都没有经过战争的历练。德军已经具备了对苏联发动突然袭击的一切力量，苏德之间就像堆着一堆巨大的干柴，只要一颗火星就会立即燃烧起来。

斯大林预计，红军可以在1941年底做好应对德军侵略的准备。因此，他想尽一切办法把可能爆发的战争往后拖，避免德国在1941年秋季以前发动进攻。在与德国的接触上，他也小心翼翼，以免让德国找到进攻苏联的借口。

在克里姆林宫举行的红军建军50周年纪念大会：谢洛科夫、华西列夫斯基、格列奇科、布琼尼

过了一会，斯大林稍稍平静了一些，他问朱可夫："我们在波罗的海沿岸军区、西部军区、基辅军区和敖德萨军区部署了多少个师？"

铁木辛哥报告说，截至6月1日，西部边境的4个军区共有149个师和一个独立步兵旅。

斯大林说："你看，这些难道还少吗？根据我们的情报，德国人还没有这么多的部队。"

朱可夫解释说："根据情报，德军都是按战时编制的满员师，一个师的兵力在14000～16000人之间。而我们的部队全部是简编师，只有8000人。"

斯大林不耐烦地说："不能完全相信侦察。"

6月21日晚，基辅军区参谋长普尔卡耶夫中将用电话报告朱可夫说："报告总参谋长，有一个德军司务长向我边防部队投诚，称德军正在进入出发地区，将在22日晨发动进攻。"

朱可夫放下电话，立即把这一消息向斯大林和铁木辛哥作了报告。斯大林说："你同铁木辛哥到克里姆林宫来吧。"

朱可夫马上带上给部队的命令草稿，同铁木辛哥和第一副总参谋长瓦杜丁中将一起赶到了克里姆林宫。他们路上就商定了，无论如何也要做出使部队进入战斗准备的决定。斯大林一个人接见他们。斯大林十分忧虑地问："这个投诚者不会是德军为了挑起冲突而派来的吧？"

铁木辛哥回答说："不是。我认为投诚者说的是实话。"

这时，联共（布）中央政治局委员们陆续走进了斯大林办公室。斯大林简要地向他们说明了情况后，直截了当地问："我们该怎么办？"

政治局委员们都没有说话。铁木辛哥在一旁说："应该立即命令边境军区所有部队进入一级战斗准备。"

斯大林说："把命令读一下！"

朱可夫把随身携带的命令草稿读了一遍。斯大林说："现在下达这样的命令还太早，也许问题还可以和平解决。命令要简短，指出袭击可能从德军的挑衅行动开始。边境军区部队不要受任何挑衅的影响，以免问题复杂化。"

朱可夫和瓦杜丁立即到另外一个间办公室，重新起草了国防人民委员部的命令。斯大林亲自读了一遍，改动了一下，就交给铁木辛哥和朱可夫，让他们签字。命令令全文如下：

列宁格勒军区、波罗的海沿岸特别军区、西部特别军区、基辅特别军区、敖德萨军区军事委员会：

抄送：海军人民委员

1. 1941年6月22日到23日德军可能在列宁格勒军区、波罗的海沿岸特别军区、西部特别军区、基辅特别军区、敖德萨军区正面实施突然袭击。袭击可能从挑衅行动开始。

2. 我军的任务是：不受任何挑衅行动的影响，以免使问题复杂化。与此同时，列宁格勒、波罗的海沿岸、西部、基辅、敖德萨各军区部队进入一级战斗准备，以防德军或其盟军可能的突然袭击。

3. 兹命令：

（1）1941年6月21日夜间，隐蔽占领国境筑垒地域各发射点；

（2）1941年6月22日拂晓前，将全部飞机、包括陆军航空兵的飞机，分散到各野战机场，并加以周密伪装；

（3）所有部队进入战斗准备，军队应分散、伪装；

（4）防空部队不待补充兵员到达，立即进入战斗准备，城市和目标地区应采取灯火管制的一切措施；

（5）在没有特别命令的情况下，不得采取任何其他措施。

铁木辛哥、朱可夫
1941年6月21日

正在作战部执勤的华西列夫斯基接到了铁木辛哥和朱可夫的这份命令。他立即要求作战部的全体参谋及一般工作人员各就各位，务必保持总参谋部与各前线军区司令部畅通的电信联系。一向温文尔雅的华西列夫斯基此时也显得有些焦急，他提高声音说："无论哪个作战方向有军事冲突或受到攻击的消息，立即向我报告。"

6月22日凌晨3点7分，黑海舰队司令奥克恰布里海军上将报告，有大量来历不明的飞机正向苏联海岸接近。3时30分，西部军区报告，德军空袭白俄罗斯的城市。3分钟后，基辅军区报告，乌克兰的城市遭到空袭。3点40分，波罗的海沿岸军区报告，敌机空袭考那斯和其他城市。

战争终于爆发了。凌晨4点30分，联共（布）中央召开了全体政治局会议。斯大林脸色苍白地坐在桌旁，手中握着装满了烟草的烟斗，有些焦急地说："立刻给德国使馆打电话。"

就在这时，秘书进来说："德国大使冯·舒伦布格勋爵要求接见，说是带来了紧急通知。"

人民委员会主席兼外交人民委员莫洛托夫立即迎了出去。几分钟之后，莫洛托夫匆匆走进来说："德国政府已向我国宣战。"

斯大林颓然地坐在了沙发上，整个办公室陷入了可怕的沉寂之中。朱可夫打破沉默，建议立即用各边境军区所有兵力猛烈还击突入的敌军，制止其继续前进。

"不是制止，而是歼灭"，铁木辛哥补充说。

斯大林说："下命令吧！"

一场史无前例的苏德大战就这样开始了。

三

出任第一副总参谋长

由于德军入侵苏联的计划蓄谋已久，战争刚刚打响，德军就一反常规战役的规律，将所有主力部队全部投入了战斗。118个步兵师，15个摩托化师，19个装甲师，约3500辆坦克，3900多架飞机，共计152个师，305万人，相当于其野战陆军的75%。

德军的进攻分为3个集团军群。"中央"集团军群由冯·波克元帅指挥，下辖第四、第九集团军，第二、第三装甲集群等部队，由卢布林——苏伐乌基一线出发，旨在消灭驻守在白俄罗斯的红军，向斯摩棱斯克——明斯克——莫斯科方向突击；"北方"集团军群由勒布元帅指挥，下辖第十六、第十八集团军及第四装甲集群，从苏伐乌基和波罗的海出发，旨在摧毁波罗的海沿岸的红军，然后和曼纳海姆元帅指挥的芬兰军队一道，拿下列宁格勒，切断和摩尔曼斯克的交通；"南方"集团军群由龙德施泰特元帅指挥，下辖第十一、第十七、第六集团军和第一装甲集群，部署在卢布林和喀尔巴阡山脉之间，向基辅——第聂伯河河曲方向突击。

由于准备不足，红军在德军发动突然袭击之时，一下子陷入了混乱之中。再加上德军在进攻开始前就派遣了大量的破坏小组破坏红军的通信设备，杀害红军的通讯员，袭击红军的指挥人员，致使红军各军区和各集团军司令部无法迅速传达命令。

6月22日上午8点，总参谋部总算查明，德军轰炸机猛烈袭击了西部、基辅和波罗的海沿岸三个特别军区的许多机场，红军损失战机达1200架，德军的地面部队已经展开大规模行动，红军担任掩护的第一梯队各步兵部队来不及占领预先构筑的阵地，从行进间加入了战斗。

随后，苏联最高苏维埃主席团批准了总参谋部制定的总动员令。总动员令规定，从6月23日起，在苏联14个军区之中，即除中亚、外贝加尔和远东军区以外的所有军区，对1905~1918年出生的有服兵役义务的人实行总动员，并在苏联国土的欧洲部分实行军事管制。国家政权机关在国防、保持社会秩序、保证国家安全方面的全部职能一律就地交军事当局掌握。军事当局有权调派居民及一切交通工具，去完成国防工程和保卫最重要的军事和经济目标。

6月23日，联共（布）中央和苏联政府宣布成立最高统帅部。国防人民委员铁木辛哥任主席，斯大林、朱可夫、莫洛托夫、伏罗希洛夫、布琼尼和库兹涅佐夫任委员。铁木辛哥本来建议斯大林任最高统帅部主席，但斯大林改成了铁木辛哥。这实际上造成了最高统帅部里有两位统帅，铁木辛哥是名义上的，斯大林是实际统帅。这种情况在一定程度上浪费了制定和传达命令的时间。

同一天，最高统帅部和总参谋部决定将波罗的海沿岸特别军区、西部特别军区、基辅特别军区、莫斯科军区和列宁格勒军区，相应地改组为西北方面军、西方方面军、西南方面军、南方方面军和北方方面军。敖德萨军区则改称第九集团军。

与此同时，联共（布）中央通过了关于组建情报局的决议，任命戈利科夫中将出任该局局长。为与此协调工作，总参谋部决定把为政府发布前线事态消息做准备工作的任务交给了华西列夫斯基负责。

华西列夫斯基的工作更加繁忙了。尽管他此时还算不上红军指挥系统的核心人物，但光处理前线发来的情报，再加以整合，提出建议就够他忙的了。整个作战部就像一所蜂房，"蜜蜂"从前线飞回来，带来了紧急情报，立即给分发到根据战斗方向成立的3个处——西方处、西北处、西南处。各个方面军司令部都把他们的情况汇总到这里，经过处理再转给最高统帅，然后他们再把新的训令或命令下达给前线各部队。

华西列夫斯基非常重视情报的收集工作。他经常对身边的同志说："准确、可靠和及时的情报对一个参谋人员来说就像空气一样必不可少。"

战争爆发的初期，红军指挥系统暴露出了很多问题。斯大林不得不对其进行了改组。7月19日，斯大林亲自担任了国防人民委员，20天之后又亲自担任了苏联武装力量最高统帅。由于斯大林喜欢将最高统帅部成员派往各方面军担任司令,并直接与他们保持联系,总参谋部的作用没能得到充分的发挥。斯大林一度对总参谋部的工作表示了不满,但他对华西列夫斯基的表现倒是十分赞赏。

有一次,华西列夫斯基正在防空洞的电报房里同西南方面军通话。由于需要一些必要的文件,他放下电话,匆匆地往楼上的办公室赶去。恰在此时,防空警报响了起来。参谋部的大部分工作人员纷纷往防空洞涌去。华西列夫斯基像没有听到防空警报一样,若无其事地逆着人流向电梯走去。

电梯门打开了,以斯大林为首的国防委员会委员们正从电梯里往外走。显然,他们是为躲空袭而下来的。众人走出电梯,华西列夫斯基则往电梯里走去。斯大林指着华西列夫斯基,对莫洛托夫说:"瞧,我们的作战部长在这儿呢,也许这空袭是冲着他来的吧。"

斯大林的这句玩笑话把莫洛托夫和其他国防委员都逗乐了。这时,斯大林转过身,问候华西列夫斯基道:"你好!亚历山大·米哈伊洛维奇。这一段时间你在哪儿躲着来着,我怎么老也见不到你哪?"

华西列夫斯基一边往电梯里走,一边回答说:"我仍在总参谋部工作。现在真是太忙了!"

斯大林追问道:"已经发出防空警报了,你还到哪儿去啊?"

华西列夫斯基已经走进了电梯,他转身回答说:"我正在同西南方面军通话,急需到上面去取些文件,马上就回来……"

他的话还没有说完,电梯门便关上了。斯大林看着紧闭的电梯门,感触良深地对国防委员们说:"战争爆发以来,总参谋部的同志们工作量是最大的。他们真够辛苦的!"

莫洛托夫接过话头,不无感慨地说:"然而也是最默默无闻的,人们只知道指挥战争的有最高统帅,有前线的司令官,甚至包括基层的指挥员。"

斯大林忽然问道:"如果我没记错的话,去年冬天您的柏林之行,也曾经有这位谦逊的高级参谋随行吧?您对他有什么印象,或者评价呢?"

莫洛托夫回答说:"噢,这的确是一位十分谦逊而忠诚的好同志。他是一个很有头脑的人,话语不多,很沉着。记得在使馆休息的时候,他还专门自己去找负责情报工作的同志了解情况。那时，他便十分关心希特勒发动进攻的突击方向问题。我认为这是个有培养前途的好同志。"

斯大林听后，默默地点了点头。他的心里已经在默默计划着，应该给华西列夫斯基一个更大的平台，让他为社会主义苏联服务。

7月中旬，德军已深入到苏联腹地500~600公里，夺取了重要的经济和战略要地。红军面临着兵力和装备严重不足的局面，根本无法组织纵深防御。不久，德军装甲集群绕过红军的防御，从侧翼攻入了斯摩棱斯克。斯摩棱斯克是德军从西部向莫斯科发动进攻的最后障碍。斯摩棱斯克一失，莫斯科便面临着极其危险的局面。红军立即组织了斯摩棱斯克会战，以迟滞德军的推进速度。

7月30日，斯大林组建了预备队方面军，由朱可夫出任司令员，以加强莫斯科西部的防御力量。朱可夫总参谋长一职则由沙波什尼科夫接任。这对华西列夫斯基来说是一个好消息。因为，他与沙波什尼科夫在工作上配合得十分默契。

此时，德军在西北方向对列宁格勒的进攻已经被红军暂时遏止住了。不过，德军正在组建3个强大的突击集团，企图卷土重来。为了研究加强保卫列宁格勒的措施，最高统帅部召回了西北方面军司令伏罗希洛夫等人召开了一次重要的军事会议。刚刚接任总参谋长的沙波什尼科夫也参加了这次会议。

7月31日凌晨4点，沙波什尼科夫回到了总参谋部。他对华西列夫斯基说："这会议讨论的问题中有一个是加强西北方面军指挥部的问题。伏罗希洛夫同志建议任命你为方面军的参谋长。你有什么意见？"

华西列夫斯基十分意外，他无论如何也没有想到伏罗希洛夫会提名自己担任西北方面军参谋长。他恳切地对沙波什尼科夫说："当年伏罗希洛夫元帅曾对我抱有不少的好感。但是，今天和过去不同了。您想想看，如果像扎哈罗夫（时任西北方面军参谋长）这样有才干而在作战方面又受过全面训练的人都不能使他满意的话，我就更不合适了。"

沙波什尼科夫对华西列夫斯基坦诚而谦逊的回答十分满意。华西列夫斯基这么多年来一直在军训部机关和总参机关工作，确实缺乏作战的经验。他思考了一下，对华西列夫斯基说："不管怎样，你先研究一下西北方向的作战情况吧。今晚还会开会，对你的任命会有结果的。"

沙波什尼科夫走后，华西列夫斯基花了整整一天时间，埋头研究西北方向的战况。深夜，沙波什尼科夫拖着疲惫的身体又来到了他的办公室。他满脸兴奋地对华西列夫斯基说："你猜，大本营对你的新任命是什么？"

华西列夫斯基盯着他，默不作声，只是随手拿起一支红蓝铅笔自顾自地在手里转动着。沙波什尼科夫微笑着说："听着，是作战部长兼第一副总参谋长。"

华西列夫斯基笑了。他喜欢跟老成持重的沙波什尼科夫一起工作。多年来，他从这位老首长身上学到了很多东西，也与他建立了深厚的个人友谊。

四

领导参谋部第一梯队

出任第一副总参谋长兼作战部部长之后，华西列夫斯基的工作更加繁忙了。他每天都必须同参谋长沙波什尼科夫一起到斯大林那里去汇报工作，讨论战役计划。战争进行到9月初，战场上出现了新的局面。德军在西方的进攻受阻之后，对"巴巴罗沙"计划进行了修正，放弃了以闪击战灭亡苏联的计划，将古德里安的精锐第二装甲兵团集群转移到西南地区作战。

如此一来，红军在西南和南方方向的防御便出现了危机。为了扭转被动的局面，红军最高统帅部曾专门组建了布良斯克方面军，以抵抗德国在这一地域谋求闪击突破的企图。但由于种种原因，抵抗没有奏效，最后不得不撤出基辅等战略地区，从而使德军前进到了第聂伯河等纵深地区。十分明显，德军南方集团军群进一步的作战目的是通过顿巴斯地区，最后与中央集群合围莫斯科。

在北方和西北方向，德军北方集团军群通过新组织起来的3个突击集团也发起了猛烈的进攻，企图一举攻占列宁格勒。为了挽救列宁格勒的危机，红军最高统帅部决定组建列宁格勒方面军，由原预备队方面军总司令朱可夫出任司令员。在朱可夫的努力之下，列宁格勒方向的危机得到了暂时的缓解。

德军在苏德战场上的节节胜利冲昏了希特勒的头脑，他在9月间制定了合围莫斯科的"台风"计划。这一计划的核心是以德军中央集团军群合围莫斯科。进攻方法仍像战争初期那样，同时从3个方向给拼死防御的苏军以决定性打击。希特勒指示中央集团军群说："在完成合围以后，任何一个俄国士兵，任何一个居民——不管是男人、妇女还是儿童——都不许

谋略元帅·mouluëyuanshuai·
华西列夫斯基·huaxiliefusiji·

德军名将古德里安在入侵苏联的战争中指挥战斗

逃出城外。任何突围的企图，须以武力镇压之。"

德军中央集团军群攻占斯摩棱斯克之后，打开了通往莫斯科的大门，立即集结了77个师的部队，总人数在100万以上，拥有1700辆坦克和强击炮，1400门火炮和迫击炮，950架作战飞机。无论是在兵力上，还是在装备上，红军的防御部队都处于劣势。部署在莫斯科以西的红军西方方面军、预备队方面军和布良斯克方面军等3个方面军仅拥有80万兵力，6808门火炮和迫击炮，782辆坦克和545架飞机。

9月30日，德军古德里安的坦克集群和第二集团军向茹科夫卡至绍斯特卡地段的布良斯克方面军的部队实施突击而开始了进攻。10月2日，德军中央集团军群主力开始向西方方面军和预备队方面军实施猛烈突击。接着，德军又从杜霍夫希纳以北和罗斯拉夫利以东地区实施了特别有力的突击。突破红军的防线之后，德军的突击集团急速地向前推进，从南北两面包围了西方方面军和预备队方面军在维亚济马的所有部队。布良斯克以南的情况也极其严重，布良斯克方面军的第三和第十三集团军面临被合围的危险。

古德里安的部队未遇到严重抵抗而向奥廖尔突进。10月2日，最高统帅部建立了列柳申科少将指挥的加强近卫步兵第一军。军队的任务是制止敌军前进，保障布良斯克方面军部队后撤。

10月3日，古德里安指挥的集团军占领了预有防御准备的奥廖尔，摩托化第二十四军前出到了布良斯克方面军的后方。近卫步兵第一军在姆岑斯克地区展开后，开始了与德军摩托化和坦克集团的战斗。布良斯克方面军的部队由此得到喘息的机会，退到了指定地区，但却被分割成了几个部分，而且损失很大。

时任西方方面军司令的科涅夫上将命令在维亚济马以北对迂回红军的德军北部集团进行了反突击。由于突击失败，西方方面军和预备队方面军的相当一部分部队于10月6日在维亚济马以西地区陷入重围。在这段时间的战斗中，红军损失惨重。据史料记载，从10月2日到10日，红军仅被俘人员就达66.3万人。莫斯科危机重重，只要德军再发起强有力的进攻，整个莫斯科就会陷落。在深秋季节，莫斯科就像树上的黄叶一样，一旦遇到风雨就会落下来。

10月5日，斯大林急忙将朱可夫从列宁格勒方向召回莫斯科，任命他为最高统帅部驻西方方面军和预备队方面军的代表，协助这两个方面军组织防御。与此同时，华西列夫斯基也被以最高统帅部代表的身份派到了西部前线。他的具体任务是把冲出敌人重围和从西部撤下来的部队火速派往扎伊斯克防线并在那里组织防御。下午3点，华西列夫斯基到达西方方面军司令部。华西列夫斯基与科涅夫一道努力，用了5天时间，终于从尔热夫、谢切夫卡及维亚兹马撤下来的部队中抽调了5个步兵师的兵力，并派他们开赴到扎伊斯克一线。

10月9日晚，华西列夫斯基和科涅夫通过电话向斯大林汇报了当天的工作。斯大林对华西列夫斯基说："统帅部决定把预备队方面军合并到西方方面军，以加强该方面军的防御力量。朱可夫同志现在在预备队方面军，统帅部打算让他来担任合并后的西方方面军司令，科涅夫为副司令。你对这个安排有什么看法。"

作为一名出色的高级参谋，华西列夫斯基立即意识到了这个安排的重要意义。他回答说："斯大林同志，我完全同意你的意见。"

10月10日上午，华西列夫斯基奉命返回了莫斯科，对整体战局进行了研究。两天之后，斯大林召开了国防人民委员会会议，研究莫斯科的防御问题。斯大林的精神不大好，讲话时声音都有些颤抖了。华西列夫斯基也十分疲惫，他已经两昼夜没有睡觉了。他不由自主地坐在高背沙发上睡着了。

斯大林发现了，示意大家把讲话的声音放低些，不要吵醒华西列夫斯基。他说："沙波什尼科夫毕竟年纪大了，而且又多病，总参谋部的许多工作实际上都让他一人揽过去了。每次到前线去布置任务，参谋部更是只有他一个人合适了。让他睡一会吧。"

后来，伏罗希洛夫把斯大林的这些话告诉华西列夫斯基的时候，他十分感动，对工作也更加狂热了。

10月下旬，德军已经逼近莫斯科。为了防止国家机关和首都一起沦陷，国防委员会决定将一些政府机关、外交使团、大型国防工厂以及重要科学文化机构撤出首都，只允许国防委员会、最高统帅部等必不可少的党政军机关留在这里。总参谋部也被分成了两个梯队。第一梯队总计10人，由副总参谋长华西列夫斯基领导，留在莫斯科负责前线军队的指挥。第二梯队则由总参谋长沙波什尼科夫带领迁往新地点，并时刻与最高统帅部保持联系。

在莫斯科被围的日子里，华西列夫斯基工作十分努力，他常常几个通宵都不睡觉。斯大林的性格不好，动辄暴怒，甚至常常会失去控制。但对下属却十分体恤，在工作和生活方面给予他们格外的关心和照顾。当他得知华西列夫斯基常常废寝忘食地工作之时便指示他说："华西列夫斯基同志，你们总参作战小组的每个成员每天必须保证有五六个小时的休息和睡眠。"

后来，他又专门为华西列夫斯基制定了一条规定：每天凌晨4点到上午10点必须在床上睡觉。有时，他还会亲自检查华西列夫斯基对这个指示的执行情况。如果华西列夫斯基未照办，他就会严厉地予以批评。他说，他坚信不会休息的人就不会有效地工作。

华西列夫斯基到最高统帅部汇报问题之时，斯大林总是在凌晨4点之前让他回去睡觉。但有的时候，他的指示很难得到实施。战场上的形势瞬息万变，华西列夫斯基作为参谋部第一梯队的负责人不得不对战局进行整体的思考。所以他回到住处之后还要对工作进行部署，或起草命令，或对战局进行深入的分析。

为了应付斯大林的检查，他让副官专门守在他办公室内那架直通克里姆林宫的电话机旁。他对副官说："如果10点以前斯大林同志来电话，你就报告说我在休息。"

华西列夫斯基的这个安排果然挡住了斯大林。每次听到副官说华西列夫斯基在休息之时，斯大林都会温和地连声说道："那好，那好！"

10月底，红军暂时挡住了德军的疯狂进攻。斯大林对参谋部第一梯队的工作十分满意，他决定表彰华西列夫斯基等人。10月29日，斯大林打电话给华西列夫斯基说："喂！华西列夫斯基同志，你是否可以帮我起草一份关于向一位将军授衔的命令呢？"

华西列夫斯基反问说："请你现在告诉我，是授予何种军衔，又是授予何人的，我好立即起草。"

斯大林爽朗地笑了笑，回答说："请听好，他就是著名的亚历山大·米哈伊洛维奇·华西列夫斯基。"

华西列夫斯基甚感惊讶。他请求斯大林不要让他自己来承担这种工作。斯大林幽默地说："哈哈，那好，还是干你自己的事去吧。在这件事上，没有你我们也能对付得过去。"

华西列夫斯基十分感动，他没有想到自己如此受斯大林的器重。他对斯大林表示了感谢，随即又请求说："斯大林同志，我还有个请求。是否可以同时表彰一下参谋部的其他人员。我的成绩是在他们的直接帮助下取得的。"

斯大林的心情不错，他同意了华西列夫斯基的提议，并要他直接通知波斯克列贝舍夫，应当向哪些人授予何种军衔。苏联国防人民委员会当天便公布了表彰参谋部第一梯队的公告。华西列夫斯基被授予了中将军衔，其他3位留守参谋部的人员卡尔波诺索夫、库拉索夫、谢夫钦科则被授予了少将军衔。

1941年12月6日清晨，莫斯科大反攻开始。苏军突击部队身穿白色伪装服，手持冲锋枪向德军阵地发起冲击。

五

莫斯科保卫战的胜利

1941年11月7日,莫斯科举行了盛大的庆祝大会,纪念十月革命胜利24周年。在红场上举行的传统的阅兵式尤其引人注目。整个场面非常悲壮,在响彻云霄的革命歌曲声中,斯大林以藐视和压倒一切敌人的神态,威严地屹立在列宁墓上,红军战士们则全副武装,雄赳赳、气昂昂地从列宁墓前走过,直接开赴前线。

11月上旬,德军中央集团军群总兵力增加到了74个师和4个旅,其中在西方方面军正面有51个整编师,包括31个步兵师、13个坦克师和7个摩托化师。红军西方方面军也重新做了部署,补充了10万官兵、300辆坦克和2000门火炮,总兵力达到35个步兵师、3个坦克师、3个摩托化师、12个骑兵师和14个坦克旅。

一场惊天动地的大战即将在莫斯科附近展开。双方的指战员情绪都很高,都想把对方置于死地。然而十分明显的是,德军在兵力上占有相当的优势。红军只能尽量组织部队进行防御。11月6日,莫斯科的气温急剧下降,泥泞的道路开始结冰了。德军的装甲部队在莫斯科西北方向上开始了对莫斯科加里宁公路上的克林城的进攻。一周后,德军在中央地区的西部、西南和西北地区同时发起了异常迅猛的突击行动。

战役打得异常惨烈,双方的损失也都很大。态势的发展对红军越来越有利。焦急的斯大林希望红军能发动一次反攻,以扭转局势。他问沉着稳健的华西列夫斯基:"现在发动反攻的时机是否成熟?"

华西列夫斯基略一沉思,回答说:"现在还不行,根据参谋部的判断,德军近期还要展开新的攻势,这说明他们还有力量。"

11月27日,气温在两小时内骤然下降了20摄氏度,一下子跌到了零下40摄氏度。数以万计的德军士兵身无御寒之衣，被冻死冻伤者不计其数。德军坦克的发动机已经无法起动，机枪和自动武器不听使唤，士兵们的步枪枪栓也被冻油卡死了。

与之相反，来自东西伯利亚前线的红军精锐防御部队却完全是另一副样子。他们的机枪都披有枪套，步枪也有冬季特制润滑油，在严寒中照样使用自如。红军最新装备的T-34、T-35坦克也没有因严寒而出现不能发动的情况。红军战士也都头戴软质皮帽，足登高统军靴，身着棉装又配有呢制大衣，防寒措施做得相当到位。

华西列夫斯基抓住了这一千载难逢的时机，立即建议最高统帅部发动一次规模浩大的反攻。他说："现在我军转入反攻的时机似乎差不多了。"

最高统帅部和国防委员会也坚信这一点，遂决定在12月5日到6日对德军发动一次反攻。这时，希特勒虽然还没有正式命令德军停止进攻，但实际上各个方向上的德军进攻基本已经停止。

最高统帅部和国防委员会之所以把反攻的时间定在12月初，主要是因为重新组建的10个预备队集团军到那时就可以大体完成了。这些新的预备队，有些是由莫斯科市民自愿报名参加的，有些是由莫斯科地区党的组织就地征募的，有一些则是东部各军区调动的现役兵团，其中最有战斗力的一部分则是从东西伯利亚远东前线秘密运送过来的。

这支部队原来驻扎在"满洲国"附近的中苏边境地区，以便随时对付在那一地区准备北上进攻苏联的日本关东军。当时，斯大林从苏联派驻日本的一名谍报人员口中得知，日本已经把英、美列为首要敌人，正准备在南太平洋地区发动对英美殖民地的进攻，并无北上侵苏的任何计划。于是，斯大林便放心地将这支部队从远东地区调到了苏德战场。谍报人员的消息十分准确，日本海军于12月7日偷袭了珍珠港，发动了太平洋战争，将美国也卷入了第二次世界大战。

参谋部第二梯队的成员在此时也迁回了莫斯科，参与反击计划的制定工作。在红军发动反攻的前夕，总参谋长沙波什尼科夫病倒了。斯大林要求华西列夫斯基立即出任代理总参谋长一职。从此，华西列夫斯基便与斯大林、朱可夫等最高统帅部成员一起具体制定、筹划并直接领导了莫斯科反攻。

考虑到莫斯科周围的敌我力量对比和兵力分布，斯大林和华西列夫斯基决定让加里宁方面军配合朱可夫的西方方面军行动。12月1日凌晨3点30分，朱可夫和斯大林联名签署了一道命令，要求科涅夫的加里宁方面军不要在自己所辖的地域内组织任何局部反攻，而应把主力用于配合朱可夫的西方方面军的反突击进攻。

科涅夫显然不愿意作为朱可夫的配角出现在莫斯科保卫战的战场上，他立即打电话给华西列夫斯基，借口缺乏坦克和兵力不足，不想采取支援西方方面军的行动，仍想单独进行一次进攻加里宁的局部战役。

华西列夫斯基想了一下，回答他说："司令同志，只有目标坚定、行动积极才能粉碎德军对莫斯科的进攻，从而不仅拯救莫斯科，而且为重创敌军奠定基础。如果我们不在最近几天完成这项工作，将来就晚了。加里宁方面军在这方面处于极其有利的战役态势，所以加里宁方面军是不能置身事外的。你必须全力以赴，对敌实施突击，而你们当面的敌人兵力是薄弱的。请相信，胜利将是有把握的。斯大林同志已经同意再给你调一个师的兵力，即西北方面军的步兵第二六二师。这个师今天下午6点会准时出发。该师有900多人，装备也不坏……"

力量得到了加强，科涅夫才勉强放弃了自己原来的主张，同意配合朱可夫行动。尽管如此，斯大林仍不放心，于是便派华西列夫斯基亲自前往加里宁方面军督战。12月4日，华西列夫斯基以代理总参谋长的身份来到了加里宁方面军的司令部。时任加里宁方面军总司令的科涅夫接待了华西列夫斯基。华西列夫斯基向他传达了最高统帅部关于转入反攻的最后指示，并在那里作为大本营代表协调该方面军执行反攻命令。

12月5日，在航空兵突击和炮火准备之后，加里宁方面军先行按大本营方针转入了对敌人的反攻。次日，西南方面军和西方方面军也按期发动了强大的反击攻势。当各方向上的德军还在冰天雪地里一点一点地挖掘防御工事的时候，红军部队便纷纷冲到了他们面前。

不久前还骄横无忌的德军立即丢盔弃甲，作鸟兽散了，留在阵地上只是大批大批被冻伤的士兵，还有大片大片的废旧钢铁。这是苏德战争爆发以来，德军首次大规模的溃退。红军抓住良机，死死咬住德军，坚决地予以歼灭。到12月16日，他们已经在红军的压力下撤出了加里宁、克林和耶列次等地。联共中央也于12月15日将原来迁出莫斯科的党、政、军机关迁回了首都。

希特勒闻讯大怒，命令前线部队禁止继续后退。但是德军的败势已经无可挽回了。在惊慌失措之中，希特勒开始寻找替罪羊。德南线部队司令官伦斯德、坦克集团军司令古德里安等纷纷被革职。德中央集团军群总司令、陆军元帅冯·包克也借口"胃病转重"向希特勒提出辞职。陆军总司令冯·勃劳希齐元帅更是连续两次请求辞去职务。12月19日，希特勒批准了陆军总司令的请求，并亲自担任陆军总司令。

但希特勒没能挽回德军失败的命运。到12月底，红军已经解放了11000多个居民点，收复了克林、加里宁、卡卢加等许多城市，赢得了莫斯科保卫战的胜利。在这次会战中，在以朱可夫西方方面军为主力的苏军打击下，德军总共损失了50万人，1300辆坦克，2500门火炮，15000多辆汽车和很多其他技术装备。德军被击退了150~300公里。这是德军在第二次世界大战中遭受的第一次大失败。这次胜利无论是对苏联，还是对世界反法西斯同盟的战斗都具有非同寻常的意义。德军在此战中丧失了大量有生力量，从此开始走下坡路。

经过莫斯科保卫战这场空前的激烈角逐，苏联红军很多高级指挥人员经受了锻炼，他们更多地掌握了现代化战争条件下一系列军事战略技巧与军事指挥艺术。华西列夫斯基在协助最高统帅部筹划、指挥这次会战中，也学到了许多实战军事技能，并在这次著名战役中成为了红军指挥系统中的核心人物之一——代理总参谋长。

· 第五章 ·

在斯大林格勒

一

德军瞄准斯大林格勒

莫斯科保卫战的胜利让斯大林过于乐观,认为德军在其他战线上也无法抵挡红军的突击。在这种观念的指导下,斯大林产生了全线开始总攻的想法。他在给各方面军军事委员会的指示信中说:"红军在充分疲惫德国法西斯军队以后已经转入进攻,并将其往西赶去。德寇为阻止我军前进,已经转入防御,开始构筑防御工事。他们的意图很明显,就是阻挡我军在春季之前的进攻,以便明春集结兵力再次转入对红军的进攻。由此可见,德寇是想赢得时间和获得喘息的机会。我们的任务就在于,不给德寇以喘息时间,不停顿地把他们往西赶去,迫使他们在春季之前把预备队耗光,从而保证在1942年年底彻底粉碎希特勒军队……"

实际上,红军此时并不具备全线总攻的能力,大战刚刚结束,部队还没有来得及补充人员和技术兵器,进攻根本无法取得胜利。结果这场所谓的"总攻"一直打到1942年4月也没有取得多大的胜利,非但没有耗光德军的预备队,反倒大量损耗了红军的兵力,第三十三集团军甚至遭到了全军覆没的厄运,集团军司令叶夫列莫夫中将、炮兵司令阿夫罗西莫夫少将也在战斗中壮烈殉国了。在泥泞季节,两军的战线暂时稳定了下来。

德军挡住了苏联红军的冬季攻势之后,洋洋得意地吹嘘说,他们已经征服了连拿破仑也没有征服过的俄国冬季。缓过气的德军企图在春季发动一次大规模的攻势。1942年3月,德军最高统帅部提出拟定了当年的攻势战略计划。该计划指出,德军应在整个战线的中段保持现态势;在北方夺取列宁格勒,从而沟通与芬兰的陆上联系;在战线的南翼突击到高加索地区。

4月5日,希特勒签署了第41号训令,细化了上述计划,而且特别强调了南线战场的重要性。希特勒命令在苏联战场上的德军将一切可用的军队集中到南翼的主要战线，在顿河以西消灭红军，夺取高加索油田和进入高加索山区的隘口。

高加索地区最重要的交通枢纽和工业中心斯大林格勒成了德军的主要进攻目标。希特勒指示部队，无论如何，必须竭尽一切努力到达斯大林格勒市区。或者至少使这座城市处于重炮射程之内，从而使它不能再成为工业中心和交通枢纽。

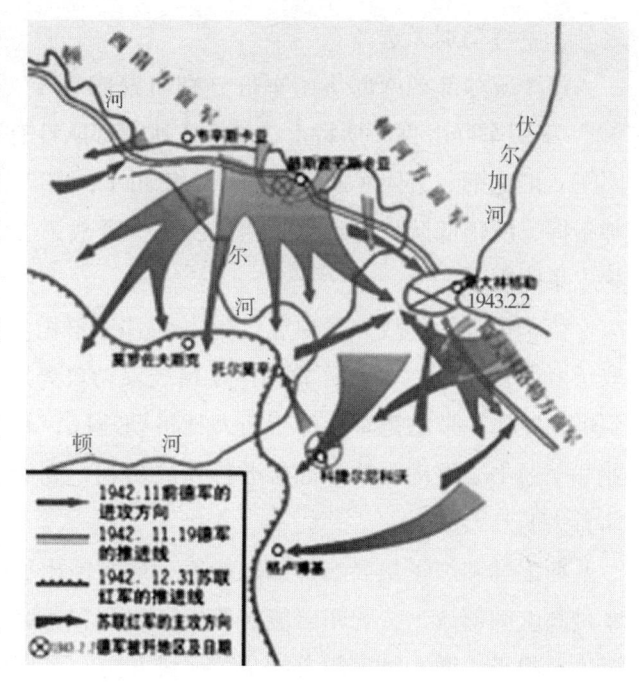

斯大林格勒战役

斯大林格勒以西、以南是广阔富饶的顿河下游、库班河流域和高加索地区，是苏联的粮食、石油和煤炭的主要产区。这些物资是红军与德军都急需补充的东西。可以说，谁占有斯大林格勒，谁就将取得战争的最后胜利。

由于德军在整个冬季作战中伤亡了110多万人，急需补充兵力，但德国本土已经找不出可以参战的适龄男子了。希特勒不得不把目光转向了仆从国。在对斯大林格勒发起进攻之前，希特勒从其"盟邦"获得了52个师的兵力，其中罗马尼亚27个师，匈牙利13个师，意大利9个师，斯洛伐克2个师，西班牙1个师。为了保证进攻重点，希特勒将其中的41个师增调到斯大林格勒战线南部。

德军陆军总参谋长哈尔德等大多数高级将领并不赞成从仆从国招募兵员，因为这些部队的作战素质极差，非但不能帮助德军，很可能还会加速德军的灭亡。哈尔德的预见是正确的，但在当时来说，除了从仆从国募兵之外，希特勒别无选择。

德军统帅部把南部集团军群分别布置成"A"、"B"两个集团军群。"A"集团军群由克莱斯特上将指挥，所辖部队计有野战第十一、第十七集团军、坦克第一集团军和意大利第八集团军；"B"集团军群由冯·波克元帅指挥，所辖部队计有坦克第四集团军、野战第二、第六集团军和匈牙利第二集团军。

德军拟定的作战方案规定："A"集团军群由奥廖尔南部发动进攻，夺取沃罗涅日；"B"集团军群由哈尔科夫发动攻势并向东突破，然后与前出到塔甘罗格一带的德军会师于斯大林格勒地区，对苏联南部的这一重要工业和交通中心发动强攻。如果形势发展顺利，则沿伏尔加河而上，直取莫斯科。

斯大林和红军最高统帅部未能正确地判断出德军的上述进攻方向。红军最高统帅部认为，德军可能在莫斯科方向和苏联南方方向同时实施大规模进攻战役。斯大林最担心的是莫斯科方向，因为该方向有德军70多个师的100多万兵力。在吸取了1941年冬季总攻失败的教训之后，斯大林认为红军不能再展开大规模进攻战役，应限于进行积极的战略防御，但同时必须在一些比较重要的战略方向上实施小规模的进攻战役。

朱可夫对最高统帅的战略战役设想基本是同意的。但是他对预定实施进攻战役的次数方面，又持不同意见。他认为这些进攻战役会大量消耗苏军预备队，并使尔后的总攻准备复杂化。因此，朱可夫建议由西方方面军和中央方面军在莫斯科以西发动攻势，其他方向则全部转入防御状态。华西列夫斯基同意朱可夫的意见，并极力向斯大林建议尽量减少小规模进攻战役的次数，而且不能在所有方向上同时进行。但斯大林一旦决定某件事情就不会改变，更加不喜欢有人提出不同意见。

当时，斯大林极力支持铁木辛哥元帅提出的在哈尔科夫方向上的局部进攻计划。病愈恢复工作的总参谋长沙波什尼科夫则持反对意见。他说，最高统帅部的手中根本没有足够进行这次进攻所必备的预备队。斯大林打断了他的话，说："我们岂能坐等德寇的首先突击！必须在宽大正面上先敌实施一系列突击，这样才可能做好摸清敌人情况的准备！我看，朱可夫元帅提出的西方中央方向的进攻，而在其他方向全部防御，倒是个不彻底

在斯大林格勒战役时伏尔加（河）舰队士兵

的治标的办法。"

铁木辛哥接过话茬道："这个方向上的部队现在能够，而且毫无疑问也必须在西南方向实施先敌突破，这样才能打乱敌人对我西南方面军和南方方面军的进攻计划，否则就会重演战争初期的危险情况。至于在西方方向的进攻，我也支持朱可夫元帅的意见，因为这会在那里牵制住敌人可能调动的兵力。"

伏罗希洛夫也持同一意见。斯大林当即叫铁木辛哥去拟定战役计划。按照铁木辛哥拟定的计划，红军在哈尔科夫方向上局部进攻的目的是彻底粉碎德军南部集团军群，并使红军由此而前出到戈麦尔—切尔卡塞—彼尔沃迈斯克—尼古拉耶夫一线。这个计划要求西南方面军、南方方面军和布良斯克方面军全部参加该战役，而且还要求大本营给他们以大量的兵力和兵器支援。显然，这一战役已经超出了局部进攻的范围。

当作战计划提交到总参谋部之时，华西列夫斯基和总参谋长沙波什尼科夫立即提出了反对意见，并把意见报告提交到了斯大林手中。斯大林同意了华西列夫斯基的否定意见，但他同时又同意让铁木辛哥去拟定一个比该计划规模小一些的局部战役计划，其目的是以西南方面现有兵力和兵器粉碎德军的哈尔科夫集团。

4月10日，铁木辛哥把按照斯大林意见修改过的计划送交了最高统帅部。新计划规定，红军应从沃尔昌斯克地区和巴尔文科沃屯兵场两个方向做向心突击，粉碎在这里的德军哈尔科夫集团，一举夺取哈尔科夫并为解放顿巴斯创造条件。

总参谋长沙波什尼科夫和华西列夫斯基都建议放弃该计划，因为铁木辛哥的计划实在太冒险了。但铁木辛哥坚持自己的意见，并向斯大林保证此战必定会大获全胜。一心想在1942年底彻底击溃德军的斯大林批准了这一计划。为了防止沙波什尼科夫和华西列夫斯基再反对该计划，斯大林下令给总参谋部说，应把这次局部进攻看成是南方和西南方向上的内部的事务，总参不要干预这一战役的任何问题。

4月中旬，斯大林任命华西列夫斯基为最高统帅部代表，并将他派往了西北方面军工作。按最高统帅部制定的作战计划，红军在西北方向上也有一个所谓的局部战役。此战的目的是以西北方面军和加里宁方面军两个方面军的兵力全歼已经陷入重围的德军杰缅斯克集团。华西列夫斯基此行的任务，就是协助西北方面军做好这次战役的具体筹划和指挥。

4月26日，华西列夫斯基被提升为上将。尽管军衔升了，但华西列夫斯基一点也开心不起来。红军在兵力和装备上并不占据优势，最高统帅在几乎所有的方向上都发动所谓的局部进攻必定会遭到失败。

5月8日，西北方面军和加里宁方面军已经做好了全歼德军杰缅斯克集团的全部准备，马上就要实施突击了。就在这时，华西列夫斯基忽然接到最高统帅部大本营的一道命令，要求他马上赶回莫斯科。

返回莫斯科之后，华西列夫斯基才得知，他的老上司沙波什尼科夫心脏病突发，已经不能正常工作了。但在战局如此紧迫的情况下，总参谋部又不能群龙无首，沙波什尼科夫便推荐华西列夫斯基再次代理总参谋长一职。从5月11日起，华西列夫斯基便第二次受命代理总参谋长一职。6月24日，他又在沙波什尼科夫的推荐下正式接任了苏联红军总参谋部总参谋长。

二

临危接任总参谋长

华西列夫斯基接任总参谋长之时，红军在各条战线上都处于极其不利的态势。毫不夸张地说，他完全是临危受命。当时，克里米亚方面军由于领导层面的问题，导致处于优势的红军节节败退。7月中旬，德军攻占了整个克里米亚。红军损失惨重，仅被俘官兵就达10万之众。克里米亚方面军的部分部队转入了游击队，在当地坚持反抗，另一部分则退到了高加索的黑海沿岸。德军因此得以腾出一个有作战能力的集团军和相当数量的加强兵器，并将其转到了斯大林格勒与北高加索方向。

在克里米亚方面军节节败退之时，西南方向的哈尔科夫附近进攻也遭受了惨重的失败。西南方面军南北受敌，很有可能陷入德军的包围之中。由此，还严重地累及布良斯克方面军左翼的安全，以致整个西南战场的局势迅速恶化起来。

在哈尔科夫局部反攻战役初期，西南方面军的进攻很顺利，迅速地突破了德军的防御战线，并于3昼夜内向前推进了25~50公里。斯大林对这一结果很满意，他奚落华西列夫斯基说："总参谋长同志，你看，铁木辛哥他们干得不错嘛！我差一点因为你们总参谋部的坚持而取消了这次战役呢。"

华西列夫斯基默默地听着斯大林的奚落，并没有进行反驳。不过，他对哈尔科夫方向的反攻更加担心了。他担心的事情终于5月17日发生了。克莱斯特上将指挥的德军"A"集团军群向沃罗涅日发动了进攻。德军来势汹汹，战役爆发的当日就投入了11个师的攻击兵力。仅仅一昼夜，德军便突破了红军第九和第五十七集团军的防御阵地，将战线向前推进了20多公里。种种迹象表明，德军的突击力量仍在不断地增加，各种坦克集群和摩托化步兵师越来越多地蜂拥到苏军侧翼。估计，很快将严重威胁到第九和第五十七集团军的后方。

华西列夫斯基十分平静地接受了这一现实。因为这早已在他的预料之中了。当晚，他便给第五十七集团军参谋长阿尼索夫少将打了电话，向他询问前线的真实情况。阿尼索夫少将向他如实地报告了前线的真实危局。

华西列夫斯基判断，这很有可能是德军实施大规模春季进攻的前奏。显然，希特勒是想先清除巴尔文科沃突出部，然后全歼红军西南和南方两个方面军。想到这里，华西列夫斯基大惊，如果他的这个判断是正确的话，德军真正的进攻目标应该是斯大林格勒。

华西列夫斯基立即来到最高统帅部向斯大林汇报了自己的分析，并建议立即停止铁木辛哥集团向哈尔科夫的进攻，并将原用于突击的部分兵力调转头，以解除德军对第九和第五十七两个集团军的威胁。

一心想在当年年底结束战争的斯大林并没有理会华西列夫斯基的建议，而是与铁木辛哥通了电话，聊了一下当前的战局。铁木辛哥表示，只要最高统帅部再给他增派一个师的预备队，他定能取胜。

放下电话，斯大林对华西列夫斯基说："铁木辛哥元帅正在采取的措施完全能够击退敌人对南方方面军的突进，所以西南方面军仍将继续进攻。"

5月18日，华西列夫斯基与西南方面军军事委员赫鲁晓夫通了电话。赫鲁晓夫告诉他，斯大林也拒绝采纳他关于停止哈尔科夫攻势的建议。华西列夫斯基忧心如焚，如果再不果断采取措施的话，德军合围西南和南方两个方面军的战略意图就要达成了。

直到5月19日下午，铁木辛哥才下令停止哈尔科夫战役，调转突击部队对付正在形成合围之势的克莱斯特指挥的德军"A"集团军群。但是，这已经太晚了。由于各部队在夜间才开始执行命令，极为宝贵的时间再次损失了。很快，从南北两路向哈尔科夫进攻的红军悉数被德军包围。到5月底，只有部分军队突围而出，绝大部分不是牺牲，就是被德军俘虏了。在这场战役中，红军损失了20个步兵师、7个骑兵师和14个坦克旅，损失火炮2026门，坦克1249辆。红军被俘人员竟达24万人，其中包括西南方面军副司令员科斯坚科、第五十七集团军司令员波德拉斯、参谋长阿尼索夫和战役集群司令员博布金。

为了配合和改善西南方面军的势态，红军在北方发动了局部攻势。不过这些攻势也大多遭到了德军的疯狂反扑。红军的失利使得德军又夺回了部分战略主动权。6月28日，德军两个集团军群先后发动进攻，企图在顿河西岸包围并消灭红军布良斯克方面军和南方方面军的主力。到7月2日，沃罗涅日地区局势已经相当危急了。布良斯克方面军和西南方面军的结合部被撕开了一个缺口，德军在两天内便向前突进了80公里。

沃罗涅日是斯大林格勒西北方向上的门户。一旦德军攻占沃罗涅日，斯大林格勒便岌岌可危了。为了加强这一地区的防御，最高统帅部决定从预备队中抽调两个诸兵种合成集团军交给布良斯克方面军指挥。与此同时，斯大林还把强大的坦克第五集团军划归该方面军指挥，用于进攻德军"B"集团军群的两翼和后方。

7月2日夜间，坦克第五集团军编成内的各军在叶列茨以南集结完毕。但十分可惜的是，布良斯克方面军居然没有抓住这一有利时机，命令坦克第五集团军立即加入战斗。

斯大林十分气愤，立即命令华西列夫斯基赶赴叶列茨，敦促坦克第五集团军尽快参战。出发之前，华西列夫斯基用电话通知了集团军和方面军司令，命令他们立即着手准备反突击。

7月4日，华西列夫斯基首先来到了布良斯克方面军司令部，抽调了一部分兵力去加强坦克第五集团军。随后，他便在布良斯克方面军参谋长卡扎科夫少将一同前往坦克第五集团军，视察前线，为该集团军布置任务。

同一天，华西列夫斯基接到了斯大林的电话。斯大林要他最迟于7月5日返回莫斯科，因为西南方面军的右翼和南方方面军的后方均出现了麻烦。德军第六集团军已经推进到卡缅卡，并在南方方向上发动了突击。华西列夫斯基不敢怠慢，他对坦克第五集团军的作战任务和各兵种协同动作的组织做了指示之后，便把指挥任务交给了集团军和方面军司令，自己则急匆匆地赶回到了莫斯科。

华西列夫斯基向斯大林汇报了前线的情况。斯大林沉思了一会，决定在沃罗涅日方向单独成立一个方面军，以有效地消灭德军"B"集团军群。

谋略元帅 华西列夫斯基

华西列夫斯基穿皮夹克视察前线

斯大林问华西列夫斯基："你看，由谁来担任这两个方面军的司令比较合适。"

华西列夫斯基提出由罗科索夫斯基担任布良斯克方面军司令。斯大林领首同意了。至于沃罗涅日方面军的司令人选则有些棘手。华西列夫斯基提了好几个人，斯大林都摇头表示反对。

忽然，时任第一副总参谋长的瓦图京中将站了起来。他对斯大林说："斯大林同志！请任命我为沃罗涅日方面军司令吧！"

斯大林看了一眼瓦图京，惊讶地眉毛扬动了一下。华西列夫斯基朝斯大林点了点头，说道："瓦图京同志是比较合适的人选，尽管我对他离开总参谋部感到十分惋惜！"

斯大林沉默了片刻，看了华西列夫斯基一眼，转身对瓦图京说："好吧！既然华西列夫斯基同意，我也不反对。"

坦克第五集团军的参战和沃罗涅日方面军的组建加强了红军在这一地区的防御力量，也迟滞了德军的进攻速度，但并没有能够扭转红军被动的局面。在近一个月的战斗中，红军被迫后撤了150～400公里。德军先头部队抵达顿河大河湾，剑指斯大林格勒和北高加索。时间已经到了决定苏联

前排从左至右：元帅科涅夫，华西列夫斯基，朱可夫，罗科索夫斯基，梅列茨科夫。后排从左至右：元帅托尔布欣，马林诺夫斯基，戈沃洛夫，大将叶廖缅科，巴格拉米扬。

生死存亡的最后一刻！

三

斯大林格勒的混战

当得知德军的先头部队已经抵达了顿河大河湾之后，斯大林极其震怒，他给各方面军下令："今后，没有最高统帅部的命令，没有上级的指示，绝对不许后退一步。"

同时，总参谋部也发出了命令，要求各驻部队的参谋人员在战斗中如实地检查对这一命令的执行情况，遇有不遵纪守法者，一律严加惩处。

由于法西斯德军的力量暂时强大与攻势猛烈，红军最高统帅部和总参谋部决定，所有南方战线的各个方面军与战役集群一律采取防御性守势战略。在斯大林"绝不准后退一步"的命令下，各部队调整部署，坚守防线，准备以英勇顽强的抵抗把敌人挡在斯大林格勒之外。从而保卫住这座英雄的城市不为德军所占领和蹂躏，并最终粉碎希特勒的进攻，消灭德军有生力量于斯大林格勒城下。

7月17日，德军对转入防御状态的红军发动了强大的攻势，著名的斯大林格勒会战开始了。按照德军统帅部在4月间制定的进攻计划，德军"A"集团军群主力将负责突击红军防御力量相对薄弱的北高加索地区，以强大的坦克群分割包围红军的南方方面军，进而越过高加索山口，占领整个苏联南部地区。然后再向近东进军，与隆美尔所部会师，从而彻底切断苏联通过伊朗与盟国联系的陆上通道。包括保卢斯指挥的第六集团军在内的"B"集团军群则实施对斯大林格勒方向的突击，最终夺取这一西南战略要冲，从而控制整个伏尔加河下游的广大地域。

德军"B"集团军群以坦克第四集团军为前锋迅速穿过了顿河平原，向斯大林格勒突进。随后，保卢斯的第六集团军也击溃了红军第六十二集团军的先头部队，前出到了顿河卡缅斯基附近，并从北面方向包围了红军第六十二集团军的左翼部队。如此一来，红军在斯大林格勒方向上的防线就出现了一个巨大的缺口。

为应对大举进攻的德军，红军最高统帅部撤消了西南方面军，组建了斯大林格勒方面军，并令西南方面军司令部指挥。斯大林格勒方面军无论在兵力，还是技术装备上都明显弱于德军。在德军的强大压力之下，方面军的处境越来越危险。7月22日，斯大林召回了方面军司令铁木辛哥元帅，令戈尔道夫中将接替铁木辛哥。

7月23日，华西列夫斯基以最高统帅部代表的身份来到了前线。华西列夫斯基找到了方面军司令戈尔道夫中将。当时，他正在顿河左岸、卡拉契以北的一个小村庄里观察前沿阵地。华西列夫斯基同他一起仔细研究了当前的局势。他看得出，官兵们的决心都很大，誓死保卫着伏尔加河畔这座伟大的英雄城市。

研究了前线的情况之后，华西列夫斯基发现，要解除德军对第六十二集团军合围的威胁，并阻止其夺取卡拉契地区以及由此向北的顿河渡河，唯有一个办法，那就是用坦克第一和第四集团军的现有兵力立即发动反突击。

但坦克第四集团军尚未集结完毕，至少还需要两昼夜的时间才能赶到。时间不等人，两天之后，德军第六集团军很有可能已经渡过了顿河，突进到第六十二和六十四集团军的后方。怎么办呢？华西列夫斯基当机立断，决定派坦克第一集团军单独对敌人实施反突击。坦克第一集团军发起反突击之后，德军的阵脚一下子被打乱了。两天之后，坦克第四集团军也加入了战斗。第六十二集团军被合围的危险解除了，德军企图在行进间一举拿下斯大林格勒的阴谋也被粉碎了。

疯狂的希特勒在加强第六集团军兵力的同时，立即命令霍特的坦克第四集团军从北高加索战线转到了斯大林格勒东南部，发动了一次试探性的攻势。双方的战线暂时稳定了下来。8月上旬，希特勒决心，要利用现在仍处于优势地位的兵力，尽可能在冬季来临之前攻下斯大林格勒。1941年冬季的莫斯科会战已经让德国人领略了苏联寒冬的威力！希特勒不愿意这样的悲剧再次重演。

于是，希特勒命令德军从南北两个方向向斯大林格勒发起了新一轮的

谋略元帅 华西列夫斯基 huaxiliefusiji

斯大林格勒战役中苏联红军战士作战

攻势。保卢斯的第六集团军从西北面自上布齐诺夫卡发动进攻；霍特的第四集团军则从南面自阿勃加涅罗沃地区发动进攻。双方进攻务求向心态势，以便一举攻占斯大林格勒。

红军的情报部门向最高统帅部报告了德军频繁调动的情况。最高统帅部和总参谋部判断，德军要向斯大林格勒发动进攻了。为了对付德军随时可能发动的攻势，最高统帅部于8月5日决定，将斯大林格勒方面军一分为二，组建新的斯大林格勒方面军和东南方面军。

东南方面军的司令为叶廖缅科上将，军事委员是赫鲁晓夫，其编成内的部队是原斯大林格勒方面军的左翼部队，即第六十四、第五十七、第五十一集团军，坦克第十三军和空军第十八集团军。从最高统帅部预备队调至前线的近卫第一集团军也被加强到了该方面军。新组建的斯大林格勒方面军仍由戈尔道夫任司令，其编成内包括第六十三、第六十二、第二十一集团军、坦克第四集团军、坦克第二十八军及空军第八集团军的部分部队。

一分为二又为部队的统一指挥，尤其是空军的使用上带来了诸多麻烦。最高统帅部又不得不于8月13日将斯大林格勒方面军拨归东南方面军节制。与此同时，从直属最高统帅部预备队中调取的部队也源源不断地开向斯大林格勒方向。

8月19日，德军第六集团军和坦克第四集团军按预定计划开始了对斯大林格勒的第一次直接进攻。德军的坦克集群以迅雷不及掩耳之势分别从南北两个方向扑向了斯大林格勒城郊。随后，德军的飞机对斯大林格勒开始了肆无忌惮的轰炸。

此时，华西列夫斯基正以最高统帅部代表的身份在东南方面军司令部协助叶廖缅科将军指挥战斗。他亲眼目睹了这座英雄的城市变成废墟的全过程。一幢幢建筑瞬间化为了乌有。居民们大部分都被疏散了，不愿走的人则直接拿起武器冲向了前线。在最危险的时刻，军工厂也没有停止生产。大无畏的苏联人民誓死保卫斯大林格勒这座伟大的英雄城市！

8月23日，华西列夫斯基与总参谋部、最高统帅部的通讯被德军猛烈的炮火切断了。但他并没有慌张，他在指挥观察所里，镇定地用无线电继续指挥战斗。电话联系接

德军用火焰喷射器向据守的苏军进攻

通后，斯大林给他发来了指示：不惜一切代价阻击敌人，誓死保住城市。尽管红军战士们积极执行了这一命令，但仍然没能挡住德军强大的攻势。德军第六和第四集团军已经接近市郊，马上就要突入市区了。

8月25日上午，华西列夫斯基冒着猛烈的炮火来到了北郊的一家大型军工厂。这里正在生产红军急需的坦克，但德军前锋部队离它已经不到两公里了。华西列夫斯基命令将最珍贵的设备都撤到伏尔加河对岸去，留下一部分工人继续修理从前线开回来的坏坦克。

斯大林格勒的形势越来越危急。8月26日，红军最高统帅部解除了朱可夫西方方面军司令的职务，将其任命为副最高统帅，赶赴斯大林格勒指挥东南方面军和斯大林格勒方面军作战。

9月1日，华西列夫斯基奉命飞回了莫斯科，领导参谋部的工作。在他离开前线不久，德军便突入了市区。英勇的苏联红军与德军在废墟和瓦砾中进行了极其残酷的巷战。德军第六集团军的一名军官曾这样描述巷战的惨象："我军的各个部队在9月份的战斗中，都遭到了惨重的损失，各师变得疲惫不堪，一个连一般只剩下30~40个人。"

另一名参加巷战的士兵则写道："想想斯大林格勒大战80个昼夜肉搏

拼杀的情景吧，街道不再是用米来计算，而是用尸体作单位来丈量的。斯大林格勒不再是一座城市，它淹没在一片漫无边际的浓烟烈火之中，就像一座炉火映红的大熔炉……"

四

参与制定反攻计划

1942年9月,斯大林格勒会战进入了胶着状态。德军虽然兵力和装备上仍然占有优势,但却无法迅速占领整个斯大林格勒。红军与德军进行了殊死的搏斗,但一时也无法突破德军的战斗队形,将其击退。

9月12日,朱可夫奉命飞往莫斯科,向斯大林汇报前线的形势。总参谋长华西列夫斯基也在向斯大林汇报前线的战况。朱可夫和华西列夫斯基是斯大林在卫国战争时期的左膀右臂。在斯大林看来,朱可夫有足够的军事指挥才能,而华西列夫斯基则是无与伦比的军事智囊。在整个卫国战争期间,但凡有重大决策,斯大林都会跟他们两人商量。

华西列夫斯基和朱可夫汇报完工作之后,斯大林拿出最高统帅部预备队配置图,聚精会神地看着。朱可夫和华西列夫斯基怕打扰到他,走到离开桌子稍远的地方,低声商议道:"显然需要找个什么别的解决办法。"

斯大林突然抬起头来问道:"有什么别的解决办法?"

朱可夫和华西列夫斯基都没有想到斯大林的听力如此敏锐。他们走到桌子跟前,不知道如何回答是好。因为他们都没有想好该用什么方法来解斯大林格勒之围。斯大林缓和了一下语气,对他们说:"这样吧,你们到总参谋部去,好好想想,该采取一些什么措施。"

朱可夫和华西列夫斯基第二天一整天都呆在总参谋部研究对策。最后,他们决定:红军继续以积极防御来疲惫敌人,然后发动一次特大规模的反攻,在斯大林格勒围歼德军,从而根本改变南部的战略形势。

晚上10点,朱可夫和华西列夫斯基来到最高统帅的办公室。斯大林当时正因为与英国的丘吉尔首相在某些问题上无法取得一致而生气。见到朱可夫和华西列夫斯基,斯大林竟用平静的语调问:"你们考虑了些什么问题？"

朱可夫把斯大林格勒地区反攻计划草案图送到斯大林面前。斯大林瞅了瞅草图，有些意外地问："现在有足够力量实施这样大规模的战役吗？"

朱可夫回答说："根据我们计算，再过45天，战役便可得到必要的兵力和兵器保障，而且能够充分准备完毕。"

斯大林在上年的冬季总攻中吃了亏，对大规模的战役有些担心，他仍然不放心地问："只限于沿顿河由北向南和由南向北突击，是不是更好？"

朱可夫解释说："如果那样的话，德军能够迅速将其装甲坦克师由斯大林格勒附近转过来，抗击我军的突击。我军在顿河以西实施突击的话，德军由于有河流的障碍根本不能迅速机动，他们的预备队也就没有用武之地了。"

斯大林又看了看草图，抬头问朱可夫："我方突击集团调动的距离是不是过远了？"

华西列夫斯基解释说："战役分为两个主要阶段：第一阶段是突破德军防御，合围德军斯大林格勒集团并建立牢固的对外正面，以隔绝该集团与外部德军的联系；第二阶段，歼灭被围的德军并制止德军援兵的解围企图。"

斯大林对这个方案不甚满意，冷冷地说："这个计划需要再考虑一下，而且要计算一下我方资源。现在的主要任务是守住斯大林格勒和不让敌人向卡梅申方向推进。"

此时，东南方面军司令叶廖缅科给斯大林打来电话，报告说，德军正向斯大林格勒市区方向调动坦克部队，准备进攻。斯大林立即命令朱可夫和华西列夫斯基调动近卫第十三师和航空兵增援斯大林格勒市区，牵制德军。

然后，他又对朱可夫说："你先飞回斯大林格勒方面军去，着手研究克列茨卡亚和谢拉菲莫维奇地区的情况。几天以后，华西列夫斯基应飞往东南方面军研究其左翼的情况。关于计划，以后我们再继续谈，在这里讨论过的问题，除我们3个人外，目前不要让任何人知道。"

希特勒于9月12日在乌克兰大本营召开了德军高级将领会议，他认为苏联已经到了精疲力竭的境地了，已不能再进行可能对德军构成危险的广泛的战略性报复行动了。于是，他便命令德军尽快将"城市拿到自己手中，不让它变成大家长期注目的焦点"。正是在这种思想的指导下，德军于9月13日对斯大林格勒又发动了猛烈的进攻。

在斯大林格勒附近，德军无论在兵力还是在装备上，都明显优于苏联红军，其中用来直接进攻市区的有13个师，共17万人。他们装备有500辆坦克、1700门大炮和迫击炮。红军斯大林格勒方面军和东南方面军虽然合起来有120个师，但是人员缺额严重，许多师只有编制人数的20%~25%，部分师甚至仅有800人。负责防守市区和西南一带的第六十二和六十四集团军总共也只有9万人，只有德军的一半。他们的技术装备仅有1000门大炮和迫击炮，120辆坦克，根本无法和德军相比。

德军迅速突入了城中，但红军死战不退。争夺市区的激战达到白热化的程度，全市的街道和广场都变成了激烈的战场，有些重要据点被反复地争夺，第一火车站的争夺战持续了一周之久，曾13次易手。

斯大林格勒战役打到9月底之时，双方损失都十分巨大，不得不大量补充兵员。红军最高统帅部又将6个步兵师和一个坦克旅调到了斯大林格勒市区。德军也调来了20万人的补充部队，其中包括90个炮兵营（1000多门火炮）和40个受过攻城训练的工兵营。

在朱可夫的建议下，斯大林决定撤换斯大林格勒方面军司令，任命罗科索夫斯基中将担任这个职务，并将斯大林格勒方面军改称为顿河方面军。与此同时，东南方面军则改称为斯大林格勒方面军。同时以近卫第一集团军司令部为核心，组建西南方面军司令部。西南方面军的司令员职务，预定由瓦杜丁中将担任。

到10月份，红军依然在斯大林格勒市内和附近地区进行着恶战，以疲惫德军。希特勒要求德军B集团军群和保卢斯率领的第六集团军务必在近期拿下斯大林格勒，否则他们将迎来另外一个可怕的冬季。希特勒无论如何也没有想到，看上去已经奄奄一息的苏联居然能在短时间内组织兵力与其对抗。更让他没有想到的是，红军将士根本没有把个人生死放在心上，他们个个都视死如归，打光最后一颗子弹。德军与红军在斯大林格勒的废墟上几乎进行着面对面的射击。直到11月11日，德军的屡次进攻始终没有达成目的。斯大林格勒依然牢牢地掌握在红军的手中。

红军的殊死抵抗给德军造成了重大损失。从7月到11月中，德军在斯大林格勒地区的伤亡达70万人以上，被击毁的装备也很多，坦克1000多辆、火炮和迫击炮2000多门、飞机1400多架。如此惨重的代价仅仅只换来了对斯大林格勒城垣和部分市区的突破。红军的损失也十分惨重，但苏联已经从战争初期的混乱中缓过了劲，预备队和武器装备被源源不断地运动到斯大林格勒。实际上，红军在10月份便掌握了斯大林格勒地区的战略主动权。

红军的反攻计划更是在9月底就已经基本完成了。反攻计划仍然是按照朱可夫和华西列夫斯基在9月初拟定的原则制定的。斯大林亲自给这次空前的大战役取定了一个名字："乌兰"进攻计划。根据计划要求，在斯大林格勒地区的西南、顿河和斯大林格勒方面军均要参加此次战役。为了加强最高统帅部对战役的领导，副最高统帅朱可夫负责协调西南方面军和顿河方面军的行动，华西列夫斯基则协助斯大林格勒方面军的指挥工作。

关于这次战役的具体作战计划由华西列夫斯基领导的总参谋部负责制定。11月13日，华西列夫斯基代表总参谋部向联共（布）中央政治局和最高统帅部报告了经过核实的"乌兰"战役的作战计划。华西列夫斯基指出，斯大林格勒地区的德军兵力基本没有变化，其第六集团军和坦克第四集团军的主力仍被牵制在市区的持久战中。德军主力侧翼部署的仍然是战斗力较弱的罗马尼亚军队。红军应将德军两翼的罗马尼亚军队作为突击的主要方向，实现对德第六和坦克第四集团军的合围。

除此之外，华西列夫斯基还就各方面军参加战斗的次序和进攻时间、地点等具体的细节问题向最高统帅部和政治局做了汇报。斯大林完全同意了总参谋部制定的这份反攻计划。

五

飞机在大雾中遇险

"乌兰"反攻战役开始的前夕，斯大林接受了华西列夫斯基和朱可夫的建议，在莫斯科以西发动一次大规模的攻势，以牵制德军的北部集团驰援斯大林格勒。由于朱可夫担任过西方方面军司令，对那里的情况比较熟悉，便被斯大林派到那里去了。如此一来，参加斯大林格勒反攻战役的3个方面军便全部由华西列夫斯基负责协调了。

西南方面军在这次反攻中担任主攻任务，其司令部设在绥拉菲莫维奇市。为了方便协调指挥，总参谋部也在这里给华西列夫斯基设置了一个指挥所。为了加强对前线情况的了解，华西列夫斯基每天都会亲自到前沿阵地去看一看。

对于这次反攻，华西列夫斯基充满信心。红军在兵力和装备上与德军大体相当，且略占优势。此时，德军"B"集团军群共有80个师，3个旅，100万人，10290门火炮和迫击炮，675辆坦克，1216架飞机。德军第六集团军和第四坦克集团军作为主力部署在斯大林格勒市区的接近地带和西部外围。罗马尼亚第三集团军、意大利第八集团军、匈牙利第二集团军和德军第二集团军在其西北翼担任掩护任务。在这100万人中，真正能与红军打硬仗的也只有德军第六集团军和第四坦克集团军等约30万人。

红军斯大林格勒方面军、顿河方面军和西南方面军共有110万人，15500门火炮和迫击炮，1463辆坦克和强击火炮，1350架作战飞机，与德军相比略占优势。更为重要的是，这时苏军已配有崭新的T-34型坦克和1250台"卡秋莎"火箭炮。

反攻战役马上就要开始了。但恰在此时，一件让华西列夫斯基无论如何也没有想到的事情发生了。11月17日晚，华西列夫斯基刚从前沿阵地回到指挥所便接到了斯大林的电话。斯大林要求他必须在11月18日返回莫斯科。具体是什么事情，他在电话里一点也没有透露。

第二天，华西列夫斯基按时来到了克里姆林宫。斯大林和全体国防委员正在那里开会。斯大林看见华西列夫斯基走进了办公室，嘴里叼着烟斗踱步来到他的面前，交给他一封信。斯大林对他说："你先去把这封信仔细研究一下，我一会就过去。"

华西列夫斯基知道斯大林是要他去那间只有他一人才能随便进出的房间。华西列夫斯基来到了斯大林的秘密办公室，将信展开，认真读了起来。突然，他的脸色变得很凝重，越往下看，他的脸色便越难看。这封信是即将反攻战役中担负突击任务的机械化第四军军长沃利斯基写的。沃利斯基在信中提到，鉴于进攻开始前敌我兵力和兵器的对比情况，"乌兰"反攻计划必然会遭到惨重的失败。是故，他建议推迟或者取消这次攻势。

华西列夫斯基纳闷极了。他虽然对沃利斯基不是十分熟悉，但这位军长一直在积极准备着参加战役的各项工作，从来没有提出过异议。在11月10日召开的战前动员会议上，他还当面向华西列夫斯基和方面军军事委员会保证，机械化第四军将坚决完成任务。华西列夫斯基不知道这位军长是怎么想的，但无论如何，他提出推迟或取消这次战役的建议是不合理的，也是没有任何根据的。

斯大林开完会便来到了他的秘密办公室，同华西列夫斯基讨论沃利斯基的建议。华西列夫斯基坚持了自己的意见，认为这次反攻是一次千载难逢的好机会。斯大林点了点头，拿起电话就给沃利斯基军长挂了一个电话。斯大林跟沃利斯基说话的语气很温和，也没有批评他。

挂断电话后，他对华西列夫斯基说："先把沃利斯基留在军里，他刚刚还表示一定完成上级交给他们军的任务。关于他是否还担任该军军长的问题，要按该军的行动结果再做最后决定。不过，你要把这个军和沃利斯基在战役头几天的作战表现专门向我做一个汇报。"

华西列夫斯基点了点头，转身走出了办公室。当天下午，他便乘坐飞机飞往前线指挥所去了。11月19日清晨，红军的反攻开始了。在猛烈的炮火准备之后，西南方面军各方向的突击集群快速向前突进，罗马尼亚军队的防线被撕破了。红军在一天之内就向前推进了20多公里，有些集团军甚至挺进了 30~35 公里。沃利斯基指挥的机械化第四军在战斗中表现得十分出色，在第一天也向前推进了 20 多公里。华西列夫斯基心中的那块大石头终于落了下来，他急忙给斯大林打电话汇报了第一天的战况。

随后的几天里，红军的攻势持续加强。仅仅 3 天之后，罗马尼亚第三集团军就被赶到了顿河以西。红军迅速渡过顿河，一路以坦克部队为主，向西直捣德军后方，将罗马尼亚军队继续赶往西面；另一路以步兵为主，南下直取卡拉奇，并在 23 日晨占领了该市。

11 月 20 日拂晓，在西南方面军发起反攻的第二天，斯大林格勒方面军也从斯大林格勒以南发起反攻，突破了罗马尼亚第四集团军的防线，并迅速向西北推进。11 月 23 日傍晚，斯大林格勒方面军在卡拉奇胜利与西南方面军会师了。至此，德军第六集团军、第四坦克集团军等 22 个师约 30 万人被红军紧紧地压缩在了包围圈中。

华西列夫斯基立即抓住这一时机，希望尽快消灭被围的德军。11 月 23 日晚，他在西南方面军司令部与该方面司令商讨了下一步的作战计划。随后他又通过电话与斯大林格勒方面军和顿河方面军司令进行了沟通，并拟定了下一步的行动方案。深夜，他向斯大林汇报了自己的想法。他说："希特勒匪徒无疑会立即采取种种措施企图解救被围的德军部队。因此，对我们来说，最重要的任务就是尽速消灭被合围的德军集团，使投入这次战役的我们自己的部队脱身出来。在解决这一主要任务之前，必须牢牢地使被合围的敌军集团完全孤立起来，不使敌其他部队向它靠近。为此目的，我们必须迅速建立牢固的对外正面，并且保证有足够的快速预备队。"

斯大林同意了华西列夫斯基的这一方案，并建议他根据在顿河中游出现的对红军有利的形势，再用西南方面军和沃罗涅日方面军左翼的力量实施一次新的进攻战役，以便扩大红军的进攻正面，给米列罗沃和罗斯托夫方向的德军以尽可能沉重的打击。

11 月 24 日凌晨，华西列夫斯基向各部队下达了作战命令，消灭被合围的德军。但遗憾的是，这次行动并没有取得预期的效果。因为他错误地估计了保卢斯第六集团军的兵力。起初，他判断保卢斯指挥的被合围的军队总数为 8.5~9 万人。但实际上，德第六集团军的总兵力达 30 万以上。而且合围圈内还有德军人量其他的特种部队和辅助作战部队。这些部队的

谋略元帅·华西列夫斯基

官兵后来大都补充进了德第六和坦克第四集团军。

在各方面军同德军第六和坦克第四集团军苦战的同时，华西列夫斯基同红军炮兵司令沃罗诺夫、空军司令诺维科夫等人来到了距离绥拉菲莫维奇最近的库梅尔任斯卡亚地区的一个飞机场。按照斯大林的意图，他们要前往设在布图尔林诺夫卡的沃罗涅日方面军司令部，组织一次新的进攻战役。

天气十分恶劣，浓雾漫天，他们要乘坐的运输机根本无法在机场降落。华西列夫斯基思考了一下，立即打电话给前线部队，让他们派几架乌－2式战斗机到该机场。过了一段时间，几名经验丰富的飞行员驾驶着飞机来到了机场。空军司令诺维科夫对飞行员做了指示，要求他们在飞行中保持队形。

飞机在浓雾中起飞了。开始，各架飞机之间还能保持目视联络，但很快就被浓雾遮住了。更为严重的是，由于温度急剧下降，飞机开始结冰了。华西列夫斯基只好命令飞行员在沃罗涅日州卡拉契东南30公里处的一块空地上降落。

荒原上毫无人迹，华西列夫斯基和飞行员在野地里走了很长一段路才抵达一个集体农庄。他们好不容易才弄到一架雪橇，来到了通往卡拉契的公路旁。幸运的是，他们到达公路旁不久之后便遇到了一辆军用货车。华西列夫斯基立即命令货车司机将他们送到了卡拉契的电话站。卡拉契的市委书记瓦西连科早已在那里等候华西列夫斯基了。不过，这位市委书记和飞行员一样，都不知道华西列夫斯基的真实身份。他告诉华西列夫斯基，莫斯科已经打了多次电话前来询问他的下落。

华西列夫斯基没有顾得上同瓦西连科说话，立即拨通了沃罗涅日方面军司令戈利科夫的电话，询问其他人

燃烧的斯大林格勒。防空炮兵对德国的飞机进行射击。

的情况。他十分担心他的特派员鲁奇金的安危，因为鲁奇金的手中带了大量最高统帅部给沃罗涅日方面军的秘密文件。

当他得知鲁奇金乘坐的飞机是7架飞机唯一一架平安抵达布图尔林诺夫卡的飞机之后，心中的石头才放了下来。

次日一早，华西列夫斯基便同戈利科夫一起视察了沃罗涅日方面军的前沿阵地。而后，他又和瓦图京一起视察了西南方面军右翼的情况。综合了各种情况之后，他的心中便对这次进攻战役有了初步的打算。回到了绥拉菲莫维奇的指挥所，华西列夫斯基向斯大林汇报了自己的计划。他计划的主要内容便是攻克德军从列宁格勒方向调往南线的德军，以孤立斯大林格勒方向之敌。

斯大林同意了这个计划，并要求他把这项命名为"土星"的战役指挥交给各方面军，他自己必须立即前往顿河方面军，协助该方面军消灭被围困的德军。就这样，在整个斯大林格勒战役期间，华西列夫斯基就像是一只停不下来的陀螺一样，在各方面军之间不停地飞来飞去。

六

斯大林格勒的胜利

华西列夫斯基赶到顿河方面军设在扎瓦雷基诺的司令部之后，立即同该方面军司令罗科索夫斯基商讨作战计划。从11月24日开始，红军逐步缩小了对德第六和坦克第四集团军的包围圈，但始终未能达成分割并歼灭其的战役目的。

考虑到德军可能已经在向斯大林格勒方向增派援军，华西列夫斯基决定暂时停止进攻包围圈内的敌军，从包围圈上抽调兵力来加强对外正面。12月1日，红军对内正面上的兵力还剩下48万人，坦克465辆，火炮和迫击炮8490门。被围的德军尚有33万人，坦克340辆，火炮和迫击炮5230门。红军对德军的兵力优势降低了。

华西列夫斯基的安排是正确的。为了援救被合围的德军，希特勒令冯·曼施坦因元帅从列宁格勒调到南方组建德军顿河集团军群。德军顿河集团军群自称为"同死神赛跑"的部队。尽管华西列夫斯基和各方面军采取了果断的措施，但德顿河集团军群的坦克部队仍于12月19日推进到了斯大林格勒的最后一条天然屏障——米什科瓦河，并且成功地在河北岸占领了一个桥头堡。

此时，德军顿河集团军群距离斯大林格勒只有40公里。曼施坦因命令被围德军向西南突围，德军顿河集团军群在此接应。但是被围的德军根本无力奔袭40公里了，他们不但缺少食物，更缺少弹药和燃料。他们的坦克根本没有足够的燃料来跑完这40公里的路程。

红军最高统帅部抓住这一有利时机，立即命令西南方面军和沃罗涅日方面军迂回到德军顿河集团军群的大后方，对其实施包围。至12月23日，这支新生力量以450辆坦克为前导，行程180公里，迂回到整个德军顿河集团军群的大后方。

曼施坦因有些招架不住了。他担心的不再是被困在包围圈里的30万德军，而是如何保证自身的安全。如果他再继续向前推进，整个德军顿河集团军群都有被红军一口吃掉的危险。为了自身的安全，曼施坦因不得不急令北上的德军南撤，同时命令被围德军停止突围。希特勒营救被围德军的计划破产了。

12月31日深夜，华西列夫斯基奉命来到科捷利尼科沃，代表最高统帅向在战斗中取得重大胜利的坦克第七军颁发嘉奖令。华西列夫斯基在回忆录《毕生的事业》中写道："这一委托是令人愉快的，我欣然完成了这一委托，向该军首长表达了新年的祝贺。这是一个美妙的夜晚，星斗满天，皎洁的月光倾泻在冰封的草原上，显得异常美丽。在科捷利尼科沃黝黑的房屋里，时时闪现着自卷纸烟和打火机的点点火光。远处还不时传来冲锋枪瑟缩的稀疏枪声。我深深吸了一口祖国冬天的空气。胜利使人心情欢畅喜悦，从里海那边吹来的风，尽管吹得人面颊火辣辣的，却似乎送来了我们即将取得巨大胜利的信息。我想起了1942年的新年。那时，我们在莫斯科城下取得了对敌人的第一个重大胜利。"

1943年1月，战场的形势对红军越来越有利了。西南方面军和斯大林格勒方面军已经向西推进了200~250公里。顿河方面军也在快速收拢包围圈，被围困的30万德军面临着被全歼的命运。

为了尽量减少伤亡，红军最高统帅部命令顿河方面军领导人向德军第六集团军发出最后通牒，要他们根据国际惯例，缴械投降。希特勒不顾不可避免的后果，拒绝了红军的最后通牒并命令其士兵打到最后一粒子弹。希特勒信誓旦旦地承诺，将派人来营救被围的德军，并让戈林派空军空投物资。实际上，这一点根本无法做到，每个德军士兵都明白这点。

1月10日，经过猛烈的炮火准备后，顿河方面军部队转入了旨在分割并各个消灭被围德军的进攻，但未能获得全胜。不过，包围圈已经越缩越小。12天后，经过进一步准备后，顿河方面军部队再次转入进攻，德军开始全面溃退。德军第六集团军的一名侦察军官在其回忆录中对德军在红军突击下的退却是这样描述的："我们被迫开始全线退却，但退却变成了逃跑，场面一片混乱。我们退却的路上布满了尸体。暴风雪好像出于怜悯似的，很快就用雪把尸体掩埋了。我们已经是无命令地退却了。我们在和死亡赛跑，但它却十分轻易地就追上了我们。队伍里一批批人倒下了，集团军缩在越来越小的地狱里。"

30万德军官兵每天至少需要750吨物资。德空军司令戈林答应每天空运500吨，但实际上每天只运到100吨。德军每人每天只分到一片面包，15个人分一公斤土豆，战马已经被宰食精光，士兵喝的只有雪水，伤病员因无人照顾而奄奄一息，人人都在忍受着饥饿和严寒的折磨。坦克因缺少燃料不能开动，火炮缺少炮弹，士兵每天只领到30发子弹。德军伤亡人数与日俱增，战斗力下降，实际上这30万人马中，有战斗力者已经不到25万。

德国陆军总参谋长蔡茨勒向希特勒请求批准突围，但是希特勒对此无动于衷，因为他的心中另有打算。他认为当前的主要任务已经不是解救这些濒于灭亡的部队，而是使他们尽可能拖延时间，牵制住苏军，以便有时间从高加索撤退部队和建立新的防线。也就是说，希特勒要让这30万德军死得有价值一些。

随着包围圈一步步缩小，红军在斯大林格勒取得全面胜利已经是指日可待的事情了。为了表彰在这次战役中贡献突出的高级指挥官，红军最高统帅部和苏联国防委员会作出决定，要授予朱可夫、华西列夫斯基、沃罗诺夫、瓦图京、叶廖缅科、罗科索夫斯基等最高统帅部的代表和各方面军司令以"苏沃洛夫一级勋章"。这是在苏军内部第一次为高级军事首长颁发象征统帅级别的奖章。

由于朱可夫当时是苏军副最高统帅，所以这第001号"苏沃洛夫一级勋章"自然就非他莫属。华西列夫斯基得到的是第002号，沃罗诺夫作为作为最高统帅部派往斯大林格勒地区的3号人物自然得到了003号勋章，余下的几枚则是参加此次胜利战役的方面军司令员们。随后，最高统帅部和国防委员会又提升了他们的军衔，朱可夫被授予"苏联元帅"军衔，华西列夫斯基则被提升为大将。

到1月25日，德军被击毙、击伤和俘虏者已超过了10万人。苏军又把包围圈缩小到南北长20公里、东西宽3.5公里的地段上。1月30日是法西斯在德国执政10周年。希特勒在这一天下令授予保卢斯将军以元帅军

衔，同时给予被围的170名德军军官各升一级，其用心是想提高他们的士气。但是第二天，这位刚当了一夜的德军元帅、第六集团军司令保卢斯及其司令部的全体官兵就在一家百货公司的地下室里被俘了。保卢斯的参谋长代表他在投降书上签了字。2月2日，被围德军全部投降或被歼灭。至此，经过200天的鏖战，这场第二次世界大战期间最大的一次战役宣告结束了。

德军俘虏穿过斯大林格勒街道

希特勒对在斯大林格勒如此惨重的失败痛心疾首，更对保卢斯的投降恨之入骨。他在一次最高统帅部的会议上咒骂道："他们已经在那儿投降了——正正式式、完完全全地投降了。他们本来应该团结一致、顽强抗击，然后用最后一粒子弹自尽……保卢斯应该举枪自杀，正像历来的司令官眼看大局已去便拔剑自刎一样。"

为了欺骗舆论，也是为了自欺欺人，希特勒在保卢斯投降后的第三天，发布了一份特别公报："斯大林格勒战役已经结束。第六集团军在保卢斯陆军元帅的卓越领导下，忠实地履行了他们打到生命最后一息的誓言，没有被优势敌人和不利于我军的条件所压倒。"

斯大林格勒战役中被俘的德军战俘

在斯大林格勒

战役中，德军总共损失了约 150 万人，3500 辆坦克和强击火炮，12000 门火炮和迫击炮，约 3000 架飞机及大量的其他技术兵器。这些兵力和兵器的损失对德国的整个战略地位产生了极大的影响并彻底动摇了其整个战争机器。斯大林格勒战役是第二次世界大战中苏德战场的一个转折点，从此红军便转入了全面反攻，掌握了战略主动权。

在整个斯大林格勒战役期间，华西列夫斯基同斯大林、朱可夫一起领导并协调了各方面军的作战行动，他努力奉献了自己的智慧，为这场具有重大意义的胜利作出了突出的贡献。

· 第六章 ·

指挥库尔斯克战役

一

库尔斯克战役前夕

在斯大林格勒会战即将结束之时，斯大林把华西列夫斯基调到了沃罗涅日方面军任最高统帅部代表。当时，合围圈内德军保卢斯第六集团军和霍特坦克第四集团军已经难逃被全歼的命运了，斯大林认为让华西列夫斯基再留在斯大林格勒前线也没有什么意义了，便把他派到了沃罗涅日方面军，负责准备与实施在顿河上游地区展开的一次新的进攻战役，即华西列夫斯基之前制定的代号为"土星"的战役。参加这次战役的，主要是沃罗涅日方面军、布良斯克方面军和西南方面军。

斯大林格勒战役之后，苏德战场上的兵力对比发生了明显的变化。红军的作战部队已经发展到了 660 万人，火炮 10.5 万门，坦克 1 万多辆，作战飞机 1.03 万多架。随着军工生产的大发展，部队的技术装备仍在迅速加强。德军不管在兵力上，还是在技术装备上都已经明显落后于红军。此时，德军及其盟国在苏联的作战部队约有 550 万人，火炮 5.4 万门，坦克 5850 辆，作战飞机 3000 架。

补充兵员和组建新的兵团，疯狂的希特勒从 1943 年 1 月 13 日签署了总动员令，征召大量军工企业和交通运输部门的工人，并强迫 16~18 岁的青年入伍。新入伍的人员在后备军和正在整编或组建的师中经过 4 周到 6 个月的训练即被送往前线作战。这次总动员的结果是，德军征召了 200 万新兵入伍。这使得德军在 1943 年上半年得以组建了一批新的军队，对过去在战争中遭受损失的兵团进行了补充。不过，由于大量的技术工人被征召入伍，德军的军工生产受到了严重的影响，德军用于对付红军 T-34 坦克的"虎式"和"豹式"坦克的生产量每月只有 50~60 辆。另外，由于放宽了入伍的条件，新兵的身体条件和战斗素质都无法同战争初期的德军相提并论了。

红军最高统帅部抓住这一有利时机，立即命令红军从列宁格勒到高加索的广阔战线上发起了全线反攻。南方方面军后一路南下，与北高加索方面军配合，歼灭了盘踞在北高加索地区的大部分德军。顿河

一辆苏军的T-34型坦克被炮火击中起火燃烧

方面军和西南方面军在德军第六集团军投降之后继续西进，配合沃罗涅日和布良斯克方面军收复了罗斯托夫、哈尔科夫、库尔斯克等许多具有战略意义的城市和地区。与此同时，列宁格勒方面军和沃尔霍夫方面军也在北线发动了进攻，终于在拉多加湖以南打开了一条宽8～11公里的陆地走廊，解除了德军对列宁格勒长达900天的封锁。

1943年2月16日，当华西列夫斯基正在顿河中游组织沃罗涅日与布良斯克两个方面军实施哈尔科夫战役的时候，苏联最高苏维埃主席团发布了授予他"苏联元帅"这一最高军阶的决定。华西列夫斯基高兴极了，这是对一名职业军人最高的奖赏。他在回忆录《毕生的事业》中如此写道："这完全出乎我的意料。我获得大将军衔还不到一个月的时间，仅就这一点来说，这个命令也使我感到突然。老实说，我认为国防委员会、最高苏维埃主席

库尔斯克会战中，德国装甲集团在突击。

第六章 指挥库尔斯克战役

谋略元帅·moulüeyuanshuai·

华西列夫斯基·huaxiliefusiji·

列宁格勒被德军包围后与外界的唯一通道就是冰冻的拉多加湖。苏联军民倾尽全力保卫这条生命线，各种各样的交通工具在湖面上往来奔驰，运出伤员，运进粮食。

团和最高统帅部对我的工作做这种评价，未免过高了一些。"

华西列夫斯基获得"苏联元帅"军衔的第三天，斯大林突然命令他立即返回莫斯科。华西列夫斯基不敢耽误，立即风尘仆仆地往莫斯科赶去。来到克里姆林宫，斯大林告诉他说，最高统帅部决定立即在莫斯科中央方向发起一次旨在消灭德军中央集团军群主力，并把战线向西大大推进的重大战役。在这场战役中，华西列夫斯基的任务是负责领导和协调西方方面军左翼部队以及布良斯克方面军、中央方面军（原顿河方面军）、沃罗涅日方面军的作战行动。

恰在此时，疯狂的希特勒也组织了一个新集团军群，向苏联红军发起了迅猛的进攻。最先遭到德军攻击的部队是瓦图京指挥的西南方面军。当时，他们已经推进到了第聂伯河附近。在德军突如其来的攻势下，西南方面军开始了不得已的快速后撤。随后，红军整个战线都出现了松动。西南方面军右翼部队的迅速后撤给沃罗涅日方面军的

死亡对列宁格勒人来说已是很平常、甚至是值得羡慕的事了。在长达900天的围困期间，300万居民中仅饿死者就有100万人以上，死于枪弹者更不计其数。

左翼带来了严重的威胁。

希特勒抓住这一时机，立即命令由顿河集团军群改编而成的南方集团军群于3月7日向沃罗涅日方面军左翼发动了强大的攻势。沃罗涅日方面军节节败退，向哈尔科夫方向退却。至3月15日，由于德军不断投入新的兵力和兵器，再加上该部沃罗涅日方面军得不到有力的援军支持，他们只好放弃了哈尔科夫。到3月18日，他们又丢掉了别尔哥罗德，一直退到了库尔斯克南面的奥博扬地区。

被缴获的德军黑豹

对这次失败，华西列夫斯基和沃罗涅日方面军的司令瓦杜丁都感到十分痛苦。不过，他并没有丧失信心。多年之后，他在回忆录中写道："我想指出，敌人的反攻尽管是突如其来的，但我们退却时根本没有惊慌失措的表现。无论是秩序还是部队的领导均未被破坏，虽然放弃我们心爱的这些城市和地区大家总是感到心情很沉重。我们相信，它们不久即将重新获得解放。"

为了扭转战局，朱可夫也于3月19日被斯大林派到了沃罗涅日方面军。华西列夫斯基和朱可夫等人经过商议认为，希特勒的意图已经十分明显了，他就是想集中优势兵力，在库尔斯克地区歼灭红军主力，夺回在苏德战场上的战略主动权，并趁机

德国的"豹"式坦克通过铁路输送往前线

夺取顿河、伏尔加河流域，向莫斯科挺进。

华西列夫斯基等人的判断完全正确，德军最高统帅部制定的代号为"堡垒"行动的目的正是如此。为了实现这一目的，希特勒从4月份开始将总兵力达90万人的50个战斗力最强的师向库尔斯克地区的南、北两侧集结。与此同时，他还把在苏德战场上的主要技术装备都投入到了这一地区，共2700辆坦克和强击火炮、2000多架作战飞机。德军还投入了最新式的"虎式"和"豹式"坦克。

在100多公里的狭窄地段上，德军90万大军渐渐集结。希特勒命令他们组成两个突击集团，分别从别尔哥罗德地区和奥廖尔以南地区实施坚决而迅速的集中突击，合围库尔斯克，将红军的主力消灭在那里。疯狂的希特勒想要上演一场德国版的"斯大林格勒战役"。

但已失去战略主动权的德军想达成这一目的并不是一件容易的事情。在朱可夫、华西列夫斯基的紧张工作之下，各方面军进行了积极的防御，很快就将战线稳定了下来。随着泥泞季节的到来，整个苏德战场出现了一个平静的春天。除了库班地区继续进行着为争夺制空权而进行的空战之外，所有的战线都暂时偃旗息鼓了。在库尔斯克周围，红军也形成了一个向德军突出的独特的弧形地带。中央方面军和沃罗涅日方面军的10个诸兵种合成集团军、两个坦克集团军和两个空军集团军正在这种反常的平静中紧张地等待着战斗的到来。

3月22日，华西列夫斯基奉命回到了莫斯科。他的任务就是与斯大林、朱可夫一起商议如何解除库尔斯克的危机。华西列夫斯基返回莫斯科之后便领导总参谋部协助最高统帅部对库尔斯克弧形地带的各方面做了调整。根据朱可夫和华西列夫斯基的建议，斯大林任命瓦图京为沃罗涅日方面军司令、马利诺夫斯基则取代瓦图京任西南方面军司令，第五十七集团军司令托尔布欣则接替马利诺夫斯基任南方方面军司令。随后，最高统帅部又将大本营预备队的9个集团军（后增至10个）改编为草原方面军，战功显赫的波波夫中将被任命为该方面军司令。

为了制定战役计划，华西列夫斯基领导参谋部进行了大量的调研工作。经过一系列紧张的工作，华西列夫斯基和第一副总参谋长安东诺夫向斯大林提出一项战役计划，主张红军暂且采取防御措施，尽可能地疲惫敌军，伺机发动反攻，以达到彻底消灭敌人于防线以外的目的。斯大林将华西列夫斯基拟定的这个初步方案提交到了国防委员会和最高统帅部进行讨论。

作为这一方案的提出者，华西列夫斯基每天都奔波于国防委员会、最高统帅部和总参谋部之间，详细地听取了各方的意见和建议。在这些意见中，有的同意华西列夫斯基的计划，有的则强烈反对。反对意见认为，红军在兵力和装备占据优势的条件下应当先发制敌，通过强大的突击进攻来直接消灭敌人。

斯大林听了这两种截然相反的意见，都没有给予评价。华西列夫斯基十分着急，眼看着春季的泥泞季节就要过去了，如果最高统帅部在德军发起攻势之前还未做好准备的话，很可能会将通过一年的苦战才赢得的战略主动权再次丢掉。

4月初，华西列夫斯基通过电话与正在沃罗涅日方面军司令部与瓦图京一起指挥作战的朱可夫就这一问题做了深入的讨论。朱可夫非常支持华西列夫斯基的意见，他也认为先以积极防御疲惫德军，而后将其一举歼灭是当前最好的办法。随后，朱可夫向最高统帅斯大林提交了一份详细的分析报告。在报告中，朱可夫准确地分析了德军的战略意图，并建议在防御中消耗疲惫德军并打掉其坦克之后，再投入精锐预备队，转入全面进攻，一举消灭德军的主力。

斯大林收到朱可夫的这份报告时，华西列夫斯基也正好在他的办公室汇报工作。斯大林把报告读了一遍，然后把它递给了华西列夫斯基，说："你看，朱可夫同志的意见也是这样。看来，你们总参的主张又多了一个强有力的支持者呀！"

华西列夫斯基接过报告，仔细地看了看，又把它递还给了斯大林。斯大林叼着烟斗，神色凝重地说："尽管如此，我认为还是与各方面军司令再商量一下为好。然后我们再召开一次特别会议，根据各方面所有的意见，进一步讨论一下1943年夏季战局计划。"

华西列夫斯基点了点头，表示同意。斯大林瞅了他一眼，强调说："这样，先不要急于编制这份计划，谨慎为妙。"

华西列夫斯基感到，经过与德军 年多的交于，大多数红军高级将领

谋略元帅 华西列夫斯基

都和斯大林一样，变得比较谨慎了。再也没有人提快速击败德军或尽快将战场转移到德国本土去了。大家都已经意识到，德军确实是一支不易对付的虎狼之师！

二

坚持积极防御战略

1943年4月12日，华西列夫斯基与副最高统帅朱可夫、第一副总参谋长安东诺夫在一起工作了整整一天。他们已经按照斯大林的指示，同各方面军司令就战役计划进行了沟通。结果，大部分人都同意他们采取积极防御，后发制人的方案。他们正在准备各种必要的资料，以便当晚到斯大林那里去汇报。

当天晚上，华西列夫斯基等人准时来到了斯大林的办公室。出席会议的只有正副最高统帅和正副总参谋长，即斯大林、朱可夫、华西列夫斯基和安东诺夫。朱可夫和华西列夫斯基汇报了前线的情况后，斯大林勉强同意在库尔斯克的弧形地带上采取积极防御态势，但他对红军是否能抵挡住德军强大的坦克集群而担忧。

华西列夫斯基和朱可夫解释说，红军在战争中已经历练了一年多，再也不是战争初期那支不堪一击的脆弱部队了，已经成长为了一支装备精良、战斗勇猛的虎狼之师！各级指挥员也已经获得了丰富的指挥经验。可以肯定的是，德军已经开始惧怕强大的苏联红军了。经过华西列夫斯基和朱可夫的解说，斯大林终于消除了顾虑，决定将红军主力部署在库尔斯克以北和以南，并在这里用积极的防御战拖垮敌人，而后转入反攻并予以歼灭。

最后，他们还制定了另外一套行动方案：如果德军近期不在库尔斯克附近发动进攻或长时期地拖延进攻时间，那么红军就转而采取积极行动，主动发起强大的攻势。朱可夫和华西列夫斯基制定的战役计划是符合战场形势的。

疯狂的希特勒正想着孤注一掷，同苏联红军进行一次大决战。4月15

谋略元帅·华西列夫斯基·huaxiliefusiji·

在库尔斯克的弧形阵地上修筑反抗支点

日,希特勒发布了第六号训令,决定在库尔斯克地区主动发起攻势。他在训令中说:"这次进攻具有决定性意义,它应迅速完成并取得决定性的胜利。这次进攻应使我们得以掌握今年春夏两季的主动权。每个指挥官和士兵都必须深刻理解这次进攻的决定性意义。库尔斯克地区的胜利应当成为照耀全世界的火炬。"

斯大林同意采取积极防御措施之后,朱可夫和华西列夫斯基便开始忙碌的工作。他们协助斯大林领导国防委员会、最高统帅部和总参谋部等部门向库尔斯克地区进行了整个战争期间规模最大的一次物资器材和部队的集中,组织了专门的空中战役以破坏敌人的交通线,加强了游击队的活动以组织大规模的敌后破坏及收集重要情报。

5月初,红军情报部门和侦察机关获悉,德军将于5月10日到12日发起代号为"堡垒"的攻势。华西列夫斯基核实了情报之后便向斯大林作了汇报。随后,他根据斯大林的指示以总参谋部的名义向各方面军传达了作战警报和命令,要求他们严阵以待,随时准备御敌。

但直到情报部门提供的时间过去了,德军也没有发动攻势。是不是情报错了?华西列夫斯基立即派情报部门和侦查机关去查证。经过查证才得知,德军因尚未准备就绪而推迟了进攻日期。但其将日期推迟到了什么时候,暂时还不可得知。

5月中旬,由于斯大林的指示,总参谋部又制定了一个名为"库图佐夫"的进攻性战役计划。它是为整个库尔斯克会战服务的,其任务是在会战进入反攻阶段前先行出击,以消灭战线西端的德军奥廖尔集团军。参加这个战役的部队是布良斯克方面军和中央、西方两方面军各一部。接到命令之后,华西列夫斯基就专门来到了布良斯克方面的司令部。在这里,他视察了各参战部队,并与该方面军司令波波夫一道逐个检查了各集团军的前沿防御情况。

就在这时，情报部门又送来消息，德军将于5月19日到26日发动攻势。副总参谋长兼作战部长安东诺夫认为这个情报确实可靠，便电请斯大林并拟定了新的警报和命令。5月20日凌晨，经过斯大林批示的作战警报和命令被下发到了各方面军。

正在前线视察的华西列夫斯基根据德军在前沿阵地的火力配置判断，德军在数日内无法发起大规模的攻势。在中央方面军的朱可夫和该方面军司令罗科索夫斯基也得出了同样的结论。结果，德军真的没有在5月下旬发动进攻，前线依然十分平静。

6月10日，华西列夫斯基奉命回到了莫斯科。斯大林向他和朱可夫传达了最新命令。华西列夫斯基被派到了沃罗涅日方面军，负责协调沃罗涅日和西南两个方面军的战役作战行动。朱可夫则负责中央、西方和布良斯克3个方面军的作战协调工作。整个战役的最高协调者是斯大林。如此一来，红军组织实施库尔斯克战役的计划和准备工作就全部完成了。

但斯大林和各方面军司令的心里却一直在打鼓。德军真的会主动发起进攻吗？他们会在什么时候发起进攻呢？斯大林的心情显得有些焦躁，瓦图京和赫鲁晓夫等方面军首长更是要求改变既定的战役计划，启动第二套方案。

有一次，沃罗涅日方面军司令瓦图京竟激动地当着华西列夫斯基的面大叫起来："亚历山大·米哈伊洛维奇！咱们会睡过头的，会错过机会的！敌人明摆着是不想进攻。秋天转眼就到，咱们的一切计划和准备就都落空了。别再坐等了，还是主动进攻吧！我们的力量是足够的！"

华西列夫斯基非常沉着地回答了瓦图京的问题。他说："德军对红军主动发起进攻的日子已经不远了，我们要耐心地等待。让德军主动发起攻势比我们主动出击对我们更有利！"

但瓦图京并没有被华西列夫斯基这老生常谈式的回答所说服。他通过电话向斯大林汇报了自己的想法。显然，斯大林也动摇了。他命令瓦图京根据沃罗涅日方面军的情况制定战役计划。与此同时，斯大林还指示华西列夫斯基，必须帮助瓦图京，而且让他找西南方面军司令马利诺夫斯基，请后者也研究一下自己的下一步行动。

华西列夫斯基表示，他将坚决执行斯大林的指示，但同时也重申了自

谋略元帅 华西列夫斯基 mouluueyuanshuai huaxilielusiji

前线指挥所的瓦图京将军

己的意见。他说:"斯大林同志,你的指示将会被严格执行。不过,如果敌人先于我们发动进攻,那对我们会有利得多!根据一切情报判断,敌人的进攻很快就会开始的。"

斯大林淡淡地回答说:"这样吧!你在6月22日之前返回莫斯科。至于下一步的行动,我会请朱可夫及中央方面军司令罗科索夫斯基来谈谈他们的看法。"

第二天,华西列夫斯基同朱可夫通了一次电话。他惊讶地得知,斯大林并没有同朱可夫商讨下一步的作战行动。这就意味着,尽管斯大林的内心已经动摇了,但是他还是倾向于支持华西列夫斯基和朱可夫制定的这套"后发制人"方案的。

7月2日凌晨,总参谋部终于接到了德军马上就要发动进攻的情报。情报说,德军将于7月6日之前在库尔斯克方向发动进攻。华西列夫斯基立即将这一情报向斯大林作了汇报。这次情报到底准确不准确呢?结合德军在前沿阵地的部署,华西列夫斯基判断,这一情报的准确性几乎达到了百分之百。华西列夫斯基立即将自己事先拟定的训令提交给了斯大林。训令原文如下:

据现有情报,德军可能在7月3日到6日在我战线转入进攻。最高统帅部命令:

1. 加强对敌侦察和观察,以及时查明其意图;
2. 各部队和航空兵应做好准备抗击敌可能的突击;
3. 已下达之各项命令请即上报。

7月2日深夜,斯大林批准了这一训令,并将其一字不改地下发到了各方面军。与此同时，华西列夫斯基也赶回了沃罗涅日方面军司令部，协调该方面军与其他方面军的协同动作。

7月3日，战线仍极为平静，但华西列夫斯基已经闻到了强烈的火药味，这是暴风雨前最后的平静了。华西列夫斯基和瓦图京等人在司令部焦急地等待着德军发起攻击。7月4日下午4点，前沿防御阵地传来报告，大约有4个营的德军在20辆坦克和100多架飞机的掩护下，向红军阵地发起了突击。前沿指挥所判断，这极有可能是德军组织的火力侦察。

华西列夫斯基和瓦图京认为这个判断基本正确，随即命令前沿部队用猛烈的火力将其压回去。德军的火力侦察部队很快被击退了。前沿指挥所从被俘的德军口中得知，德军士兵每人分到了一份干粮和伏特加酒，企图在次日拂晓发动全线进攻。

前沿指挥所不敢怠慢，急忙将这名俘虏送到了方面军司令部。华西列夫斯基与瓦图京亲自进行了审讯，德军俘虏的说法依旧。华西列夫斯基判断，俘虏的话是可信的，立即拿起电话同斯大林和在中央方面军的朱可夫进行了沟通。斯大林立即命令他将这一消息以总参谋部的名义下发到各方面军，让其做好防御准备。

华西列夫斯基兴奋极了，他等待的时刻终于来临了！他和朱可夫的坚持没有错，他们在此之前承受的一切压力都是有价值的。

三

指挥库尔斯克会战

夜深了，华西列夫斯基站在形势图前，仔细地研究着各种可能发生的情况。司令部的工作人员全都守在自己的岗位上，静静地等候着他下达进攻的命令。凌晨2点20分，华西列夫斯基对瓦图京点了点头，平静地说："时机差不多了，开始吧！"

随着作战命令的下达，前沿阵地一下子陷入了火海之中。各种炮弹像暴雨一样倾泻在德军的阵地上。听着各种炮弹爆炸的声音，华西列夫斯基的心情平静多了，他仿佛看到了德军士兵失魂落魄地寻找掩体来躲避炮弹的场景。在沃罗涅日方面军实施炮火和航空兵的反准备之时，朱可夫所在的中央方面军也进行了炮火准备。库尔斯克会战终于开始了。

红军猛烈的炮火反准备先行摧毁了德军准备好用来进攻的炮兵火力配属，打乱了德军前沿部队的指挥系统。一时间，德军的通讯联系全部中断了，有些中下级军官甚至不清楚自己该做些什么。隐蔽待动的坦克集群和预先停留在机场上的轰炸机编队也遭到了相当严重的破坏。

后来，华西列夫斯基从被俘的德军士兵口中得知，红军的炮火准备稍微早了一点。如果能够再等30~40分钟，德军的损失会更大。因为红军在进行炮火准备的时候，大部分德军士兵都还躲在掩体、隐蔽部里，尚未集结。另外，由于红军不知道德军具体的兵力配属，又是在黑夜之中实施的炮火准备，致使相当多的炮弹落在了空无一物的空地上。这也在一定程度上影响了轰炸的效果。

清晨6点，德军的坦克集群冒着红军猛烈的炮火，开始出动了。跟在坦克后面的是德军重新编组的大量步兵师。与此同时，德军的炮兵和航空兵也开始还击了。双方的前沿阵地立即陷入了一片火海之中，漆黑的夜晚顿时化作了白昼。

根据希特勒在4月15日下达的命令，德军的主力部队兵分两路，分别从红军中央方面军防御阵地正面的奥廖尔以南地区和沃罗涅日方面军防御正面的别尔哥罗德地区向前推进，企图合围处于库尔斯克地区的红军。

在库尔斯克会战期间，苏德空战频繁，图为苏联轰炸航空兵对德军目标进行轰炸。

但是，在华西列夫斯基和朱可夫等红军高级指挥官的精密部署下，德军的突击遭到了红军顽强的抵抗。在奥廖尔方向上，德军虽然投入了3个坦克师和5个步兵师的兵力，但其5次突击均被红军击退了。到了傍晚时分，德军通过再次增加兵力，才勉强楔入中央方面军的防御阵地2~3公里，最大的纵深也只有6公里。

到7月12日，德军在奥廖尔方向上的进攻便被迫停止了。红军中央方面军、西方方面军和布良斯克方面军先后转入了反攻。预定参加"库图佐夫"战役的红军更是一举攻下了既定战略目标奥廖尔城。德军开始节节败退，红军则开始了全线反击，掩杀和追击德军，以消耗其有生力量。

在沃罗涅日方面军防御正面，德军的突击坦克集群威力巨大，几乎每个小的突击地域上都有150辆以上。德军先后投入的兵力达到了5个军，坦克第三军、第四十八军、党卫军坦克第二军、第五十二军及"劳斯"军一部均参加了突击任务。

红军沃罗涅日方面军在兵力上与当面的德军相当，有近卫第六、第七两个集团军。在华西列夫斯基和瓦图京的出色指挥下，沃罗涅日方面军在第一天完全挡住了德军的进攻。次日，德军不得不提前使用他们的预备队，再次向沃罗涅日方面军发起了猛烈的攻势。

华西列大斯基与瓦图京商量之后，立即命令坦克部队予以迎击，同时命令前沿部队后撤到第二防线，与那里的各集团军一起阻击德军。在红军的顽强抵抗下，德军损失惨重，仅7月6日一天便有200多辆坦克和100多架作战飞机被摧毁，数万名士兵被毙伤、俘虏了。直到7月8日傍晚，德军才楔入红军的前沿阵地，但又损失了200多辆坦克。

7月9日，德军对红军第十八和坦克第二十九两个集团军加强了攻势。华西列夫斯基立即来到这两个集团军的司令部，指挥红军应战。德军的意图十分明显，他们想从这两个集团军的阵地上撕开缺口，一拥而入。华西列夫斯基决心不惜一切代价截住德军的突击。

12日，坦克第二十九集团军和第十八军的坦克在与德军的战斗中战斗力损失了大半，但德军依然没有放弃进攻的迹象。华西列夫斯基立即从预备队调来了近卫坦克第五集团军、诸兵种合成第五集团军、摩托化第三十二旅和4个反坦克歼击炮团，投入该地区的战斗。德军的进攻终于打退了。至此，库尔斯克会战进入了第二阶段。

13日晚，华西列夫斯基来到了西南方面军第六十九集团军的司令部。朱可夫也奉命从北部前线赶来这里，与华西列夫斯基一起研究如何协调沃罗涅日、草原、西南3个方面军的反攻行动。华西列夫斯基和朱可夫判断，德军已经是强弩之末，红军应抓住这一有利时机，从草原方面军调集更多的预备队，发动反攻。他们要求各方面军作战部队必须跟紧退却的德军，夺取别尔哥罗德地区。然后，所有方面军必须将全部兵力都投入到反攻之中，力图全歼当面之德军。朱可夫和华西列夫斯基将这一计划上报给了斯大林。斯大林早就迫不及待地要发动反攻了，他立即批准了这一计划。

在随后的3天里，红军各方面军的前沿部队发起了强大的反攻攻势。德军措不及防，很快就支持不住了。到7月16日，德军已经完全丧失了冲击能力，后勤部队开始向别尔哥罗德的后方撤退。次日傍晚时分，德军的前沿作战部队也停止了自杀式的进攻，开始后撤。红军各方面军按照华西列夫斯基和朱可夫的命令，将所有的兵力都投入到了反攻之中。8月5日，红军解放了别尔哥罗德，德军在别尔哥罗德地区的作战计划也宣告失败了。与此同时，在北线，红军解放了被德军占领两年之久的另一个重要城市——奥廖尔。

8月5日24点，莫斯科120门大炮齐鸣12响，祝贺这次重大胜利。这是苏联卫国战争以来第一次响起的祝捷礼炮。莫斯科沸腾了，前线沸腾了。苏联人民相信，胜利是属于他们的，德国人在不久之后就将被赶出苏联了。

库尔斯克战役就要结束了，红军在这次战役中取得了前所未有的胜利。德军一路后退，连他们占据的乌克兰第二大城市哈尔科夫也在8月23日被红军解放了。至此，苏联卫国战争中最大的一次会战以苏军的胜利而结束了。在这次战役中，德军总计损失50多万人、1500辆坦克、3000门火炮和3700多架飞机。德军的主力被消灭了。希特勒勃然大怒，把这次失败的全部责任推到了负责指挥战役的元帅和将军们头上，将其纷纷革职，换上了一大批新人。这批没有指挥经验的将领上台后又进一步加速了德军的灭亡。

经过1943年初到8月底的战争考验，特别是夏季在库尔斯克弧形地带与德军的斗智斗勇，华西列夫斯基的自信心大大增强了。他和朱可夫提出并一再坚持的"后发制人"方案被证明是正确的。在回忆录《毕生的事业》中，朱可夫如是写道："我们不仅赢得了这场大会战，我们自己也在会战中成长起来了。我们制定夏季战局计划时的设想被证明是正确的，我们学会了猜测别人的意图。我们有刚强的意志和坚毅的性格、自制力与沉着精神，足以避免犯错误，避免过早地开始战斗行动，避免，避免给敌人以可乘之机……总之，我们的统帅艺术显示出了创造性，比法西斯头目的军事技能更加优越。"

在库尔斯克战役中被俘的德军士兵通过莫斯科

· 第七章 ·

解放乌克兰共和国

一

受到斯大林的指责

当德军在库尔斯克的失败已经成为定局之时，希特勒急忙将视野投向了顿巴斯和克里沃罗日耶的煤炭和钢铁基地，决定严防死守，再也不能让红军解放这里了。但要做到这一点，德军需要一个喘息时间，以便建立并调集预备队。

斯大林、朱可夫和华西列夫斯基早就预料到了这一点。他们在早先制定和通过的1943年夏秋季战局战略计划中就已经提到，利用在库尔斯克附近形成的有利形势，刻不容缓地扩大红军向西南进攻的正面。这就要求中央、沃罗涅日、草原、西南和南方等方面军粉碎德军在中部的一个地段和苏德战场整个南翼的主力，解放顿巴斯、左岸乌克兰和克里米亚，前出到第聂伯河并夺取该河右岸的登陆场。

1943年8月6日，华西列夫斯基收到了斯大林的指示。斯大林要求华西列夫斯基协调西南方面军和南方方面军的行动，一举消灭德军顿巴斯集团，并攻占戈尔洛夫卡和斯大林诺（今顿涅茨克）。南方方面军的主要任务是对斯大林诺实施突击，并在那里同西南方面军突击集团会师。斯大林要求华西列夫斯基必须在8月10日之前将战役计划上报到最高统帅部，进攻的准备则要在8月13日到14日完成。

尽管德军已经在库尔斯克地区一败涂地，但要解放顿巴斯也并非易事！德军陆军元帅凯特尔在他提交给希特勒的一份正式报告中写道："放弃顿巴斯和乌克兰中部将会失掉一些最重要的飞机场，损失大量食品、煤炭、动力资源和原料。"

希特勒当然知道这一地区对德军在东线战场的意义。他马上调集了属于德军南方集团军群的坦克第一集团军和野战第六集团军约22个师的力量部署在该地区。德军坦克第一集团军司令马肯森上将出身于德军著名的军事世家，颇具指挥才能。德军野战第六集团军司令霍利特已经多次与红军交手，也颇为骁勇。这两位德军上将根据希特勒的指示，在顿巴斯周边依托密集的河网，构筑了坚固的工事。希特勒对这一工事颇有信心，将其称为"东方防御"。

华西列夫斯基知道解放顿巴斯将是一件十分艰巨的任务。8月8日，他来到了西南方面军司令部，与该方面军司令马利沃夫斯基和南方方面军司令托尔布欣商讨作战计划。华西列夫斯基决定，西南方面军将利用以前夺取的北顿涅茨河西岸的登陆场作为出发地，在伊久姆市以南经巴尔文科沃对洛佐瓦亚、巴夫洛格勒和锡涅尔尼科沃实施主要突击。在与南方方面军主力共同实施向心突击的同时，西南方面军还应迅速切断敌顿巴斯集团军向西及向第聂伯河下游撤退的道路。南方方面军的任务是突破德军经过长时间建立起来的所谓"米乌斯防线"，进而占领第聂伯河下游广大地域。

随后，华西列夫斯基将这一作战计划上报给了最高统帅部。8月10日，斯大林批准了华西列夫斯基制定的作战方案，并指示他说："西南方面军应在16日的晨发起突击，南方方面军兵力较弱，可于18日行动。"

为了有效组织这次战役，华西列夫斯基再次来到了前线，与即将参战的士兵们进行了亲切的交流。他先后视察了已经拨给草原方面军的第五十七集团军和其他前线部队。在一个坦克师，华西列夫斯基还亲自钻进了一辆T-34坦克。他坐在乘员的位置上，请指挥员给他讲解如何发射炮弹和使用连射机枪等操作规程。

全战车的12名指战员看到总参谋长坐在他们的坦克上，纷纷要求与他合影作为纪念。华西列夫斯基欣然答应了他们的请求。但遗憾的是，照相机在前线是稀缺之物，他们并没有如愿以偿。

温和的华西列夫斯基微笑着对他们说："这样吧，等到我们把法西斯彻底打败后，我一定请你们到我家去做客。如果谁立下了战功，我还可以负责给他提供一个与最高统帅斯大林同志见面的机会。"

听到华西列夫斯基的允诺，现场的指战员们都欢呼起来了。看着兴高采烈的战士们，华西列夫斯基突然感到一阵心酸！这些鲜活的生命或许在下一刻就会成为一具具僵硬的尸体，或许他们永远都无法达成与总参谋长合影的心愿了。但这又有什么办法呢？德国法西斯将战火烧到了他们的祖国，他们必须奋起抵抗，将德国鬼子赶出苏联！

8月16日，西南方面军右翼的突击集团按照战役计划如期对当面的德军展开了强大的攻势。战斗一开始就陷入了白热化的状态。德军不但出动了强大的空军集团对红军阵地猛轰猛炸，还组织了强有力的反冲击。西南方面军的部分部队虽然楔入了德军的防御阵地，但始终未能突破成功。双方的伤亡都很大，整个战场上堆满了尸体。

红军进攻受阻使得斯大林极为恼火。他在电报中不断向朱可夫、华西列夫斯基等人大发牢骚，或指责他们的战术有问题，或规定他们的破敌期限，甚至连工作程序方面的问题也不放过。

按照规定，最高统帅部派到各方面军的代表每天都要定时向斯大林汇报当天战场上的情况。8月16日，由于进攻受阻，焦头烂额的华西列夫斯基忙于处理前线的事务，耽误了向斯大林汇报工作的时间。心情烦躁的斯大林抓住华西列夫斯基的这一失误，立即在电报中臭骂了他一顿。

8月17日凌晨，正在第四十六集团军指挥所里工作的华西列夫斯基突然收到了斯大林发给他个人专收的文件。斯大林在文件上写道：

华西列夫斯基元帅：

现在已是8月17日3点30分，而你却还没有给大本营送来8月16日的战役总结及你对情况判断的报告。我早已任命你为大本营的全权代表，必须在每天日终时给大本营送来专门报告。你几乎每次都忘了自己的这一职责，没有给大本营送来报告。

8月16日是西南方面军（你就是大本营派到那里去的全权代表）实施重大战役的第一天。这次你又忘记了自己对大本营所负的责任，没有给大本营送来报告。

我最后一次警告你，如果你再次忘记对大本营的责任，你将被解除总参谋长职务并被从前线召回。

斯大林

读完这封措辞严厉的电报，华西列夫斯基极为震动。这是他成为职业军人，特别是加入工农红军以来第一次受到指责。自从战争爆发以来，他每天都会跟斯大林保持联系，有时候一天会通三四次电话。作为最高统帅的斯大林无论是对他的工作还是个人生活都十分关心。这次到底是怎么了呢？不过，华西列夫斯基并没有推卸自己的责任。他觉得这件事情的责任确实在自己身上，正是因为他在第四十六集团军呆的时间太长了，以至把例行报告耽搁了几个小时。

回到南方方面军司令部后，华西列夫斯基拨通了留守总参谋部的第一副总参谋长安东诺夫的电话。安东诺夫也正为这件不愉快的事情而感到不安！他不停地安慰华西列夫斯基说："元帅，事情已经过去了，请你不要再把它放在心上了。"

华西列夫斯基回答说："安东诺夫同志，我不会把这件不愉快的事情放在心上的。"

安东诺夫说："这实在太好了，元帅同志！刚才我收到了斯大林同志的指示，他要我保管好电报的副本，不准向任何人再提及此事了。斯大林同志这是在保护你的名誉呢，元帅同志！"

听到这里，华西列夫斯基的心里一震，看来斯大林确实是被战局困扰得太累了才对他发了这么一番牢骚。想到这里，他的心里舒服多了。事实上，作为苏联红军的最高统帅，斯大林在整个卫国战争期间承受了别人无法想象的压力。整个战争期间，他几乎每天都在超负荷地工作，睡眠时间只有四五个小时。正是因为想要早点结束这场可恶的战争，他才如此严格地要求自己和部下，不允许出现任何差错和懈怠行为。

二

控制第聂伯河左岸

华西列夫斯基并没有将斯大林的指责放在心上,他很快就恢复了平静,并将全部精力都投入到了工作当中。与西南方面军司令马利诺夫斯基商议之后,华西列夫斯基决定重新组织兵力,缩小进攻正面,一举突破德军的防线。他将新的突击时间定在了8月19日。

就在此时,华西列夫斯基突然接到了一份让他兴奋异常的情报。情报部门获悉,西南方面军正面上的德军正在向被冲击的地段补充兵力,其邻近南段战线上的兵力几乎被抽光了。华西列夫斯基的双眼盯在情报部门送来的报告上,半天没有说一句话。突然,他站起来,对马利诺夫斯基说:"我们必须立即放弃在既定地段向德军发动突击的计划。两强相遇必定会有一场恶战。到时候,我们就算付出了惨重的伤亡代价,也不一定能撕开德军的防线。不如这样,我们把部队隐蔽地运动到……"

华西列夫斯基还没有说完,马利诺夫斯基便笑着接过他的话茬说:"元帅同志,我明白你的意思。你是说,将我军突击部队秘密运送到德军南段战线上,出其不意地在其薄弱部位一举突破,最终达到最高统帅部要求的战役目的。"

华西列夫斯基赞赏地点了点头,随即又问道:"你看,让谁去扣任突击任务比较合适呢?"

马利诺夫斯基回答说:"崔可夫将军指挥的近卫第八集团军可以担任此次突击的主攻任务。"

近卫第八集团军原称第六十四集团军。该集团军在集团军司令崔可夫的指挥下在斯大林格勒会战中坚守市区,曾数度击败数倍于己的德军。华西列夫斯基正打算派这支队伍去担任主攻任务呢!马利诺夫斯基真是太了解华西列夫斯基了!

8月18日晚,华西列夫斯基向斯大林汇报了这一作战计划。他以个人名义代表西南方面军司令部对斯大林说:"部队的隐蔽调动及部署、弹药准备等至少需要五六天的时间。有鉴于此,我请求允许在8月25日左右开始在新地段发起突击。"

斯大林的气还没有消,他显然对红军当前的表现感到不满。他对华西列夫斯基和马利诺夫斯基提出一系列指责和批评。华西列夫斯基默默地听着,一句话也不说。最后,斯大林缓和了一下语气,批准了他们的新建议,并将进攻时间定为8月27日。

8月23日,库尔斯克战役结束了,红军攻占了哈尔科夫。华西列夫斯基将全部的精力都放在了解放顿巴斯上。沃罗涅日和草原两个方面军在库尔斯克战役结束后未经任何休整就向南线德军压去,德军开始节节败退。

8月27日凌晨,马利诺夫斯基的西南方面军也向当面的德军发起了强大的攻势。根据华西列夫斯基和马利诺夫斯基的计划,崔可夫在此时已经率领近卫第八集团军悄悄运动到了德军南线阵地。他们一路领先,摧枯拉朽,很快就在德军南线阵地上撕开了一道巨大的裂口。德军的撤退迅速演变成了一场毫无秩序的大溃逃。红军各方面军和亚速海区舰队开始了全线进攻。

到8月30日,德军的"米乌斯防线"已经荡然无存,全线溃逃的德军像没头的苍蝇一样,在第聂伯河一线到处乱窜。随后,华西列夫斯基所统帅的西南和南方两个方面军,势如破竹,很快就解放了顿巴斯广大地区。铁路枢纽巴尔文科沃、钢铁工业中心马里乌波利以及斯大林诺、沃尔诺瓦哈等一批城市,相继获得解放。

惊慌失措的希特勒急忙从东普鲁士来到了他设在文尼察的战地大本营。他的到来并没有挽回德军全线溃逃的命运。德军主力不得不撤向第聂伯河右岸。疯狂的希特勒企图利用第聂伯河这道天然屏障来阻止红军向西推进。在希特勒的直接指挥下,德军在第聂伯河左岸部署了部分兵力,将主力部队放在了右岸,设置了两道防线。很明显,希特勒希望以梯次抵抗的方式来阻滞红军的推进速度,赢得重新组织兵力的时间。

华西列夫斯基的任务非常紧迫,他要组织部队打乱德军在第聂伯河两岸的防御，在行进中强渡第聂伯河，并夺取该河中下游附近的战略要地和登陆场。为了鼓励士气，他还请求斯大林对这次渡河战役中表现突出的人员予以嘉奖。斯大林同意了，在9月9日以最高统帅部的名义向各方面军下发了一道训令。训令规定，对胜利地强渡第聂伯河并固守登陆场的有功人员，将授予苏联政府最高勋章；对强渡像第聂伯河斯摩棱斯克以下一段这类大河或强渡其他难度相同的大河的有功人员，将授予"苏联英雄"荣誉称号。这一道训令有效地激发了红军全体作战人员的士气。

9月18日，华西列夫斯基通过电话与斯大林就下一步作战计划进行了充分的研究和讨论。经过热烈的讨论，他们决定由西南方面军各部突击并攻取第聂伯罗彼得罗夫斯克和扎波罗热，以便在最近强渡第聂伯河，夺取并固守住对岸的登陆场；南方方面军各部则突破莫洛奇纳亚河并摧毁敌军的防御，然后把德军牢牢封锁在克里米亚半岛，并向第聂伯河下游挺进，在该地段实施强渡计划。

至于中央方面军和沃罗涅日方面军，他们的任务则是全力向基辅方向推进，以解放这座被德军占领长达两年之久的乌克兰首都。草原方面军则应向波尔塔瓦—克列缅楚格方向集中，夺取该两据点后直接进抵第聂伯河。

放下电话，华西列夫斯基显得十分兴奋。这段时间以来，红军在战场上取得了重大胜利，已经解放了乌克兰左岸的大部分地区。红军马上就要开始强渡第聂伯河了，解放乌克兰右岸地区也是指日可待的事情了。

想到这里，华西列夫斯基兴奋地喊来副官，让他通知马利诺夫斯基立即到他这里来。副官向他敬了一个漂亮的军礼，转身向外走去。华西列夫斯基突然站了起来，叫住他说："不要了，还是我自己到他那里去吧。"

来到西南方面军司令部，华西列夫斯基把他刚与斯大林决定的作战计划告诉了马利诺夫斯基。马利诺夫斯基摊开地图，仔细地看了起来。要攻占第聂伯彼得罗夫斯克和扎波罗热，一定要崔可夫的近卫第八集团军担任主攻。马利诺夫斯基用铅笔在地图上敲了敲，盯着华西列夫斯基说："我想将崔可夫的近卫第八集团军调到这个位置——第十二集团军和近卫第三集团军的结合部，让它担任主攻任务。"

华西列夫斯基点了点头，表示同意。他跟马利诺夫斯基之间的配合十分默契，两人往往不需要过多的语言交流就能知道对方的意图。这对他们指挥部队取得一连串的胜利起到了重要作用。

第二天，华西列夫斯基把崔可夫将军叫到了司令部，当面给他下达了作战命令。崔可夫表示，他需要航空兵火力支持及部分弹药补充，只要这些问题按时解决，完成任务应该没有任何问题。华西列夫斯基微笑着点了点头，他把具体的部署交给方面军司令马利诺夫斯基去安排，因为斯大林要他马上到南方方面军司令部去见托尔布欣。

南方方面军所辖的突击第五集团军和扎哈罗夫的近卫第二集团军在进攻德军沿莫洛奇纳亚河西岸的防御阵地时受到了德军顽强的抵抗，损失惨重。华西列夫斯基和托尔布欣到前沿阵地去侦查了德军的阵地。华西列夫斯基用望远镜认真地看了一会德军设在莫洛奇纳亚河谷的山峦上的阵地后，对托尔布欣说："这次失败不能把责任归结到第五和近卫第二集团军身上，德军阵地居高临下，我们很难攻破！"

回到南方方面军司令部，华西列夫斯基决定加强该地区的红军突击力量，把原来分散的突击集中起来，解决第五和近卫第二集团军人员和弹药的不足。于是，他将第四十四集团军的6个师、炮兵第二、第二十六两个师及近卫M-31火箭炮第十三旅和8个火箭炮团调到了这一地区，并计划于9月26日发起新一轮的突击。

9月26日，南方方面军经过近一个小时的炮火准备之后，在航空兵的支援下对莫洛奇纳亚河沿线德军防线发起了猛烈的突击。3天后，德军的防线终于被撕开了。近卫第二集团军和第四十四集团军的部队立即全力向前推进。到10月2日，德军开始全线溃退，坚固的莫洛奇纳亚河防线已经不复存在。

与此同时，南方方面军左翼的西南方面军近卫第一集团军也已经前出到第聂伯河左岸，第六集团军的4个师已经在第聂伯罗彼得罗夫斯克以南地段强行渡过了第聂伯河，随后，第十二集团军也有两个师沿这里渡过了大河。

10月9日，南方方面军主力对美利托波尔城发起了猛烈的攻击。该城是通往克里米亚半岛和第聂伯河下游地区的咽喉要地，因此德军准备誓死固守。战斗一开始就陷入了白热化的状态。在冲击与反冲击中，红军和德军都付出了惨重的代价。战役结束后，一名德军营长供称，他们全营340人在战斗刚刚开始就被红军击毙280多人，到最后仅有18人活了下来。

在南方方面军攻打美利托波尔的同时，西南方面军主力对第聂伯河下游突出部上的扎波罗热地域的进攻也开始了。除了担任主攻的崔可夫的近卫第八集团军外，左右两翼配合作战的分别是第三和第十二两个集团军。但直到10月11日，近卫第八集团军及其侧翼部队仍然未完成攻克扎波罗热的既定任务。

狡猾的德军已经摸清了苏联红军一般都在白天发动进攻的特点，把部队分成了几个不同梯队，白天严密布防，晚上则以逸待劳地加以休整。为打破僵局，华西列夫斯基指示马利诺夫斯基亲自到崔可夫的指挥所坐镇，研究是否可以利用夜战来达成进攻的突然性和有效性。

马利诺夫斯基立即根据这一指示，制定了一套夜间作战的方案。10月13日晚上9点50分，整个苏德战争场规模最大的一次夜战开始了。红军参战部队达3个集团军、一个坦克军和一个机械化军。由于德军对红军的夜间行动毫无准备，大部分士兵还在睡梦中就被红军的炮弹炸死了。炮火准备过后，强大的坦克集群向德军阵地全力开去。

夜间10点，马利诺夫斯基一声令下，坦克集群全部开了前灯，黑夜顿时化作白昼。坦克冲入敌群，搭载的步兵分队立即跳下战车，向睁不开眼睛的德军猛烈射击。随后，各主力部队全部掩杀上来。全部战斗只用了10个小时，红军便以微小的代价攻克了扎波罗热。

至此，从扎波罗热至洛耶夫的700公里长的地段上，红军西南、草原和沃罗涅日三大方面军一线排开，牢牢控制了第聂伯河左岸。许多集团军还乘胜利的余勇强渡了这条大河，并在大河右岸占领了若干个登陆场。此外，南方方面军则占领了广大的克里米亚地峡地区，从而彻底切断了克里米亚半岛上敌军与第聂伯河下游的联系。整个第聂伯河会战以红军获得巨大的胜利而结束了。

三

两位元帅的冬季使命

第聂伯河会战结束之后,漫长的冬季也快要到了。1943年10月20日,苏联最高国防委员会决定对各主要作战方向的苏军部队作了统一的番号变更,其中中央方面军改称白俄罗斯方面军,加里宁方面军改称波罗的海沿岸第一方面军,波罗的海沿岸方面军改称波罗的海沿岸第二方面军,沃罗涅日方面军改称乌克兰第一方面军;草原方面军改称乌克兰第二方面军;西南方面军改称乌克兰第三方面军;南方方面军则改称乌克兰第四方面军。从苏联红军这一时期的番号变更便可以看出红军在战场上所取得的胜利。

1943年11月,华西列夫斯基被召回了莫斯科。他已经有半年的时间没有离开过前线了。在这段时间里,紧张的工作让他的神经总是处于紧绷状态,睡眠严重不足,脑力体力消耗过多!他变瘦了,也变黑了。当回到家中照了照镜子,他突然发现自己老了很多!

副最高统帅朱可夫也奉命从前线回到了莫斯科。尽管他们在前线经常通电话,但这次见面,仍然觉得十分亲切。两人相见之时就像是阔别多年的老朋友,情不自禁地长时间握手、拥抱。看到对方那副疲乏、劳累的倦容和尚未完全退去的征尘,他们的内心受到了极大的震动。这场可恶的战争成就了他们的英名,但也加速了他们的衰老!

斯大林把朱可夫和华西列夫斯基召回莫斯科是为了商讨下一步的作战计划。像往常的这类会议一样,这次会议开得时间也相当长。华西列夫斯基以总参谋长的身份在会上总结了前线各战场的作战情况和作战经验,分析了整个战局态势及其未来发展前景。他在报告中指出,到1943年年底,红军可以解放德军在1941~1942年所占领的一半以上的国土。从斯大林格勒战役结束后，红军展开反攻以来，红军已经俘虏了德军56个师，重创其162个师，击毁德军坦克7000余辆、作战飞机14000余架及各种火炮和迫击炮5000余门。尽管德军对部队的兵员和装备进行了一定的补充，但已经远远无法赶上消耗的速度了。

在谈到双方力量对比的情况时，华西列夫斯基根据总参谋部掌握的最近情报指出："到1943年底，法西斯德国连同其仆从国的军队在内，共有236个师又24个旅，其中德军有198个师、6个旅及3个航空队，总计约为490万人。其装备有5400多辆坦克和强击炮，54000多门火炮和迫击炮，3000多架作战飞机。"

众人听了这些数据之后，都大吃一惊。每个人都没有想到，经过两年多的战争，德军居然还有如此强大的兵力，尤其是其强大的坦克部队。华西列夫斯基明显感觉到了众人的惊讶，他接着将红军的兵力也介绍了一番。他说："现在，我军有作战部队610万人，在装备上有4900辆坦克和自行火炮、89000门火炮和迫击炮、2000多门火箭炮、8500多架作战飞机。目前，我军只有坦克的数量还暂时少于德国，这首先是因为在1943年的几次大型进攻战役中遭到了不少的损失。在每次大规模进攻作战中，都是坦克用炮火和履带压制了敌军，突破敌军坚固的防御，从而为步兵部队开辟出一条通向胜利的道路。由于坦克是部队的先锋冲击力量，所以才蒙受了较大的损失。"

这时，一直在一旁默默抽着烟斗的斯大林突然问道："那么现在我们究竟有多少坦克部队呢？"

华西列夫斯基将目光转向了斯大林，郑重地说："原来，我们总计共有5个强大的坦克集团军。到现在，我们又增加了一个全新的坦克集团军，所以总共是6个坦克集团军。"

斯大林吐了一口烟圈，感叹道："坦克部队还要增加一些。从总体上看，我们的力量已经比法西斯德国强大了许多，我们是有战场优势的。更何况战争的战略主动权已经完全在我们手中了，我们的士兵和将军们也具有比法西斯军队更加高昂的士气和英勇精神。"

说到这里，斯大林突然停了下来。他把烟斗从嘴上拿下来，看了看在座的与会人员，继续道："而且在德黑兰，罗斯福已经答应于1944年在法国展开广泛的活动，即开辟他们迟迟未能兑现的欧洲第二战场。我想，这次他会遵守诺言的。因为他们，尤其是狡猾的英国首相丘吉尔先生，也担心我们独自地解放欧洲领土。不过，话说回来，如果他们还不遵守诺言，我们自己的力量也足以彻底打垮希特勒的。"

斯大林的这番话确实不是自吹自擂，即使美英两国不在欧洲开辟第二战场，苏联红军也的确可以打败法西斯德国。只不过，如此一来，战争结束的时间要往后推迟多久就没有人知道了。

经过讨论与研究，这次会议确定了1943年到1944年冬季作战的主要任务。斯大林提出，红军应在南方解放整个第聂伯河右岸乌克兰地域和克里米亚半岛，并在春季由此前出到国境线附近，争取把战争引向法西斯德国的仆从国境内。在北方，苏军应彻底粉碎德军"北方"集团军群，完全解除他们对列宁格勒的封锁，并由此前出到波罗的海沿岸地区边界。尽管这个作战任务在当时看来还需要再发动一系列的重大战役才能完成，但还是得到了与会人员的一致赞同。

会后，斯大林宴请了与会人员。华西列夫斯基和朱可夫两位元帅受到了斯大林的特别招待。斯大林举着酒杯主动走到了他们身边，向他们祝酒。华西列夫斯基和朱可夫立即站了起来，以示尊敬。斯大林幽默地说："两位劳苦功高，何必起立呢？而不像我，整天在办公室里清闲打坐，所以才特别需要站起来走动走动呢。"

斯大林的这番话把在场的人都逗乐了。其实，每个人都知道，斯大林在办公室里的工作并不比华西列夫斯基和朱可夫轻松。自从战争爆发以来，他就没有睡过一个安稳觉，他每天的工作时间都超过17个小时。这种特有的拼命精神，恐怕没有一个人能与他相媲美。

讨论会结束后，华西列夫斯基和朱可夫立即投入到了紧张的工作之中，他们要分别代表总参谋部和最高统帅部制定具体的作战计划。经过连续几天紧张而辛苦的工作，他们制定的作战计划得到了斯大林的批准。两人又要带着斯大林交付给他们的使命开赴前线了。

12月21日，华西列夫斯基回到了乌克兰第三和第四方面军，以便根据大本营训令协调它们即将展开的新的攻势。朱可夫则奉命来到了乌克兰第一和第二方面军，继续执行斯大林交付给他的使命。

这4个乌克兰方面军是红军中力量最为强大的兵团。但他们当面的德军也十分强大。德军元帅曼斯坦因指挥的"南方"集团军群和克里斯特元帅指挥的"A"集团军群都部署在他们的当面。此时,"南方"集团军群包括坦克第四集团军和第一集团军、野战第八和第六集团军;"A"集团军群实力较弱,但也不容忽视,包括罗马尼亚第三集团军、德国第十七集团军、德国第四十四独立军。除了这两大强大的集团军群之外,这4个乌克兰方面军当面还部署有德军第四航空队。这些德军总计约有176万人、16800门火炮和迫击炮、2200辆坦克和强击炮、1640架作战飞机。

希特勒之所以将如此强大的集团军群部署在这里,是为了守住第聂伯河右岸乌克兰地域和西部各苏联州的粮食产区,以及富饶的克里米亚半岛。希特勒还指望这两个强大的集团军群收复他们已经丢失了的第聂伯河防线。

曼斯坦因和克利斯特都是德军将领中的佼佼者,他们受命之后,立即对兵力进行了新的部署,严令部队控制住科尔松—谢甫琴科夫斯基登陆场和尼科波尔以南的登陆场。因为这两个登陆场正好形成了对苏军乌克兰4个方面军构成很大威胁的突出部。前者威胁乌克兰第一和第二方面军的结合部,它可以任意向这两个方面军的侧翼实施突击;后者则直接伸向乌克兰第四方面军的后方,并前出到乌克兰第三方面军的左翼侧面。

对华西列夫斯基和朱可夫而言,要想完成斯大林交付给他们的使命,第一步必须切断或消灭德军伸向第聂伯河方向的这两个主要突出部。只有这样,他们才有可能全线打破德军的防御,将其赶出第聂伯河右岸的乌克兰地区,并在行进中把德军"南方"和"A"两个集团军群分割开来,予以各个歼灭。可以说,消除德军的这两个突出部便是华西列夫斯基和朱可夫这两位元帅在1943年冬季的使命。

四

忍受斯大林的怒火

经过一番筹备，华西列夫斯基和朱可夫决定发挥各个方面军的优势，一旦条件成熟，便可以单独对当面之德军发动攻势，而不必统一行动。这在一定程度上将战役发起的决定权下放到了各方面军司令手中，使得各方面军可以抓住对自己最有利的时机发动攻势。

1943年12月24日，瓦图京指挥的乌克兰第一方面军率先从基辅出发，以5个强大的集团军组成的突击集团向德军防御正面的最大支撑点拉多梅什尔发动了攻势。仅仅3天之后，拉多梅什尔的德军便丢盔弃甲地撤退了。随后，乌克兰第一方面军便一路向西，迅速解放了诺沃格勒—沃伦斯基、别尔季切夫和别拉亚采尔科夫等地。在短短的3周时间里，乌克兰第一方面军向西推进了80~200公里，重创了曼斯坦因"南方"集团军群的坦克第一和第四集团军。

在乌克兰第一方面军发动攻势不久，科涅夫指挥的乌克兰第二方面军也以强大的突击集团向当面的德军发起了攻势。德军占领的这一军事战略要地基洛沃格勒于1944年1月8日被乌克兰第二集团军解放了。

如此一来，乌克兰第一和第二两个方面军便形成了对科尔松—谢甫琴科夫斯基的合围之势。朱可夫立即上报最高统帅部，希望携胜利之势，一举打掉德军占领的这一登陆场。斯大林批准了他的计划。随后，乌克兰第一方面军从北向南，乌克兰第二方面军从南向北，开始合围科尔松—谢甫琴科夫斯基。德军数度想要突围逃走，但均被红军击退了。战斗打得十分残酷，双方的伤亡都很大。直到2月18日，这场残酷的战役才告结束。

在此战中，红军毙伤德军5.5万余人，抓获俘虏1.8万余人，还缴获了德军大量"虎"式坦克和其他技术兵器等辎重装备。科尔松—谢甫琴科

谋略元帅·华西列夫斯基·houlueyuanshuai·huaxiliefusiji

朱可夫和华西列夫斯基在检查第一辆被缴获的"虎"式坦克

夫斯克围歼战彻底消灭了德军在南部战线北端上的突出部，希特勒夺回第聂伯河防线的企图随之化作了泡影。

当朱可夫协调乌克兰第一和第二方面军勇猛进击、节节胜利的时候，华西列夫斯基在南端协调的乌克兰第三和第四两个方面军进攻尼科波尔突出部的行动却连连受阻，进展十分缓慢。造成这种状况的原因是多方面的。一方面，马利诺夫斯基受命从乌克兰第三方面军调了两个集团军向北发展以协助科涅夫乌克兰第二方面军的进攻，使得乌克兰第三方面军原定的向南突击包抄尼科波尔突出部的任务便不得不暂时取消了。

另一方面，华西列夫斯基、马利诺夫斯基和托尔布欣在判断敌情上出现了失误。他们本来以为，在乌克兰第一和第二方面军在北部大举进攻之际，德军已经不大可能在第聂伯河河曲地带和尼科波尔登陆场继续顽抗了。华西列夫斯基估计，德军很可能会放弃尼科波尔和克里沃罗伊罗格之间的地区，进而将自己的主力部队，特别是坦克师撤向因古列茨河附近，或干脆撤至南布格河附近，以腾出这些新锐部队北上去解除瓦图京和科涅夫大军的威胁。

结果，乌克兰第三和第四方面军向当面之敌发起进攻之时才发现，德军不仅不想放弃这一地区，反而拼死顽抗，企图固守。华西列夫斯基大吃一惊，他没有想到，在如此危急的情况下，德军仍企图从这里恢复其第聂伯河防线，重新建立与克里米亚德军的有效联系。他站在地图边上，仔细地查看了敌我双方的态势，果断决定暂停进攻。单靠乌克兰第三和第四方面军的力量很难击溃当面之敌，必须从最高统帅部的预备队抽调一部分兵力来加强这两个方面军。1月16日，他便把这一想法向斯大林作了汇报。

他的话刚说完，电话里便传来斯大林的咆哮声。他怒吼道："元帅同志，我根本不同意你的分析，也不能接受你提出的那些建议。在我看来，问题完全在于你们不善于组织部队的行动,也不善于组织作战!作为最高统帅部全权代表,你必须负起全部责任,而不是一有困难就向我伸手,要装备,要兵器,要预备队!"

华西列夫斯基对斯大林的这种咆哮已经习以为常了。在战争期间,依然能够保持温文尔雅的态度的红军将领并不多,朱可夫不也是经常向部下大发雷霆吗!华西列夫斯基是一个例外。无论在多么艰难的条件下,他始终能够保持心平气和的状态,不对部下或身边的其他人发脾气。他也总有耐心和能力让对他发脾气的人安静下来,尤其是对斯大林。

华西列夫斯基默默地听完斯大林的咆哮,心平气和地说:"斯大林同志,我认为我们的分析是从前线战场实际出发的。也许我们在组织部队和指挥作战中存在一些问题,但关键的是,现在我们力量有限。如果没有科涅夫的协同,如果不增派必要的兵器和弹药及新的预备队,我们根本无法夺取尼科波尔。我现在仍然坚持……"

斯大林不等华西列夫斯基说完,便恶狠狠地吼道:"我不想再听你们的诉苦了!华西列夫斯基同志,你应该知道怎么做!"

说完,斯大林把电话重重地扔在了桌子上。华西列夫斯基显得有些无奈,他也学着斯大林的样子,狠狠地把已经毫无声息的电话扔到了桌上。

乌克兰第四方面军司令托尔布欣悄然走到了桌子旁,把电话捡起来,放在了电话架上。显然,他也听到了斯大林在电话里的咆哮。放好了电话,转身微笑着对华西列夫斯基说:"嘿!你知道吗?亚历山大·米哈伊洛维奇,刚才我差点吓得钻到桌子底下去了!"

华西列夫斯基听了托尔布欣的这句话,不禁笑了起来。他问托尔布欣:"最高统帅为什么要这样呢?是不是克里姆林宫又有什么不顺心的事了,还是完全就是由我们而引起的呢?真搞不懂!"

五

将战场推进到国境线

受到斯大林的指责并没有使华西列夫斯基灰心丧气。他对托尔布欣耸了耸肩，拿起电话分别给安东诺夫和朱可夫打了电话，简明地陈述了这里的现状和他的意见。第一副总参谋长安东诺夫说："元帅，请放心。我会去找最高统帅，尽力说服他尽快给乌克兰第三方面军增派预备队。"

朱可夫也极力安慰华西列夫斯基，并允诺说："我会与科涅夫联系，讨论乌克兰第二方面军的协同作战问题。你等着我的消息就好了。"

在安东诺夫和朱可夫的努力下，乌克兰第四方面军的力量得到了很大的加强。最高统帅部不仅从预备队将近卫步兵第三十一军调给了他，还分别从乌克兰第二方面军和第四方面军给他调拨了第三十七集团军和近卫机械化第四军。

力量得到加强之后，华西列夫斯基立即命令部队恢复了对尼科波尔方向的进攻。按照原定计划，马利诺夫斯基指挥乌克兰第三方面军从克里沃伊罗格东北向阿波斯托洛沃实施主要突击，托尔布欣指挥的乌克兰第四方面军的右翼部队也向这里进攻，目的是以相向突击合围防守在尼科波尔地区的德军第六集团军，以彻底切断其向西的退路。

那些天，天气状况一直不是很好。红军战士们冒着严寒，在风雪交加中奋勇向前。雨雪天气让第聂伯河两岸堆满了烂泥，牵引火炮的拖拉机和牵引车一不留神就会陷入烂泥之中，动弹不得。勇敢的炮手们索性跳进烂泥之中，抗迫击炮的抗迫击炮，拉火炮的拉火炮，有的甚至将身上的大衣脱下来填在了车轮之下，好让牵引车顺利通过。红军战士们终于克服了困难，一步一步向德军阵地逼近。附近的居民也自发地组织了起来，冒着严寒和枪林弹雨，为红军运送弹药和其他补给。

经过两昼夜的激战，德军的防御阵地终于被撕开了一道巨大的缺口。红军的快速机械化部队迅速从缺口向纵深发展。至2月5日，第三十七集团军全歼了德军3个坦克师和4个步兵师，解放了阿波斯托洛沃。与此同时，乌克兰第四方面军的右翼部队也突破了德军尼科波尔以南的防线，前出到第聂伯河。德军仓皇撤退，将重型装备全部丢弃在了阵地上。2月8日，乌克兰第四方面军顺利解放了尼科波尔。

至此，德军在第聂伯河左岸的突出部被彻底摧毁了。德军失去了在第聂伯河岸边的登陆场，彻底失去了恢复第聂伯河防线的机会。

1944年2月16日，第聂伯河流域的天气状况开始好转，长达半个多月的雨雪天气终于结束了。华西列夫斯基抓住这一有利时机，立即命令部队将强击火炮和大量的弹药运送到前线。从2月17日开始，乌克兰第三和第四两个方面军的所有部队对当面的德军展开了全线进攻。德军士兵彻底失去了抵抗意志，他们的纵深防御一个个被突破，部队也整师整师地被歼灭或俘虏。一时间，红军后方部队竟然来不及收容德军的俘虏，只能命令解除了武装的俘虏们大队大队地随同进攻的红军一块儿往前跑。

好天气仅仅维持了两天。2月18日，天空中又飘起了鹅毛大雪。受到地面冰层和雪堆的影响，为前线运送物资的汽车寸步难行。红军战士们只好再次肩扛手挑地运送战略物资。积雪太厚了，连华西列夫斯基乘坐的越野车也无法前进。他微笑着从车上跳了下来，跟司令部的工作人员一起在积雪中跋涉而行。

运输队伍中的本地居民得知总参谋长也像他们一样，在冰天雪地里徒步而行时，便千方百计地为他弄来了一匹好马。但是华西列夫斯基说什么也不肯骑。他对战士们说："嘿，同志们，你们的参谋长骑术差得很，在这种冰天雪地里根本上不了马。"

战士们信以为真，便听从华西列夫斯基的安排，将那匹马让给了一名生病工作人员。那名工作人员是总参谋部的，一直跟随华西列夫斯基在前线奔波。

在华西列夫斯基和朱可夫的协调指挥下，4个乌克兰方面军终于在2月底完成了进军第聂伯河右岸乌克兰地区第一阶段的战役。乌克兰第一、第二和第三方面军继续向西挺进，在行进中分割、歼灭德军"南方"集团

谋略元帅·华西列夫斯基· huaxiliefusiji

两次苏联英雄、苏联元帅华西列夫斯基

军群和"A"集团军群。乌克兰第四方面军则奉命留守克里米亚地峡地区,以彻底孤立和封锁克里米亚半岛上的德军,并积极准备实施进攻克里米亚半岛战役。

3月初,除乌克兰第四方面军以外的其他3个乌克兰方面军发动了进军乌克兰右岸的第二阶段战役。3个方面军一路攻城略地,进展十分顺利,使得德军望风而逃。华西列夫斯基十分开心。随着战争进程的加快,他经常站在形势图前,默默地沉思,思考结束战争最快的方法。他感到原先的计划已经不能满足真正的需要了,必须立即修改计划,改变3个乌克兰方面军的作战方向。

经过与朱可夫沟通,华西列夫斯基将这一想法向斯大林作了汇报。斯大林毫不犹豫地同意了他的请求,在3月10日向3个乌克兰方面军下达了改变作战方向的命令。这次战略方向和进攻计划的修正调整,大大提前了苏德战场的战争进程,为早日解放苏联全境,为红军跨越国境线向法西斯国家挺进创造了条件。

修改作战计划之后,时已接任乌克兰第一方面军司令的朱可夫指挥该方面军快速向前推进,先是击溃了德军坦克第四集团军,后又与乌克兰第二方面军协同击溃了德军坦克第一集团军,总计约毙伤德军20余万人,击毁坦克和强击炮2000多辆、火炮4500多门、汽车和牵引车53000多辆、装甲车和装甲运输车1000多辆。

乌克兰第二方面军也在科涅夫的指挥下,奋勇向前,以迅雷不及掩耳之势粉碎了德军第八集团军的主力部队。至3月26日,乌克兰第二方面军已经消灭德军6万多人,俘敌2万余人。缴获的各种作战物资和技术兵器则无以计其数。到3月底,该方面军便越过了苏联国境线,将战场转移到了罗马尼亚境内。

相比之下，华西列夫斯基所在的马利诺夫斯基麾下的乌克兰第三方面军进展较为缓慢，但也取得了辉煌的战果。到 4 月 13 日，他们已经解放了从德涅斯特河左岸到黑海沿岸的广大地区，总计歼敌 10 个师，重创德军 20 个师。据德军档案记载，仅黑海沿岸至敖德萨城一战，即有 5.1 万敌人被毙俘。至此，3 个乌克兰方面军已将战场推进到了苏联国境线或国境线以外。

为了表彰朱可夫和华西列夫斯基在这次战役中的突出贡献。苏联最高苏维埃主席团奖给了他们每人一枚最高军事勋章——"胜利勋章"。斯大林在祝贺电话里对华西列夫斯基说："华西列夫斯基元帅，让我祝贺你荣获苏联最高级别的军事勋章，我为你的成就感到高兴和自豪！但是，也须请你知道，你受到奖励并不仅是由于顿巴斯和乌克兰的解放中有你的智慧和汗水，照我看，它还预示着克里米亚的解放也必须由你来负责。"

· 第八章 ·

"巴格拉季昂"计划

一

向克里米亚半岛进军

克里米亚半岛位于苏联欧洲部分的南端,南部与土耳其隔海相望,西部则与罗马尼亚和保加利亚相邻。半岛上风景秀丽,气候宜人,各种物产极为丰饶。法西斯德国和其仆从国罗马尼亚在1940年利用苏联红军的指挥失误占领了该半岛。

早在1943年9月,红军最高统帅部和总参谋部便开始筹划解放克里米亚半岛的有关事宜。但由于种种原因,解放克里米亚半岛的战役一直未能打响。1944年2月底,乌克兰第四方面军牢牢地控制了克里米亚地峡地带,将岛上的德军和罗马尼亚军队完全孤立了起来。随后,该方面军司令托尔布欣便受命制定作战计划,准备解放克里米亚半岛。

1944年3月初,托尔布欣曾请示华西列夫斯基,说他的部队经过充分准备后,完全可以在3月间发起进攻克里米亚的战斗。此时,乌克兰第一、第二和第三3个方面军在解放乌克兰右岸地区的战役中进展十分顺利。华西列夫斯基认为克里米亚半岛的敌军肯定已经丧失了抵抗意志,便同意了托尔布欣的请求,并把这一情况向斯大林作了汇报。

但遗憾的是,克里米亚地区极其恶劣的早春气候和亚速海上的强烈风暴使得托尔布欣不得不推迟了战役发起的时间。斯大林决定,等红军乌克兰第三方面军前出到敖德萨地区后,再将华西列夫斯基调到乌克兰第四方面军,开始解放克里米亚半岛的战役。

驻守克里米亚半岛上的德军第十七集团军由德军将领恩内克上将指挥,其全部兵力计有20万人左右,包括5个德国步兵师、7个罗马尼亚师、两个强击炮旅及大量炮兵、工程兵、建筑兵、警备部队和宪兵部队。德军拥有坦克和强击炮215辆、作战飞机148架。此外,他们还可以使用配置在罗马尼亚和摩尔达维亚机场上的空军部队。在黑海水域和罗马尼亚港口克里米亚附近水域，还有7艘驱逐舰和雷击舰、14艘潜水艇、3艘护卫舰、3艘炮舰、28艘鱼雷快艇和大量的扫雷舰只。恩内克上将按照希特勒的指示，将岛上的防守部队主要部署在了克里米亚北部。在彼列科普地峡和西瓦什湖，德军筑有纵深达35公里的3道防御线，在刻赤半岛地区的纵深则有4道防御线。

计划参加解放克里米亚半岛战役的红军主要为乌克兰第四方面军、独立濒海集团军。这两个兵团的总兵力超过30万人，配有560辆坦克和自行火炮、6575门火炮和迫击炮以及将近1000架作战飞机。根据最高统帅部制定的作战计划，乌克兰第四方面军应从彼列科普和西瓦什湖，独立濒海集团军应从刻赤地区同时向辛菲罗波尔—塞瓦斯托波尔这一共同方向实施突击、分割、围歼敌军。此外，黑海舰队和亚速海区舰队也奉命开赴半岛沿海地区，一则配合独立濒海集团军的行动，一则负责封锁环半岛海域，切断德军从海上撤逃的通道。由此可见，无论在装备上，还是在兵力上，红军都占有绝对优势。

3月28日，当华西列夫斯基正与马利诺夫斯基在研究如何进攻敖德萨市的时候，斯大林从莫斯科给他打来了电话。斯大林命令他立即去见伏罗希洛夫元帅，和他一起商讨乌克兰第四方面军和独立濒海集团军在克里米亚战役中的协同问题。

第二天一早，华西列夫斯基便从乌克兰第三方面军司令部直接飞到了克里沃伊罗格，去见伏罗希洛夫。伏罗希洛夫在他的专列车厢里接待了华西列夫斯基。两人一见面，觉得特别亲切。华西列夫斯基很尊敬这位老首长，伏

左起：伏罗希洛夫、比留佐夫、托尔布欣、梅利尼克、华西列夫斯基、波塔波夫、法拉列夫，1944年于乌克兰第四方面军。

罗希洛夫也很喜欢这位温文尔雅、进步神速的老部下。他们聊着聊着就会不由自主地提到十几年前，伏罗希洛夫任莫斯科军区司令之时的事情。那个时候，华西列夫斯基只不过是伏罗希洛夫手下的一名团长。而如今，他已经成长为了苏联红军中最出色的高级指挥员之一，在肩负红军总参谋部的所有工作之余，还要到前线协调各方面军的协同动作。

3月30日，华西列夫斯基和伏罗希洛夫一起来到了乌克兰第四方面军司令部所在地美利托波尔。在华西列夫斯基的主持下，伏罗希洛夫和乌克兰第四方面军司令部人员举行了一次会谈。伏罗希洛夫向他们介绍了独立濒海集团军的部署及具体作战计划，托尔布欣和华西列夫斯基也向伏罗希洛夫介绍了乌克兰第四方面军的情况。综合这些信息，华西列夫斯基与伏罗希洛夫讨论出了一套方案，并共同向斯大林作了汇报。他们在报告中指出：如果天气情况许可，乌克兰第四方面军将不迟于1944年4月5日开始发起突击，而独立濒海集团军则应在此后两三天内转入进攻。斯大林批准了这一方案。至此，解放克里米亚的战役的准备工作已经全部完成了，众人只需要等候天气好转便可发动进攻了。

由于天气原因，乌克兰第四方面将进攻开始的时间往后推迟了几天。4月8日，乌克兰第四方面军所属的两支突击部队——克列伊泽尔指挥的第五十一集团军和扎哈罗夫指挥的近卫第二集团军分别向西瓦什湖南岸赞科伊方向和彼列科普方向发起了猛烈的攻势。进攻进展得很顺利，两支集团军犹如出笼的猛虎，打得敌军节节败退，毫无招架之力。赞科伊的德军急忙向刻赤半岛的守军求援。

4月10日，伏罗希洛夫和叶廖缅科指挥的独立濒海集团军也对敌人发起了猛烈进攻。当时，叶廖缅科是独立濒海集团军司令，伏罗希洛夫则是最高统帅部派驻该集团军的代表。经过8个小时激战，独立濒海集团军顺利解放了刻赤半岛，并开始向阿拉巴特湾和费奥多西亚湾之间的德军防御正面展开了有力的推进。

此时，从刻赤半岛增援赞科伊的德军还在路上。这支德军的指挥官一下子陷入了惶恐之中，前面克列伊泽尔的第五十一集团军正在猛烈进攻，而自己家的后院也起了火。到底该怎么办？

就在增援赞科伊的德军犹豫不决之时，克列伊泽尔帮他们做了决定。

这位勇猛的红军将领指挥第五十一集团军攻下了赞科伊，让这支企图援助赞科伊的德军彻底失去了希望，不得不伺机逃走。为了庆祝乌克兰第四方面军取得的这一胜利，首都莫斯科为其鸣放了礼炮以示庆贺。在此后的日子里，莫斯科红场上经常会响起为乌克兰第四方面军喝彩的礼炮声。

4月14日之后，乌克兰第四方面军开始以得胜之师从各个方向上向南部半岛的德军展开了全线进攻。敌军在克里米亚半岛北部强大的防御力量已经被红军粉碎了，半岛南部的敌军也已经完全失去了抵抗意志。红军向半岛南部的进军简直就成了一场赛跑运动会。各部队鼓足了劲往前冲，德国和罗马尼亚军队则拼命逃跑。战场上到处都是敌军丢弃的辎重装备和枪支弹药。到15日，红军第五十一集团军的快速部队已前出到了敌军在克里米亚半岛最后的要塞——塞瓦斯托波尔附近。与此同时，独立濒海集团军各部队也在行进间给了敌人以沉重打击，逐步向克列伊泽尔的第五十一集团军靠拢。

正值此际，华西列夫斯基提出的使独立濒海集团军划归乌克兰第四方面军建制的请求，得到了最高统帅部的批准。如此一来，红军参加解放克里米亚半岛战役的部队就有了统一的指挥。这对后来总攻德军在克里米亚半岛最后的要塞——塞瓦斯托波尔带来了极大的方便。

（二）
攻克塞瓦斯托波尔

塞瓦斯托波尔位于克里米亚半岛西南端，是一个优良的天然海港，也是克里米亚半岛最重要的战略要地之一。塞瓦斯托波尔地形复杂，四周的山与海浑然一体，构成了坚固的天然屏障。此地战争频发，早在1855年的克里米亚战争期间，人们便在此地构筑了永久工事。在随后的岁月里，这些工事得到了不断的加固。

到1944年春，乌克兰第四方面军第五十一集团军逼近该要塞之时，德军已经修筑了6道坚固的钢筋混凝土堑壕，此外还有密如蛛网的铁丝网，遍布四周的地雷区及许多隐蔽的永备性暗堡发射点。克里米亚半岛上的德军和罗马尼亚军队之所以纷纷向塞瓦斯托波尔撤退，就是想借助这里的防御工事，重新组织防御，为撤退部队和技术兵器赢得时间。

为了达成这一目的，希特勒对军队在克里米亚半岛的部署做了调整。首先，他把防御前线的不可靠的罗马尼亚军队全部撤了下来，换上了德军的精锐部队。其次，他命令德国海军、空军以空投和海运的方式，向克里米亚半岛运送了大量补充营，加强了第十七集团军的防御力量。再次，希特勒还给坚守克里米亚的军队发双倍军饷，并允诺说，凡是积极防御的有功人员可以在这里分到一份土地。

最后，希特勒再次使用了他一贯的手法，寻找对此次战役失败承担责任的替罪羊。他撤掉了第十七集团军司令恩内克上将的职务，将步兵上将阿尔门丁格派往克里米亚半岛重新组织防御。阿尔门丁格到任后，首先向塞瓦斯托波尔守军宣布了希特勒的命令。希特勒在命令中说，克里米亚应该成为真正的堡垒城市，每个士兵都应该为保卫日耳曼人的名誉而战斗到底。

固守在塞瓦斯托波尔的德军有恃无恐，对红军即将发动的进攻丝毫不放在心上。当阿尔门丁格宣布希特勒的命令之时，疯狂的士兵们纷纷宣誓说："誓死保卫塞瓦斯托波尔，元首万岁！"

阿尔门丁格情绪激昂地对士兵们宣称："作为第十七集团军的司令官，我接到了要保卫塞瓦斯托波尔登陆场每一寸土地的命令。我要求所有人都要和我一样，必须进行防御作战。任何人都不许后退一步，我们必须守住每一道堑壕，每一个弹坑和每一个掩体。万一被敌人的坦克突破，步兵应该留在自己的阵地上使用大威力的反坦克兵器把它消灭在阵地前沿或防御纵深！德意志在等待我们履行自己的职责！元首万岁！"

阿尔门丁格是这样说的，也是这样做的。4月中旬，乌克兰第四方面军所属的第五十一、近卫第二和濒海集团军均已靠近塞瓦斯托波尔。华西列夫斯基和托尔布欣组织了多次进攻，但始终无法突破德军的防线。4月23日，乌克兰第四方面军的所有部队全部转入了进攻，黑海舰队和亚速海区舰队也加入了战斗，航空兵和炮兵部队也以猛烈的炮火给予了支援。但红军向前推进的距离仍十分有限，最有效的攻击地段也只是刚刚突破德军的第二或第三道堑壕。

华西列夫斯基十分焦急，如果塞瓦斯托波尔要塞久攻不下的话，德军就会从容地从克里米亚半岛撤军，而且还会牵制红军大量的兵力。斯大林也多次打来电话训斥他和托尔布欣，敦促他们尽快拿下塞瓦斯托波尔。

华西列夫斯基觉得，塞瓦斯托波尔不能强攻，只能智取。于是，他与托尔布欣商议，决定在4月30日发动一次更大规模的攻势。他们打算让近卫第二集团军在辅助方向实施突击，牵制一部分德军，同时让近卫步兵第十三军越过麦肯齐耶维山进入战斗，前出到北海湾，把在南区作战的德军吸引一部分过来。如此一来，主攻方向上的德军兵力便减弱了。

在主攻方向上，华西列夫斯基部署了强大的步兵团队。这些步兵全都是身经百战的老战士了，他们作战极为顽强。在步兵团队的编成内分别有步兵、工程兵以及坦克兵。华西列夫斯基计划在4月30日凌晨之前用大口径火炮和152毫米加农榴弹炮来加强这支主攻部队的火力。除此之外，他还与空军方面协调，让空军部队派来带有大型炸弹的远程航空兵参战。战斗一旦打响，所有的重型武器都会向德军的防御阵地开火。不管是暴露工事、潜藏永备发射点、雷区，还是德军的战斗队形，肯定都会遭到毁灭性的打击。在强大的炮火掩护下，坦克部队和步兵团队将会向德军的防御正面发动强攻。

华西列夫斯基估计，德军在受到如此强大的攻击下，势必会向南部退却。因此，他打算在5月1日秘密抽调第五十一集团军和濒海集团军的部分兵力，迂回到塞瓦斯托波尔的南部，以便夹击城内的德军。

4月28日深夜，华西列夫斯基将这一计划详细地向斯大林作了汇报。斯大林对他的这一计划很满意，认为无论是兵力部署、兵器配置，还是作战策略的使用都是可行的。

但是，由于泥泞的春季迟滞了运输部队的动作，重型武器在4月30日之前未能到位。华西列夫斯基不得不再次向斯大林请示，希望能推迟进攻的日期。斯大林顿时火冒三丈，严厉地批评了他。不过，华西列夫斯基依然坚持要推迟进攻的日期。因为他明白，无论怎么好的进攻计划，如果没做好充分的准备，其结果也只能是徒劳无益。在华西列夫斯基的一再坚持之下，斯大林最终批准了他的请求，允许他5月5日到7日之间实施进攻。

5月5日，乌克兰第四方面军终于做好了一切的进攻准备。凌晨，华西列夫斯基与托尔布欣向各集团军下达了作战命令，战斗开始了。近卫第二集团军率先在侧翼发动了进攻。随后，步兵兵团在炮火的掩护下跟在坦克的后面冲向了德军的防御阵地。德军拼死抵抗，双方陷入了混乱的肉搏战之中。肉搏战很快就进入了白热化的状态。德军有些抵挡不住了，急忙从侧翼抽调兵力，来加强防御。近卫第二集团军趁势突破了德军的防线，迅速攻破了其第四道堑壕。附近1000米之内的土木发射点和永备发射点，全部被他们占领了。

德军上钩了，华西列夫斯基十分高兴。5月7日，他命令方面军发起了

1944年5月，华西列夫斯基与托尔布欣在塞瓦斯托波尔附近视察近卫第二集团军。

总攻，但总攻的方向并不在德军加强了防御的城北地带，而是在萨彭山方向上。红军迅速撕破了德军在这一方向上的防御阵线，让步兵集团跟在坦克的后面向纵深方向发展。德军阵地的缺口越来越大。到第二天下午，拥有36个永备发射点和27个土木发射点的萨彭山便被红军攻占了。萨彭山的陷落，就使整个塞瓦斯托波尔城全部暴露在红军的强大火力网之内。

5月9日上午8点，乌克兰第四方面军再度发起了总攻。这次进攻的目标是塞瓦斯托波尔要塞了。在炮兵和航空兵的掩护下，乌克兰第四方面军的所有步兵师从各个方向向城内压了过去。残酷的巷战和肉搏战开始了。开始，德军还向南部退却，但随着第五十一和濒海集团军迂回到城南地带，德军见无路可退，便做出了一副鱼死网破的架势，个个拼死顽抗。

深夜时分，德军死伤惨重，再也抵挡不住了，纷纷退向了城外的奥麦加到赫尔松内斯角这段狭长地带。次日清晨，红军攻占了塞瓦斯托波尔。随即，斯大林便给华西列夫斯基和托尔布欣发来了一道嘉奖令。斯大林在嘉奖令中说："乌克兰第四方面军在航空兵和炮兵密集突击的支援下，经过3天的进攻战斗，突破了敌人用3层钢筋混凝土防御工事构成的永备坚固的筑垒防御，并在几小时之前占领了黑海的要塞和重要的海军基地——塞瓦斯托波尔城，从而清除了德国人在克里米亚的最后抵抗基地。克里米亚的德国法西斯侵略者已经被英勇的乌克兰第四方面军彻底肃清了……"

随后，华西列夫斯基和托尔布欣指挥乌克兰第四方面军迅速清除了奥麦加到赫尔松内斯角狭长地带的敌军和德军残留在塞瓦斯托波尔集团的溃兵。到5月12日晚，红军前出到了黑海沿岸，克里米亚战役全部结束了。

三

"巴格拉季昂"计划

乌克兰第四方面军攻克塞瓦斯托波尔之后,华西列夫斯基十分高兴。在 1941 年到 1942 年的冬季,德国和罗马尼亚军队用了 250 余天的时间才击退红军,攻占了塞瓦斯托波尔,但红军夺回它只用了 35 天的时间。而且,德军在塞瓦斯托波尔所构筑的防御工事远要比当年红军所拥有的工事完备、坚固!拥有 20 万兵力的德军第十七集团军在此一役中被全部消灭了。这说明,德军已经是强弩之末,再也嚣张不了多长时间了。

兴奋的华西列夫斯基在战役刚一结束,就乘坐越野汽车到战场上去视察了。华西列夫斯基在战场上漫无目的地驱驰着,他就是想看看红军英勇战斗过的地方。不一会,越野汽车来到了麦肯齐耶维山地区。华西列夫斯基坐在车上,他看到身边出现了一条又宽又深的地沟形地带。

华西列夫斯基想,这一定是德军的堑壕了。堑壕的四周满是坦克战车履带压过的痕迹,中间和上面又交织覆盖着许多新的车辙,还有红军士兵们冬季战靴留下的杂乱无章的脚印。从这些痕迹来看,敌我双方数小时前肯定在这里发生过激战。那些杂乱无章的脚印不正是红军战士冲锋陷阵留下的吗?

想着这些,华西列夫斯基的脸上露出了欣慰的微笑。就在这时,只听"轰"的一声巨响,越野车晃荡了几下突然停住了。华西列夫斯基的身体似乎被重重地打击了一下,随即歪倒在车前的挡风玻璃上。

越野车触响了一枚残存的地雷,汽车的发动机和前轮被爆炸的气浪甩到了离车身四五米远的地方。司机斯米尔诺夫中尉伤了左腿,与司机并排坐在驾驶室里的华西列夫斯基头部受了重伤,脸部也被挡风玻璃的碎片划破了。他满脸是血,样子十分狼狈。

坐在后排的基亚尼茨基将军和他的两名副官没有受伤。他们是来保护华西列夫斯基的。基亚尼茨基将军等人迅速从爆炸造成的惊慌中清醒过来，给华西列夫斯基和司机作了简单的包扎，将其送到了方面军司令部。

红军总参谋长兼副国防人民委员受伤了，乌克兰第四方面军司令托尔布欣十分着急，立即派飞机将华西列夫斯基送到了莫斯科救治。幸运的是，华西列夫斯基的伤势并不是特别严重。斯大林亲自下命令给他调来了最好的医生，要求对华西列夫斯基的头部做认真彻底的检查和治疗。检查结果表明，华西列夫斯基只受了一些皮外伤，颅内脑组织并没有受损。

尽管如此，由于失血过多，华西列夫斯基也需要安静地在医院休养一段时间。趁此机会，华西列夫斯基便认真考察了总参谋部正在起草的白俄罗斯战役计划。早在华西列夫斯基在克里米亚前线紧张地部署攻打塞瓦斯托波尔要塞之时，斯大林与朱可夫、安东诺夫等人就在莫斯科开始筹划白俄罗斯战役计划了。斯大林打算在夏季实施几次大的战役，以达到歼灭部署在斯摩棱斯克以西广大正面上的德军"中央"集团军群，彻底解放白俄罗斯。

斯大林将这次战役计划命名为"巴格拉季昂"。巴格拉季昂是一位俄罗斯著名军事家的姓，他的全名叫彼得·伊方诺维奇·巴格拉季昂。1812年，拿破仑一世远征俄国时，曾在博罗季诺会战中受到重创，50万大军几乎被全歼，只有2万余人逃了出去。巴格拉季昂即是这次会战中的著名的英雄之一。显然，斯大林想在白俄罗斯再制造一个博罗季诺会战的奇迹。

为了保密起见，只有斯大林、朱可夫、华西列夫斯基、安东诺夫和总参谋部作战部长什捷缅科和一名作战部副部长6个人知道这个计划的全貌。斯大林还明确规定，严格禁止公文往来，禁止用电话或电报传送任何有关该文件的信息。最高统帅部与各方面军之间的信息交流也必须由各方面军司令亲自到莫斯科与斯大林、朱可夫或华西列夫斯基当面完成。

为了给德军最高统帅部造成错觉，华西列夫斯基还特别以总参谋部的名义，给在南方的战线的乌克兰第三方面军在各方向上故意做出了加强兵力的集中的样子。在该方面军司令的安排下，乌克兰第三方面军每天都会出动大量的坦克、汽车、火炮和部队，向不同的方向"集结"。聪明的红军战士还用木头做出了大量的坦克和火炮模型，故意在德军的视线之下将其秘密配置在了前沿阵地。为了加强欺骗的效果，乌克兰第三方面军甚至在这些假的坦克和火炮四周设置了真的高射炮群。德军最高统帅部据此判断，红军在1944年夏季的主攻方向肯定在南部战线，故而加强了这里的防御。

在德军"中央"集团军群的防御正面，红军部队则故意做出了转入防御的态势。部队每天都会派出小股部队在白天进行"防御性"作业，所有前沿地区的工事和筑垒都是完全防御性的。不过，在暗地里，红军却悄悄地向这里集结部队。一般情况下，运送部队和装备的火车都是直接从各地运送到这里的，并没有经过任何形式的中转。如果确实需要中转，中转车站也都实行了内外戒严。红军的保密工作做得很好，甚至连铁路工作人员也不知这些火车里装的是运往前线的部队和装备。

红军的这次欺骗行动起到了良好的效果。德军最高统帅部认为，除了在南方战线以外，红军在夏季不可能在任何方向上发动攻势。因此，德军在加强南部战线的时候并没有对其"中央"集团军群进行任何形式的调整和加强。德军"中央"集团军群也没有做任何形式的防御措施。

为实施这次重大战役行动，红军最高统帅部对各方面军进行了新的调整和调动，建立了波罗的海第一方面军和白俄罗斯第一、第二和第三方面军。这4个强大方面军部队被编成了两个集团。A集团由波罗的海沿岸第一方面军和白俄罗斯第三方面军组成，共有39个步兵师、2个坦克军、1个骑兵军、6个炮兵师（其中2个是火箭炮兵师）。B集团由白俄罗斯第一和第二方面军组成，共有38个步兵师，1个坦克军，1个机械化军，3个炮兵师（其中有1个火箭炮兵师）。两集团加在一起，计有77个步兵师，3个坦克军，1个机械化军，1个骑兵军，6个炮兵师，3个火箭炮兵师。

这4个强大的方面军担任主攻任务，分别在其南北两端的乌克兰第一方面军和波罗的海沿岸第二方面军做掩护性侧翼进攻。在主攻部队后方部署的是最高统帅部强大的预备队，其中两个最有力的集团军——克列伊泽尔的第五十一集团军和扎哈罗夫的近卫第六集团军都是刚从克里米亚战场调集过来的。

与红军相比，德军"中央"集团军群的兵力十分薄弱，仅有坦克第三集团军、第四集团军、第九集团军和第二集团军，共约42个师。就是把该集团军群侧翼的其他集团的兵力也加上，总共也才只有63个师。

5月20日，华西列夫斯基在伤愈之后第一次被斯大林召到了办公室，参加军事会议。这次会议只有5个人参加，即斯大林、朱可夫、华西列夫斯基、安东诺夫和什捷缅科。他们认真审查了"巴格拉季昂"战役计划的细节问题。此时，战役计划刚刚形成，只有一份手写稿。斯大林对总参谋部制定的这份计划基本上还是满意的，并没有提出什么苛刻的要求。

在随后的几天里，华西列夫斯基和朱可夫几乎没有离开过斯大林的办公室。在与担任主攻的4个方面军的司令沟通之后，华西列夫斯基和朱可夫对战役计划进行了一定的修正。修正后的计划明确指出，"巴格拉季昂"战役计划的目的是合围并消灭明斯克地区内德军"中央"集团军群的有生力量。

5月30日，斯大林批准了"巴格拉季昂"战役计划，并将进攻的日期定在了6月19日到20日。关于这个计划的特点，华西列夫斯基曾有8个字的精彩概括："简单明了，大胆宏伟。"

四

协调战役准备进程

就在"巴格拉季昂"战役计划被批准的当天,斯大林又将华西列夫斯基和朱可夫叫到了他的办公室。华西列夫斯基很清楚斯大林把他们叫来的目的。战役计划已经通过了,斯大林又该把他们派往各方面军去帮助方面军司令准备和实施战役计划了。

华西列夫斯基猜的没错,斯大林一见到他们就把各方面军的情况简单地介绍了一下,然后问:"你们愿意到哪个方面军去?"

华西列夫斯基和朱可夫都没有正面回答斯大林的问题,而是回答说:"我愿意到任何被指定的地方去。"

斯大林抽了一口烟斗,略一思索,便说:"这样吧!朱可夫同志到白俄罗斯第一和第二方面军,华西列夫斯基同志则到白俄罗斯第三方面军和波罗的海沿岸第一方面军去。"

华西列夫斯基和朱可夫点了点头,准备离开。斯大林叫住他们说:"晚上再到我的办公室来一趟,别忘记叫上安东诺夫。"

当晚,斯大林、朱可夫、华西列夫斯基和安东诺夫4人再次在克里姆林宫斯大林的办公室里相聚了。这是白俄罗斯战役前苏联红军正副最高统帅和正副总参谋长的最后一次聚会。在这次聚会上,他们起草了给参加白俄罗斯战役各方面军的训令。

第二天,华西列夫斯基在总参谋部召见了白俄罗斯第三方面军司令员切尔尼亚霍夫斯基上将。切尔尼亚霍夫斯基因为生病的缘故,一直未能参与商讨战役计划的会议,对"巴格拉季昂"计划还不是十分清楚。华西列夫斯基向他详细地介绍了计划的全部内容和该方面军应承担的具体任务。

这是切尔尼亚霍夫斯基首次出任方面军司令员一职。他十分激动,也十分感谢华西列夫斯基。正是因为华西列夫斯基大力向斯大林推荐，年轻的切尔尼亚霍夫斯基才能当上白俄罗斯第三方面军司令的。除了切尔尼亚霍夫斯基之外，华西列夫斯基还向斯大林推荐了另外两位年轻的高级指挥人员，即乌克兰第四方面军第五十一集团军司令克列伊泽尔和近卫第六集团军司令扎哈罗夫。

后来的事实表明，华西列夫斯基确实是一位慧眼识人的帅才。他推荐的这些人都没有让斯大林失望。扎哈罗夫接替了彼得罗夫成为白俄罗斯第二方面军司令，克列伊泽尔则与他著名的第五十一集团军一起担任了白俄罗斯战役主要作战方向的主攻任务。

1944年6月4日，华西列夫斯基和朱可夫一起从莫斯科出发了。临行之前，斯大林特地为他们举办了欢送宴会。宴会很简单，参加的人也不是很多。斯大林频频向他们举杯祝酒，希望他们早日取胜，大败法西斯。

华西列夫斯基带着斯大林的祝福在当天下午4点便来到了白俄罗斯第三方面军设在斯摩棱斯克州红城附近的司令部。为了方便联系，华西列夫斯基把自己的最高统帅部代表指挥所就设在了该方面军司令部里。同他一起到达的还有红军炮兵副司令奇斯佳科夫上将和空军副司令法拉列耶夫上将。这两位副司令的任务是帮助华西列夫斯基协调炮兵和空军的行动。

根据最高统帅部的指示，白俄罗斯第三方面军的战役任务是与波罗的海沿岸第一方面军左翼及白俄罗斯第二方面军协同动作，粉碎位于其正面的德军维捷勃斯克—奥尔沙集团。为达到这一目的，白俄罗斯第三方面军司令切尔尼亚霍夫斯基决定让第三十九集团军从西南面迂回维捷勃斯克，与波罗的海沿岸第一方面军左翼协同动作，粉碎敌维捷勃斯克集团并占领该城。第五集团军穿过鲍古舍夫斯克、先诺和卢科姆利诸地区，挺进到别列津纳河上游。近卫第十一集团军和第三十一集团军则在粉碎敌奥尔沙集团后，立即沿明斯克公路干线向鲍里索夫发起进攻，并利用坦克和骑兵等快速部队来扩大和展开这一总方向上的胜利。

华西列夫斯基对切尔尼亚霍夫斯基的安排很满意，并指示他必须严格协调整个步炮兵与坦克兵和航空兵之间的行动。为了加强航空兵与步炮兵的协同，华西列夫斯基还专门召开了会议，与随行的空军副司令法拉列耶夫等一起研究了协同作战方案。

华西列夫斯基将白俄罗斯第三方面军的任务安排好之后，便马不停蹄赶到了巴格拉米扬大将指挥的波罗的海沿岸第一方面军。巴格拉米扬是华西列夫斯基在总参学院学习时的同学，两人之间一直保持着密切的联系。方面军参谋长库拉索夫与华西列夫斯基不但是同学，还长期与他在总参谋部共事，配合十分默契。

在巴格拉米扬的指挥下，波罗的海沿岸第一方面军已经按照最高统帅部的指示做好了一切准备。华西列夫斯基对他们的准备工作也感到十分满意。于是，他仅仅在波罗的海沿岸第一方面军司令部呆了一天便回到白俄罗斯第三方面军。

一切计划都已经完成了，剩下的事情便是等运输部队将承担进攻任务的部队及其所需要的物资如期运到指定位置上了。由于铁路运力的紧张，这项工作进行得很慢！华西列夫斯基十分着急。他知道，尽管一切计划都十分周密，但如果部队和物资不能被如期运到指定位置的话，一切计划都是徒劳无益的。6月13日深夜，华西列夫斯基就这件事情向斯大林作了专门的请示。他在报告中说："完成您的指示的准备工作正在全速进行，正在研究各个细节。现有部队在您指定的期限之内无疑将会准备就绪，大家对胜利充满信心。但是，铁路方面能否把炮兵第四旅和第十五旅、奥斯利科夫斯基将军的骑兵军、弹药、燃料以及罗特米斯特罗夫所属各兵团按时运到，我们仍感担心……我再次报告，开始的最后日期将完全取决于铁路工作，我们方面已经做好而且还在继续做着一切努力，以便不耽误您所规定的进攻期限。"

实际上，此时朱可夫所在的白俄罗斯第一和第二方面军也已经做了周密而又具体的战役计划，只等着部队和物资就位了。朱可夫也曾多次向斯大林提出加强铁路运输的请求。

朱可夫和华西列夫斯基的敦促终于引起了斯大林的重视。他亲自出面协调，终于迫使交通人民委员会改变了原运输计划，加强了对这4个方面军所在地区的运输力量。遗憾的是，计划修正得太晚了，部队和物资无论如何也无法按时抵达指定地点了。无奈之下，华西列夫斯基只好联合朱可夫，向斯大林请示，把进攻时间推迟到了6月23日。

在整个战争期间，作为苏联红军的总参谋长和苏联政府副国防人民委员，华西列夫斯基很难专心地从事一件事情。他不得不经常放下手上正在从事的工作，飞往莫斯科同斯大林商讨整个苏德战场，甚至是整个欧洲战场的战局。在这方面，斯大林十分倚重他。

6月18日，斯大林将华西列夫斯基召回了莫斯科。在回去的飞机上，华西列夫斯基猜想，肯定是出了问题了，不然斯大林不会这么着急地把他叫回去的。果然不出华西列夫斯基所料，北方战线的列宁格勒方向确实出了点问题。华西列夫斯基立即协助斯大林，稳住了列宁格勒方向的战局。

此时，西方盟军已经在法国的诺曼底登陆，开辟了欧洲第二战场。德军陷入了两线作战的境地，兵力明显不足了。但遗憾的是，盟军在指挥权等问题上产生了分歧，导致诺曼底登陆战役进展缓慢。斯大林对此极为不满，让华西列夫斯基对欧洲战局进行了一次简单的分析。华西列夫斯基认为，尽管盟军行动迟缓，但战场上的形势无疑会对红军越来越有利。

为了尽快实施白俄罗斯战役，斯大林在6月20日将华西列夫斯基放回了前线。距离发动白俄罗斯战役的时间越来越短，华西列夫斯基的心情变得有些紧张了。就在这时，朱可夫又打电话给斯大林，请求将进攻日期再向后推迟一天。

斯大林有些犹豫，进攻日期一再向后推迟，会不会影响战役的进程呢？他拿起电话，拨通了白俄罗斯第三方面军司令部的电话，指名要华西列夫斯基听电话。斯大林把情况跟他说了，并问他有什么意见。

华西列夫斯基慎重地回答说："斯大林同志，我需要跟巴格拉米扬和切尔尼亚霍夫斯基商量一下。我马上向您汇报结果。"

巴格拉米扬和切尔尼亚霍夫斯基认为可以将进攻日期再推迟一天。华西列夫斯基也觉得可行。如此一来，本来在6月22日夜间将调给白俄罗

华西列夫斯基元帅

斯第一方面军使用的航空兵在那天夜间便没有任务了。那么，是否可以将其调给白俄罗斯第三方面军和波罗的海沿岸第一方面军暂用呢？

华西列夫斯基将这一想法向斯大林作了汇报。他说："我们同意将进攻日期推迟一天。这样，我们就能够在6月22日夜间，即在白俄罗斯第三方面军和波罗的海沿岸第一方面军开始突击进攻之前，利用大本营派给白俄罗斯第一方面军的远程航空兵了。待我们用过之后，再让它们回到原先的位置上，即在6月23日夜间继续执行它先前的指定任务。这岂不两全其美？"

斯大林笑了，他高兴地说："我完全同意，但这必须与朱可夫元帅沟通一下。"

斯大林顿了一下，又接着说："这对你们还有一个好处，而这是您和切尔尼亚霍夫斯基同志没想到的。"

华西列夫斯基笑问道："什么好处？"

斯大林笑着说："你们可以多增加一天的进攻时间嘛！"

五

合围维捷勃斯克之敌

1944年6月21日深夜，白俄罗斯第三方面军和它左右两翼的白俄罗斯第二方面军、波罗的海沿岸第一方面军的突击部队悄悄进入了指定的作战出发地。华西列夫斯基一直坐在白俄罗斯第三方面军设在一片森林中的司令部里，静候前线传递来的消息。司令部里电话铃声不断，参谋人员往来穿梭，看上去十分繁忙。

6月22日上午，白俄罗斯第三方面军和其他几个地段上的红军向当面的德军阵地发起了火力侦察。侦察突击队冒着敌人时不时射过来的子弹，向德军阵地冲去。与此同时，远程航空兵的轰炸机群和歼击机群正悄悄地往指定机场转移，炮兵部队也将原先隐蔽起来的炮群退去了伪装，将炮筒直指战场前方。

华西列夫斯基和白俄罗斯第三方面军的司令部人员坐在地图前，密切地注视着工作人员在地图上移动着代表各部队和装备的标识。到了下午，华西列夫斯基以最高统帅部代表的身份向各方面军的部队下达了战斗命令，军事委员会也向部队的全体党员和团员下发了作战号召书。各部队将士的士气高涨，都做好了为祖国献身的准备。

华西列夫斯基紧锁着眉头，将视线转向了身旁的电话机。切尔尼亚霍夫斯基知道总参谋长在想什么。如今已经万事俱备了，只缺一样东西，那就是适合飞机起飞的好天气。气象部门已经汇报了好几次，晚上到次日清晨的天气状况不是很好，并不适合飞机起飞。

6月22日晚上9点，气象部门的最后一次天气预报结果出来了。切尔尼亚霍夫斯基拿起电话，静静地听着。放下电话后，他转向华西列夫斯基，惆怅地说："和前几次的预报结果一样，今日午夜至明天上午仍是阴转多云的天气。"

华西列夫斯基皱了一下眉头，站起身来，轻轻地在司令部里踱起了方步。过一会儿，他转过身子，面向切尔尼亚霍夫斯基，以征询的口吻说道："我看，我们只能在没有远程航空兵支援的情况下单独使用炮兵火力配系了。无论如何，进攻时间也不能拖后了，这是全局的需要。"

切尔尼亚霍夫斯基赞同地点了点头。他拿起电话，拨通了红军炮兵副司令奇斯佳科夫上将的号码，请他马上过来一趟。在白俄罗斯第三方面军的司令部里，华西列夫斯基、奇斯佳科夫、切尔尼亚霍夫斯基共同讨论了加强炮群火力配属的问题。奇斯佳科夫表示，他将尽一切努力，配合突击队作战。

华西列夫斯基点了点头，将视线再次转向了作战地图。他默默地等候着前线传回来的最新消息。晚上10点45分，方面军参谋部和作战部的两位工作人员来到了司令部，向华西列夫斯基和切尔尼亚霍夫斯基报告说："火力侦察的结果表明，正面敌军的防御没有出现新的变化。另外，部队还发现了他们的几个防御炮火配系。"

华西列夫斯基高兴地说："太好了！我们的先遣队现在到达了什么位置？"

两位工作人员回答说："各先遣部队已经到达了敌人的第一道堑壕，部分部队已经在其防线上撕开了缺口。波罗的海沿岸第一方面军近卫第六集团军所属的第二十二军已经在缺口上突入到敌人防御纵深达6公里了。他们的先遣营已经突破了敌人的第二道堑壕。"

华西列夫斯基看了一眼切尔尼亚霍夫斯基，征询他的意见。切尔尼亚霍夫斯基明白华西列夫斯基的意思，用力地点了点头。华西列夫斯基坚定地说："好吧，那就下命令吧！"

切尔尼亚霍夫斯基抓起电话，对各部队下达了按预定计划进行的作战命令。随后，华西列夫斯基通知了波罗的海沿岸第一方面军和朱可夫。

6月23日清晨6点，战斗正式开始了。炮兵部队强大的火力打破了清晨的宁静，德军阵地上立即传来了天崩地裂的声音。在波罗的海沿岸第一方面军的作战地段上空还响起了轰炸机的呼啸声。原来，波罗的海沿岸第一方面军司令巴格拉米扬和空军作战部队专门挑选了90架轰炸机和优秀飞行员，让其在恶劣气候条件下去执行任务。这些飞行员都是身经百战的老战士了，他们丝毫没有将自己的生死放在心上。

40分钟后，炮火和飞机的轰炸声逐渐平息了。白俄罗斯第三方面军和波罗的海沿岸第一方面军的地面突击集群向德军阵地发起了强大的攻势。没有丝毫准备的德军惊慌失措，纷纷后退。他们一直坚信德军最高统帅部的判断，红军的夏季攻势将是南方方向，根本不可能是他们所在的西部正面。所以，当白俄罗斯第三方面军和波罗的海沿岸第一方面军发起火力侦察的时候，他依然认为这只是红军的小规模骚扰。当他们见到白俄罗斯第三方面军和波罗的海沿岸第一方面军大举来攻之时，一切都晚了。

经过激烈的战斗，白俄罗斯第三方面军和波罗的海沿岸第一方面军于6月25日下午将德军维捷勃斯克集团合围了。红军部队所过之处，到处都是德军坦克的残骸和士兵的尸体。在战斗特别激烈的地方，连土地和甚至刚刚冒出头的小草都被双方战士的血液染成了黑红色。

华西列夫斯基与白俄罗斯第三方面军司令切尔尼亚霍夫斯基、波罗的海沿岸第一方面军司令巴格拉米扬通了电话。他主张对该地区的德军围而不攻，以使红军主力可以继续向西挺进，以追求更大的战果并扩大战役的成功。切尔尼亚霍夫斯基和巴格拉米扬同意华西列夫斯基的主张。于是，华西列夫斯基便将白俄罗斯第三方面军第三十九集团军和波罗的海沿岸第一方面军的第四十三集团军各留下一部，不断压缩合围圈，其他部队则全部继续向西推进。

六

解放白俄罗斯全境

1944年6月26日下午，红军将维捷勃斯克合围圈压缩到了极限，并向德军发出了最后通牒。德军提出给他们几个小时的考虑时间，红军答应给他们两个小时的时间。于是，枪声暂时停止了，被合围的德军各部队召开了内部讨论会，下级军官和士兵们都主张投降，但高级军官则坚持认为，希特勒会派援军来解救他们，主张继续抵抗。

讨论陷入了僵局，两个小时的时间很快过去了。红军战士们一边向德军士兵喊话，一边发起了攻击。他们所到之处，德军士兵纷纷走出战壕，缴械投降了。高级军官下达的继续抵抗的命令根本不起任何作用。在被俘的敌军中，竟然还有4名将军。

华西列夫斯基和白俄罗斯第三方面军司令切尔尼亚霍夫斯基及在此的苏联空军副司令便分别对他们进行了突击审讯。华西列夫斯基审讯的是德军步兵第五十三军军长戈尔维策上将。有趣的是，戈尔维策上将居然不知道他的部队已经土崩瓦解了。他对华西列夫斯基说："元帅，我的被俘纯系偶然，是我个人疏忽的结果。

华西列夫斯基和切尔尼亚霍夫斯基审问战俘

我的部队仍在城郊地区与你们作战，你是否可以告诉我郊外战斗的最近进展情况。"

华西列夫斯基笑了一下，不动声色地回答说："当然可以，您的要求完全可以得到满足。但我想关于这方面的情况，您最好还是亲自向您的部下打听一下。"

戈尔维策一时怔住了，他不知道华西列夫斯基说的话是什么意思。这时，华西列夫斯基向门外喊了一声："带进来吧。"

几分钟后，德军第五十三军下属的第二〇六师师长希特尔中将和他的参谋长施米特上校一起低着头慢慢地走了进来。华西列夫斯基看了戈尔维策上将一眼，平静地说道："请您直接问他们吧。"

戈尔维策跌坐在椅子上，一句话也说不出来了。他无论如何也没有想到，他的士兵居然会不顾命令，私自向红军投降，致使高级指挥官一个个被俘了。

维捷勃斯克大捷的当天，华西列夫斯基便向最高统帅部上报了战况，并请求斯大林授予切尔尼亚霍夫斯基大将军衔，将另外4位集团军司令级的中将提升为上将。斯大林毫不犹豫地同意了华西列夫斯基的请求。切尔尼亚霍夫斯基等人高兴极了，他们觉得跟着华西列夫斯基干真是太值了，一战下来，个个都官升一级。斯大林也乐坏了，他命令在红场为白俄罗斯第三方面军和波罗的海沿岸第一方面军鸣放礼炮，以祝贺他们解放维捷勃斯克之功。同时，他还向前线部队发来了嘉奖令，要求嘉奖所有参加该市解放以前围城的各个部队，并要求华西列夫斯基授予表现最为优异的部队"维捷勃斯克"的称号。

与红军的大张旗鼓的庆功相比，希特勒则气急败坏地撤了时任"中央"集团军群司令布什元帅之职，

1945年2月，白俄罗斯第三方面军军事委员会委员马卡罗夫、华西列夫斯基、参谋长波克罗夫斯基。

并命令德国陆军元帅莫德尔接任该职。希特勒这种一旦失败便将责任推到指挥官身上的伎俩没能阻止德军败退的步伐，40天后，可怜的莫德尔元帅也因德军的节节败退被解职了。

在第三十九集团军和第四十三集团军各一部解放维捷勃斯克之时，白俄罗斯第三方面军和波罗的海沿岸第一方面军其他各部队继续向西推进。他们一路攻城略地，进展十分顺利。华西列夫斯基意识到，巴格拉米扬的波罗的海第一方面军部队很快就会解放其正面的列佩尔和波洛茨克，切尔尼亚霍夫斯基的白俄罗斯第三方面军也将在夺取鲍里索夫之后，向白俄罗斯的首都明斯克进军。如此一来，红军必须立即着手准备下一阶段的战役，不能让德军缓过气来，在白俄罗斯东北和东面筑起任何一条新的防线。华西列夫斯基决心一鼓作气地将德军彻底赶出白俄罗斯，赶出整个西部国境线。

1944年6月29日，华西列夫斯基同斯大林通话时提出：在全部解决白俄罗斯境内德军的同时，必须着手进行解放波罗的海沿岸地区的战役。他还特别指出，要做到这一点，就必须让波罗的海沿岸第一方面军前出到波兰和东普鲁士边境，从而彻底切断敌军"北方"集团军群和"中央"集团军群的联系，以便坚决彻底地歼灭德军"中央"集团军群。

斯大林对华西列夫斯基的这种分析表示完全赞同，并答应他可以在前线开始具体部署和组织。华西列夫斯基早已做好计划。他当即要求斯大林把直属最高统帅部的预备队中精锐的近卫第二集团军和第五十一集团军划拨给波罗的海沿岸第一方面军。斯大林同意了华西列夫斯基的这一请求。随即，华西列夫斯基又以总参谋部的名义将靠近波罗的海沿岸第一方面军右翼的白俄罗斯第三方面军强大的第三十九集团军拨给了巴格拉米扬指挥。如此一来，波罗的海沿岸第一方面军就成为了当时最为强大的一支方面军，这为日后红军前出到波兰和东普鲁士边境奠定了基础。

做好了下一步的战役准备之后，华西列夫斯基立即要求各部队全力向前推进，尽快解放明斯克。明斯克是白俄罗斯共和国的首都，希特勒希望能将这座城市变成德军在苏联作战的最后一座堡垒。因此，他严令德军"中央"集团军群司令莫德尔无论如何也要守住这座城市。莫德尔绞尽脑汁，在明斯克以东建立起一条由多尔基诺沃到戈洛伊斯克、斯莫列维奇直至切尔文的强大防线。为了加强防御力量，希特勒还特地从苏德战场的其他地段和西线调集一些新的预备兵团，并将"中央"集团军群的一些警备部队和特种部队也都调到了此地。可以说，希特勒在搞孤注一掷的冒险行为。

希特勒苦心积虑的安排并没有挡住红军强大的攻势，白俄罗斯第三方面军在朱可夫所在的白俄罗斯第一和第二方面军的配合下，迅速合围了明斯克。莫德尔这才发现，他处心积虑调集的部队全部成了瓮中之鳖，想要脱身都很难了。白俄罗斯的3大方面军正在呈向心运动向他压来：在西北和北部的是第三方面军，正东面的是第二方面军，在南部和西南的是第一方面军。

疯狂的德军像没头的苍蝇一样，到处乱撞，企图突破红军的包围圈。从7月4日开始，德军先后向北、西南和正南方向做了3次徒劳无益的冲锋。红军战士们像是猫逗老鼠一样，把德军耍得团团转。在这3次突围中，红军消灭了德军大约4个师的兵力。德军已经基本丧失了抵抗能力。按照最高统帅部的要求，华西列夫斯基和朱可夫商议，将最后消灭合围圈内敌军的任务交给整个白俄罗斯第二方面军及白俄罗斯第三方面军所属第三十一集团军，其他部队则向西追击德军的溃兵。后来，他们又将白俄罗斯第二方面军的大部分部队调走，只留下白俄罗斯第二方面军的第三十三集团军和原指定的白俄罗斯第三方军第三十一集团军来完成，并决定将第三十三集团军归入白俄罗斯第三方面军建制。

7月12日，合围圈中的德军终于抵挡不住了，纷纷走出战壕缴械投降了。由于白旗不够用，有些德军士兵甚至把白衬衣一撕两半，把枪筒穿到一只袖管内高高扬起，主动走向红军阵

白俄罗斯战役期间的华西列夫斯基

地。在此一役中，德军被俘者约 3.8 万之多，其中军官达 780 多名，将官 11 名。德军"中央"集团军群基本瓦解了，白俄罗斯战役第一阶段的战事结束了。

随后，3 个白俄罗斯方面军波罗的海沿岸第一方面军奉命继续向西运动，进一步扩大突破口，横扫西线全部德军，将其驱逐出苏联国境。到 8 月下旬，白俄罗斯全境获得了解放。红军将整个西部战线一口气向前推进了 600 公里，其中白俄罗斯第一方面军已经前进到波兰首都华沙城下。

·第九章·

驰骋东普鲁士

一

波罗的海沿岸受挫

苏联位于波罗的海沿岸的立陶宛、拉脱维亚、爱沙尼亚3个加盟共和国在苏德战争爆发初期就被德军攻占了,长期处于德军"北方"集团军群控制之下。3年多来,这里成了德军向列宁格勒和加里宁等北方地区实施进一步侵略的主要基地。

德军"北方"集团军群的力量十分强大,直到1944年夏季,红军在这一地区的兵力和装备上仍然暂时处于劣势。不过,红军和当地的居民从来就没有放弃过解放这一地区的努力。从1942年冬季列宁格勒的危机被基本解除后,红军在整个北部地区和波罗的海沿岸组织了多次大规模的战役,在一定程度上消耗了德军的有生力量。

在白俄罗斯战役顺利进行的同时,华西列夫斯基就已经向斯大林提出了解放波罗的海沿岸的计划。到1944年7月中旬,波罗的海沿岸第一方面军已经按照华西列夫斯基的部署,推进到了波罗的海沿岸。立陶宛的大部分地区已经获得了解放。在这种情况下,红军最终消灭德军"北方"集团军群有生力量、解放波罗的海沿岸广大地区的条件成熟了。斯大林遂将波罗的海沿岸第二方面军也交付华西列夫斯基,由他统一部署波罗的海沿岸战役。如此一来,华西列夫斯基手上便有了白俄罗斯第三方面军和波罗的海沿岸第一、第二方面军3个强大的方面军。

按照最高统帅部的要求,华西列夫斯基对红军在西北和北部地区的兵力进行了统一部署。他要求切尔尼亚霍夫斯基指挥的白俄罗斯第三方面军负责向西稍北的方向进攻,攻击矛头直指立陶宛首都维尔纽斯及由此到考纳斯、普里涅曼尼耶一线,以断然切断敌"北方"集团军群各部与东普鲁士之间的联系;巴格拉米扬指挥的波罗的海沿岸第一方面军则死盯德军德文斯克集团的正面，从德文斯克向里加方向发动进攻，最终前出到波罗的海沿岸并切断敌军由此向东普鲁士的交通线；叶廖缅科指挥的波罗的海沿岸第二方面军则应向列泽克涅方向发动进攻，同时在左翼协助巴格拉米扬部对德文斯克的攻击。

红军3大方面军迅速行动，按照华西列夫斯基的命令，对敌第十六和第十八两大集团军进行了分割合围。到7月20日，红军已经解放了维尔纽斯、德文斯克等众多战略要地，束缚并大大地削弱了敌第十六和十八集团军的力量，使其丧失了在波罗的海沿岸到普鲁士之间自由机动的能力。

华西列夫斯基仔细研究了战场的形势，认为彻底封锁波罗的海德军的时机已经成熟了。在与斯大林进行了沟通之后，华西列夫斯基要求各部队对当面之敌发动突击。红军节节胜利，到8月初已经完全切断了德军"北方"集团军群与德国本土的陆路联系。

随着战争进程的加快，红军最高统帅部加强了对各方面军的领导。华西列夫斯基和朱可夫两位元帅先后接到斯大林的命令，要他们在协调各方面军行动的同时，加强对战役作战的直接指挥。华西列夫斯基敏感地意识到，这种由大本营直接指挥各方面军的新的指挥形式，可能是最高统帅的某种过渡性举措。随着战争进程的加快，战场向苏联境外转移，由最高统帅部直接指挥各方面军有利于减少中间环节，增加部队的灵活性和攻击效能。

获得了更大的指挥权之后，华西列夫斯基立即向斯大林请示，要求将坦克第五集团军和原属波罗的海沿岸第二方面军的第四集团军调入波罗的海沿岸第一方面军，加强该集团军防御正面。斯大林同意了他的请求。华西列夫斯基立即命令波罗的海沿岸第一方面军司令巴格拉米扬在米塔瓦（今叶尔加瓦，苏联称为米塔瓦，拉脱维亚则称其为叶尔加瓦）至夏乌里亚一线严加部署波罗的海沿岸第一方面军的前沿和纵深，以准备随时击退德军的反突击。与此同时，华西列夫斯基又指示波罗的海沿岸第二和刚刚划给他指挥的波罗的海第三两方面军立即对里加实施南北夹击作战。

8月10日，马斯连尼科夫中将指挥的波罗的海沿岸第三方面军右翼部队首先在北部打响了塔尔图战役。随后，方面军的左翼也开始按计划沿爱沙尼亚和拉脱维亚边界地带向西推进，以策应在南部战线上已经开始突击里加方向的波罗的海沿岸第二方面军。8月13日,叶廖缅科指挥的波罗的海沿岸第二方面军攻占了马顿那,距里加已经不到150公里了。但就在此时,他们突然遇到了德军顽强的抵抗,推进速度明显地减慢了。

华西列夫斯基判断,德军有意加强在这一线的防守,甚至可能会发起反攻。华西列夫斯基的判断没有错。情报部门很快探知,德军已经沿麦麦列河地区部署了7个步兵师,建立了强大的防御。德军另外一支军队集团正在里加以南的森林中集结,企图从北面突击进攻米塔瓦。在夏乌里亚以西地区,德军也正在大批集结部队,准备发动反击。华西列夫斯基与巴格拉米扬商议之后,在这两个重要方向上布置了强大的防御措施,其中还安排了近卫机械化第三军的反突击行动。

8月16日,德军的突击行动果然开始了,其反攻的重点在米塔瓦附近。德军以6个坦克师和一个摩托化师、两个坦克旅的强大兵力向红军展开了强大的攻势。波罗的海沿岸第一方面军挡住了德军在夏乌里亚附近的攻势,但米塔瓦地区却接连败退。经此一役,德军撕开了红军的防线,获得了一条宽约50公里、长达1000公里的防御地带。在这条防御地带的南端,经过日穆季直接可达东普鲁士边界。如此一来,德军"北方"集团军群与东普鲁士之间的联系又恢复了。

红军这次失利说明,德军在波罗的海沿岸还有相当的实力。但红军却无法再向这一地区大规模增兵了,因为其他各方向部队的消耗都很严重,都等着从预备队抽调兵力呢!华西列夫斯基和斯大林都意识到,随着红军在波罗的海沿岸战线的拉长,燃料、弹药等后勤供应都发生了困难。而且,部队连续作战数月已经十分疲惫了,需要好好休整一下。

鉴于这些原因,斯大林并没有因红军的这次失利而责备华西列夫斯基,反倒主动向波罗的海沿岸各方面军补充了必要的兵力、装备及弹药等。8月29日,斯大林给华西列夫斯基下达了一道训令,让他专心致志地部署波罗的海沿岸地区的全部兵力,并准备下一次更有效的进攻。为了减轻华西列夫斯基肩上的任务,斯大林将白俄罗斯第三方面军的指挥权从他肩上卸了下来,以便他专心指挥波罗的海沿岸3个方面军。

二

解放波罗的海沿岸

1944年秋季，红军在波罗的海沿岸的兵力部署与德军相比已经占据了绝对优势。华西列夫斯基指挥的波罗的海沿岸3个方面军和列宁格勒方面军的总兵力已达90多万人，装备有近17500门火炮和迫击炮、3000多辆坦克和自行火炮、2600多架作战飞机，波罗的海舰队也奉命从海上支援列宁格勒方面军作战。海军航空兵和远程航空兵都严阵以待，随时准备行动。如此一来，红军在波罗的海沿岸的飞机已达到3500多架，掌握了制空权。

红军当面的德军"北方"集团军群的兵力约70余万人，大约700多门火炮和迫击炮，不少于1216辆坦克和强击炮、近400架作战飞机。尽管红军在兵力和装备上都占据绝对优势，但红军战士对当地的地形却不是十分熟悉，在地利上处于劣势。另外，德军还有所能凭借的还有坚固的防御工事。红军要想迅速解放波罗的海沿岸并不是一件容易的事情。

华西列夫斯基十分清楚这一点，在准备实施战役计划时也格外细心。到9月中旬，华西列夫斯基已经对3个波罗的海沿岸方面军重新作了部署。列宁格勒方面军也已经部署完毕，准备消灭德军"北方"集团军群。

9月11日，整个波罗的海沿岸地区忽然下起了暴雪。狂风卷着雪粒打在脸上又冷又疼。但战士们并没有因为暴风雪而减缓进攻准备的进程。离进攻时间越来越近了，华西列夫斯基决定到前线各部队去看一看。华西列夫斯基乘坐着越野车，冒着暴风雪在各方面军之间穿梭。直到13日下午，他才风尘仆仆地从波罗的海沿岸第三方面军赶回他设在第一方面军的指挥所。经过这次视察，华西列夫斯基心里有了底，各方面军的准备工作做得都不错。

9月14日凌晨，华西列夫斯基向各方面军下达了作战命令。波罗的海沿岸3个方面军冒着暴风雪，向德军阵地发起了猛烈的进攻。红军的炮火几乎把德军阵地翻了个底朝天。爆炸产生的热量烤化了积雪。雪水混着德军士兵的血液，在整个阵地上蔓延开来，将泥土染成了黑红色。

德军根本没有想到红军会在如此恶劣的气象条件下实施突击。无论是军官，还是普通士兵都没有做任何防御准备。大部分士兵都缩在大衣里，烤着火，抽着烟，聊着天呢！当红军的炮火响起之时，他们才想起来往掩体里撤退。但一切都太迟了，惊慌失措的德军伤亡惨重。直到两天之后，他们才组织起来有效的抵抗。

德军已经意识到这是他们在苏联境内最后一片战场了，如果再后退一步，红军就会把战火烧到他们的家乡。因此，这些士兵的抵抗十分顽强，甚至一度还发起了反击。红军陷入了苦战之中。经过一个多星期的战斗，红军在付出了惨重的伤亡代价之后才向前推进了60~80公里。

华西列夫斯基十分焦急，怎么办呢？照这样下去，红军根本不可能取得这次战役的胜利。恰在这时，最高统帅部给华西列夫斯基和巴格拉米扬送来了最新情报。情报上说，在克莱彼达州的德国坦克第三集团军地段上，敌人的兵力总数不超过8个师，其余的都被派往米塔瓦附近去营救那里的"北部"集团军群去了。随后，波罗的海沿岸第一方面军的侦察部队也印证了这一消息。

华西列夫斯基判断，德军此举在于保住其"北方"集团军群与东普鲁士之间的联系通道，以便在必要时将"北方"集团军群全部撤离波罗的海沿岸地区。华西列夫斯基微笑了一下，淡淡地说："说什么也不能让这部分敌军跑了。"

巴格拉米扬知道华西列夫斯基的意思。红军3个波罗的海沿岸方面军苦战数月，其目的之一便是切断德军"北方"集团军群与东普鲁士之间的陆上通道，以便全歼该部分德军。如果让德军保住了这一通道，旷日持久的波罗的海沿岸地区的作战就要功败垂成了。

华西列夫斯基立即与巴格拉米扬分析了战场上的最新形势，果断地决定暂时放下里加附近的战役计划，先在南部海岸的麦麦尔地区堵住德军"北方"集团军群的退路。这样，还正可以利用该地区敌坦克第三集团军的暂时弱势。

9月22日，华西列夫斯基通过电话将这一想法向斯大林作了汇报。斯大林听了华西列夫斯基的报告，十分高兴，立即答应了他的请求。他在电话中对华西列夫斯基说："看来，这就是英雄所见略同啊！你们的分析和我的想法完全一样。我认为，你们应该把主要突击力量转到希奥利艾地域，从那里组织一个强大的突击集团向麦麦尔实施进攻。我看，这只要巴格拉米扬的一个方面军就够了。"

华西列夫斯基反问道："为什么不组织得更强大些呢？我们认为，如果组织一个更加强大的突击集群，不仅可以堵住德国人的逃路，还可以同时全歼坦克第三集团军。"

斯大林有自己的考虑，他对华西列夫斯基说："不，我目前的想法是，在你们实施这一新的突击行动时，还不能减弱另两个方面军在里加方向上的攻击。同样，也不能减弱列宁格勒方面军在爱沙尼亚的进攻。"

华西列夫斯基不明白斯大林在顾虑什么，但是他知道斯大林一旦做出什么决定的话，别人是很难说服他的。华西列夫斯基回答说："好，我现在就着手部署您建议的行动。"

经过一番紧张的部署，华西列夫斯基将第四、第四十三、第五十一和近卫第六集团军、近卫坦克第五集团军、近卫机械化第三军和独立坦克第一军等5个强大的集团军及2个独立军秘密调集到了希奥利艾以北地区，准备发动麦麦尔战役。这些部队大多属于波罗的海沿岸第一方面军指挥。如此一来，原本由波罗的海沿岸第一方面军防守的里加以南地区便出现了空虚。华西列夫斯基在这些地段加强了空军轰炸的力度，让德军错误地以为红军将在这些地段发动新的进攻。与此同时，他又将波罗的海沿岸第二方面军的部分部队抽调到了这些位置。

9月24日，最高统帅部正式训令到达，要求把进行这一战役的任务全部交给波罗的海沿岸第一方面军。但几天之后，斯大林又打电话给华西列夫斯基和巴格拉米扬说，经他再三考虑，这一任务应以波罗的海沿岸第一和第二两个方面军来协力完成。此外，白俄罗斯第三方面军的第三十九集团军也应加入战役，沿涅曼河进攻，以协助波罗的海沿岸第一方面军的行动。华西列夫斯基乐坏了，表示坚决执行最高统帅的命令。斯大林又告诉他，战役行动应在10月5日发起。

为了让华西列夫斯基将所有的精力都放在麦麦尔方向，斯大林在10月1日解除了华西列夫斯基对波罗的海沿岸第二和第三方面军的协调职责，将这两个方面军的协调职责交给了兼任列宁格勒方面军司令的戈沃罗夫大将。与此同时，斯大林将原本就白俄罗斯第三方面军的协调权再次交给了华西列夫斯基。

在华西列夫斯基秘密准备麦麦尔战役之时，德军一直盯着里加方向。根据希特勒的指示，德军企图在里加方向击退红军之后，再乘胜追击。因此，当红军在10月5日凌晨发动麦麦尔战役之时，毫无准备的德军又吃了大亏。

希特勒这才明白自己中了华西列夫斯基的计谋，急忙命令在波罗的海沿岸的部队由里加附近通过库尔兰向东普鲁士撤退。华西列夫斯基则命令近卫坦克第五集团军迅速前出到波罗的海沿岸。与此同时，近卫第六集团军和突击第四集团军则迎锋上前，牢牢地堵住了已经进抵萨尔杜斯、普利耶库采地区敌"北方"集团军群的退路。

到10月10日，华西列夫斯基截断德军向东普鲁士撤退通道的计划终于实现了。在德军"北方"集团军群的前方是红军近卫坦克第五集团，在其后方则是近卫第六和突击第四集团军。德军近40个师的大军只好一面组织拼死抵抗，一面后退至预先构筑好的库尔兰防御地带。德军从波罗的海沿岸地区向东普鲁士撤逃的计划彻底破产了。

10月15日，红军趁势解放了里加。随后，波罗的海沿岸第二和第三方面军迅速肃清了所有拉脱维亚西部的德军。列宁格勒方面军也解放了爱沙尼亚的首都塔林，爱沙尼亚全境获得解放。到11月底，整个波罗的海沿岸地区只剩下了麦麦尔合围圈和"库尔兰圈"内的德军了。在"库尔兰圈"的德军大约有33个师的兵力。由于该半岛地势极为复杂，内部纵深又相当广大，德军在这里还有相当的机动自由，波罗的海沿岸第一和第二方面军的数次攻击均未取得预期效果，华西列夫斯基便同斯大林沟通，让空军部队、波罗的海舰队联合两个波罗的海沿岸方面军对该岛实施立体封锁，让德军在这个寒冷的半岛上尝尝缺衣少穿的严冬的滋味。

在波罗的海沿岸战役接近尾声之时，红军最高统帅部取消了波罗的海沿岸第三方面军的建制，将其一部分部队转入了直属最高统帅部的预备队，另一部分则归入波罗的海沿岸第二方面军的建制。白俄罗斯第三方面军也根据斯大林的要求，直接把指挥权上交到了最高统帅部。如此一来，华西列夫斯基手下就剩波罗的海沿岸第一和第二方面军了。但这两个得到加强的方面军十分强大，基本上可以算得上红军部队中最强大的方面军。在华西列夫斯基的领导下，这两个强大的方面军牢牢地控制着"库尔兰圈"内的德军。

不幸的是，华西列夫斯基在这个时候却意外地遭遇了一场车祸。一天清晨，华西列夫斯基乘坐他的越野车从波罗的海沿岸第二方面军司令部往波罗的海沿岸第一方面军司令部赶去。早晨的空气特别清新，华西列夫斯基打开车窗，一边看着窗外的风景，一边思考着下一步的作战计划。

越野车飞快地在路面上奔驰着。突然，一辆越野吉普车从对面飞了过来。没等司机反应过来，那辆吉普车就撞到了华西列夫斯基的车身上。"嘭"一声巨响，华西列夫斯基便被重重地甩到了车外，车子也歪歪地倒在了路边。

副官吃力从车子里钻了出来，爬到华西列夫斯基的身边，将他扶起来，喊了几声"元帅"，华西列夫斯基才慢慢地睁开眼睛。他的视线有些模糊，只感到头部和腰部剧痛难忍。副官细心地问："元帅同志，您哪里不舒服？"

华西列夫斯基忍痛说："我没事！"

这时，肇事司机歪歪扭扭地走了过来。这名司机是一个年轻的上尉，还是一个军官呢！但当他看到躺在地上的华西列夫斯基肩上佩戴着元帅肩章之时，立时被吓呆了。他慌慌张张地从腰间拔出手枪，蹲下来，双手呈递给华西列夫斯基，战战兢兢地说："元帅同志，请您枪毙我吧！我真该死，怎么竟撞到了您啊！"

华西列夫斯基抬手轻轻推开了上尉手中的手枪，微微摇了摇头。他在心里想，这名年轻的上尉肯定是喝醉了酒。不过，现在他的酒也应该被吓醒了。副官可没有华西列夫斯基那么仁慈，他拔出腰间的手枪，指着那名上尉吼道："他妈的，老子枪毙了你！"

华西列夫斯基制止了他。副官这才收敛怒容，对那名上尉说："你这个冒失鬼！赶紧收起武器，到你的部队里去如实报告这里所发生的一切！"

副官和几名随从将华西列夫斯基抬到了附近的一个集团军机关。军医认真地检查了他的伤口，并进行了包扎。随后，华西列夫斯基便要求副官将他送到巴格拉米扬的司令部。在巴格拉米扬那里，华西列夫斯基躺了10天，又开始正常工作了。

不过，他谁也没有告诉，他的肋骨一直在隐隐作痛。一个月后，华西列夫斯基奉命到莫斯科讨论作战计划。直到这时，他才抽时间作了一次X光检查。一查，在场的医生都吓坏了，他的两根肋骨被撞成骨折了。

这下可吓坏了那名上尉和他所在部队的司令。那名司令要将这个冒失的上尉送到军事法庭，因为他撞伤了红军总参谋长。华西列夫斯基闻讯，急忙制止了那名司令。

华西列夫斯基经过调查才知道，那名肇事的年轻上尉是一个前线的侦察连长。那天夜里，他刚刚出色地完成了一次责任重大的任务。他是要急着赶回部队去向上级首长报告，才酿成了这次车祸。没有多久，华西列夫斯基又听说，这名上尉光荣地获得了"苏联英雄"的称号。

三

部署东普鲁士战役

随着波罗的海沿岸战役的节节胜利，出兵东普鲁士便被红军最高统帅部提上了日程。东普鲁士是俄国人的伤心地。在第一次世界大战期间，沙皇军队曾在这里遭到德军的毁灭性打击。第一次世界大战末期，德军一度想通过这里占领沙俄的首都圣彼得堡！苏德战争爆发初期，德军"北方"集团军群也是从这里突入苏联，横扫立陶宛，将矛头直指对苏联人有着特别重要的政治意义和精神价值的列宁格勒（即原来的圣彼得堡）。如今，红军基本上已把德军全部赶出了苏联境内，是时候向德国本土进军了。

对德军来说，东普鲁士的政治和战略意义十分重要。从战争爆发之前，一直到1944年冬季，被称为"狼穴"的德军最高统帅部一直设在这里。如果东普鲁士有失，德军在精神上势必会遭到沉重的打击。

德军最高统帅部位于拉斯登堡附近的一群距地面很深的坚固地堡群中。在"狼穴"的上面是一片不大的树林，用来作为防空伪装。其地下核心部分共由10个地堡组成，地堡的后部和卧室都在两米厚的钢筋混凝土之下。希特勒本人所在的地堡内，除了工作室、卧室之外，还有一间可作小范围讨论的会议室，它们都在里边装着单独的木板房。1944年秋季，随着红军将战线推进到了波罗的海沿岸，接近了东普鲁士，希特勒还特别加固了地堡。

东普鲁士的地理位置也十分重要，它是从波兰北部和立陶宛进入德国并由此通向柏林进军的通道。为了保住东普鲁士，希特勒在东普鲁士与波兰毗邻之地构筑了坚固的防御工事。这些防御工事不论在工程技术方面还是火力配系方面都是当时世界上最为先进的。再加上当地复杂的地理环境，这一防御纵深的总深度可达150～200公里。

谋略元帅 · moulueyuanshuai ·

华西列夫斯基 · huaxiliefusiji ·

除了坚固的工事之外，希特勒还在这里部署了强大的防御部队。德军"中央"集团军群在白俄罗斯地区被歼后，残部撤退到了这里。休整后的"中央"集团军群辖坦克第三集团军、第四和第二集团军，总计兵力 41 个师和一个独立旅，其中有 3 个坦克师和 4 个摩托化师，约 58 万人。部队装备有 8200

1945 年 1 月，比利时卢森堡，德国防御反击战中，一名德国士兵背着弹药。

门火炮和迫击炮、700 辆坦克和强击炮及第六航空队的 515 架作战飞机。除此之外，希特勒还在这一地区部署了约 20 万人的所谓的"民众冲锋队"。

在华西列夫斯基指挥波罗的海沿岸第一和第二方面军进行波罗的海沿岸战役之时，东普鲁士战役就已经开始了。1945 年 1 月 13 日，切

1945 年 1 月，一小队苏联士兵带着他们的武器艰难渡过一条河流。

尔尼亚霍夫斯基指挥白俄罗斯第三方面军，罗科索夫斯基指挥白俄罗斯第二方面军，协同揭开了战役序幕。

这两个方面军无论在兵力上，还是在装备上，都占有绝对的优势。部队共有 14 个诸兵种合成集团军、一个坦克集团军、两个空军集团军、8 个坦克机械化军和一个骑兵军，总兵力约 160 万左右。部队装备有 21500 门火炮和迫击炮、3800 辆坦克和自行火炮以及 3000 多架作战

1945 年 1 月 9 日，被美军第四装甲师俘虏的德国士兵，站在比利时巴斯托捏遍地废墟的大街上。

飞机。

凭借着强大的兵力和装备优势，白俄罗斯第二和第三方面军迅速突破了德军以为固若金汤的防线。到1月18日，红军便向前推进了80～100公里，占领了东普鲁士东南、东北及北部的广大地区。到1月底，白俄罗斯第三方面军部队已前出到哥尼斯堡南北两面的海边，白俄罗斯第二方面军部队也前出到了被一个沙嘴与但泽湾分开的弗里齐斯—哈弗湾地带。至此，东普鲁士德军集团已经被挤到了海边，并切断了它与波罗的海沿岸的"北方"集团军群的联系。

疯狂的希特勒为了挽回在东普鲁士和波罗的海沿岸的败局，取消了"中央"集团军群的建制，将其整体划拨给了"北方"集团军群，以加强部队的指挥。如此一来，德军的"北方"集团军群便被分割成了3个互不联系的部分，其中有4个师被逼迫到了泽姆兰德半岛的海边，5个师连同要塞部队被围困在哥尼斯堡，将近20个师被分割合围在哥尼斯堡以南的广大地区。

1月28日，在白俄罗斯第三方面军侧翼行动的波罗的海沿岸第一方面军终于攻占了被围困长达3个多月之久的敌麦麦尔集团，守敌3个师被全歼。北部沿海的"库尔兰圈"内敌军与哥尼斯堡一线德军的联系被完全切断了。希特勒企图利用"库尔兰圈"、麦麦尔、哥尼斯堡一线的力量突袭进攻柏林方向红军侧翼的阴谋也遭到了彻底破产了。至此，东普鲁士第一阶段的战役胜利结束了。

1945年2月初，斯大林和安东诺夫赶赴克里米亚半岛的雅尔塔参加三国首脑会议去了。华西列夫斯基奉命返回莫斯科，履行总参谋长和副国防人民委员的职责，代行最高统帅部的权利，领导各个方向战场上对德军的进攻。波罗的海沿岸地区的两个方面军的协调工作则交付列宁格勒方面军司令戈沃洛夫上将负责。

研究了整个战局之后，华西列夫斯基认为应该加紧进行东普鲁士第二阶段的战役，尽快消灭德军的"北方"集团军群。从2月6日起，华西列夫斯基便开始了东普鲁士战役第二阶段的实际部署工作。他将波罗的海沿岸第一方面军所属的部队全部拨给了波罗的海沿岸第二方面军，将白俄罗斯第三方面军所属的第四十三、第三十九集团军和近卫第十一集团军划拨给了波罗的海沿岸第一方面军,将白俄罗斯第二方面军的第五十、第三、第四十八集团军、近卫坦克第五集团军和近卫坦克第八军划拨给了白俄罗斯第三方面军。

华西列夫斯基命令,白俄罗斯第二方面军直接开赴波美拉尼亚方向,以协助朱可夫的白俄罗斯第一方面军在柏林方向的战役。此时,在白俄罗斯第二方面军的编成内还有突击第二集团军、第六十五、第四十九、第七十集团军、近卫坦克第一军、机械化第八军及近卫骑兵第三军等大量部队。得到加强的波罗的海沿岸第二方面军依然死死围住"库尔兰圈"。

白俄罗斯第三方面军和波罗的海沿岸第一方面军则准备实施东普鲁士战役第二阶段的作战行动。根据华西列夫斯基的部署,这两个方面军的任务是全歼被分割合围的德军东普鲁士集团,以便将兵力转移到柏林方向。

狡猾的希特勒马上就意识到了华西列夫斯基的意图。他急忙给东普鲁士集团下达命令,指示他们必须拼全力固守其现有防御地带,死死地将红军的这两个方面军钉在东普鲁士。为了让"北方"集团军群的将士安心执行命令,希特勒还答应给在哥尼斯堡、皮拉乌海军基地及海尔斯贝格地区的守军以预备队补充。

华西列夫斯基从总参谋部的情报部门得到了这个消息,神色顿时变得凝重起来。他暗想,看来这场战役并不那么容易取胜!华西列夫斯基的猜测没错。2月1日,东普鲁士战役第二阶段的战斗开始了。白俄罗斯第三方面军在进攻德军海尔斯贝格集团的战斗中严重受阻。

德军利用900多个钢筋混凝土工事、土木防御工事,还有数不清的各种永备发射暗堡以及防坦克防步兵的各种障碍物,发起了顽强的抵抗。红军每前进一步都要付出惨重的代价。到2月15日,白俄罗斯第三方面军各突击集团损失惨重,部队缺员现象十分普遍,已经基本丧失了进攻能力。

四

主动请辞参谋长之职

1945年2月27日晚，斯大林从克里米亚的雅尔塔返回了莫斯科。华西列夫斯基立即赶赴斯大林的办公室，向他汇报了东普鲁士前线的战况。听了华西列夫斯基的汇报，斯大林的面色十分凝重。他沉思了一会，对华西列夫斯基说："你应迅速地到前线去帮助切尔尼亚霍夫斯基和他的部队，他肯定需要你的支持。这里的事情还由我和安东诺夫来负责好了。"

华西列夫斯基回答说："斯大林同志，我会坚决地完成您交付给我的任务！"

斯大林点了点头，对他说："我们必须尽快地消灭东普鲁士的德军。只有这样，才能及早地腾出白俄罗斯第三方面军和波罗的海沿岸第一方面军的部队。现在我们太需要这两支部队了。柏林方向的进攻需要加强，日后在远东地区对其作战也需要部队。"

华西列夫斯基听到斯大林提到对日作战之事，马上就明白了这是他在雅尔塔会议上同美国总统罗斯福和英国首相丘吉尔达成的最新协议。在雅尔塔会议上，斯大林向美国总统罗斯福和英国首相丘吉尔作出承诺，苏联将在欧洲战争结束后2~3个月内参加对日作战，其条件是：维持外蒙古的现状，库页岛南部及邻近岛屿交还苏联，大连商港国

苏军太平洋舰队攻入旅顺港

第九章 驰骋东普鲁士

际化，苏联租用旅顺港为海军基地，苏、中共同经营中东铁路和南满铁路，千岛群岛交予苏联。但这些内容并没有得到中国政府的同意，完全是在美、英、苏等大国主导下实施的，严重损害了中国的主权和利益。

华西列夫斯基正在思考对日作战的问题，斯大林又对他说："我打算让你到远东地区领导战事。你最好从白俄罗斯第三方面军和波罗的海沿岸第一方面军中抽调几支精锐部队。不过，你现在要先到东普鲁士前线去一趟！"

华西列夫斯基点了点头，随即又低声向斯大林提出，他想请求最高统帅解除他红军总参谋长的职务。斯大林惊问道："这样的话，不使你感到难堪吗？"

斯大林还清楚地记得他委任朱可夫为白俄罗斯第一方面军司令时的情景。那个时候，朱可夫平静地对他说："方面军的数目减少了，整个战线的宽度也缩小了，领导各个方面军已经比较容易。我想，现在是时候由最高统帅部直接指挥各个方面军了。"

斯大林半开玩笑，半认真地说："你不会是因为赌气才这样说的吧？"

朱可夫也半开玩笑地回答说："有什么可赌气的呢？我想，我和华西列夫斯基是不会失业的。"

斯大林无论如何也没有想到，华西列夫斯基会主动向他提出解除总参谋长之职的要求。因此，他一时之间竟然不知道该对华西列夫斯基说些什么了。为了指挥战役的方便，他确实想让各方面军直接接受最高统帅部的领导，但并没有想过解除华西列夫斯基总参谋长的职务啊！

华西列夫斯基似乎猜到了斯大林的心思。他缓和了一下气氛，立即解释说："斯大林同志，我刚才还没有把话说完，现在请允许我接着说吧。从1943年开始，我的大部分时间都是在前线充当大本营代表，只是有时奉召才能抽身回到莫斯科来。在去年10月，你又赋予我和朱可夫元帅指挥所属各方面军的任务，这样前线的工作就更重更多了。我认为，我也好，朱可夫元帅也好，都是乐于服从最高统帅的一切安排的。"

斯大林猛抽了一口烟斗，默然地看着华西列夫斯基，仍是一言不发。

华西列夫斯基又说："斯大林同志，请你放心，这是我的由衷请求。我建议任命这么长时间以来一直实际履行总参谋长职务的安东诺夫同志来担任这一职务,而只给我保留副国防人民委员的职务就可以了。"

斯大林吐了一口烟圈,转身问身旁的安东诺夫:"安东诺夫同志,你对你顶头上司的建议有什么意见呢?"

安东诺夫有些惶恐,连忙回答说:"不,我完全不同意华西列夫斯基总参谋长的这种建议和请求,如果您是真心要征求我的正式意见的话。"

华西列夫斯基起身对安东诺夫说:"安东诺夫同志,我清楚你的意思,但请不必谦让,这是工作的需要。我相信斯大林同志对此会作出正确的决定的。"

斯大林最后说:"让我再考虑一下吧,这也需要征求政治局和其他有关领导的意见。"

随后,斯大林指示安东诺夫为华西列夫斯基起草了一份训令,派他去领导白俄罗斯第三方面军和波罗的海沿岸第一方面军的作战行动。

华西列夫斯基将训令收了起来。斯大林又问:"你什么时候到前线去呢?"

华西列夫斯基回答说:"我想越快越好,最好是明天!"

斯大林磕了磕烟斗里的烟灰,抬头看着华西列夫斯基说:"照我看,你不必这么急。我建议你在家呆两天,也去看看戏,休息休息。对了,在你离开前,也就是19日晚上,请再到我这儿来一趟。"

华西列夫斯基回答说:"好,我将按你的建议去做。"

第二天上午,华西列夫斯基怀着沉重的心情来到莫斯科大剧院看戏。前线正在激烈地战斗着,他怎么会有心情看戏呢?正在演出过程中,副官突然走进来,附在他的耳边说:"最高统帅要您立即去听电话。"

华西列夫斯基起身走到了电话机旁,抓起电话,跟斯大林聊了起来。斯大林的语气很沉重,华西列夫斯基立即意识到,可能是前线出事了。果不其然,斯大林告诉他,白俄罗斯第三方面军司令切尔尼亚霍夫斯基大将在梅尔扎克城地区牺牲了。

听到这个噩耗,华西列夫斯基十分沉痛。在与切尔尼亚霍夫斯基共事之时,他从来就不需要解释自己的意图。无论要他做什么或要说什么,切尔尼亚霍夫斯基一下子就能领会他的意图。想不到,他竟然在战斗中牺牲了。

斯大林又说："华西列夫斯基同志，最高统帅部准备派你去担任白俄罗斯第三方面军司令。你有什么意见？"

华西列夫斯基坚定地回答说："我坚决服从最高统帅的一切安排。"

2月19日晚，华西列夫斯基如约来到了斯大林的办公室。两人进行了简短的交谈，斯大林对他做出了一些新指示。随后，斯大林便让他去找波斯克列贝舍夫，拿两份文件。在接待室里，波斯克列贝舍夫交给了他两个文件夹。

华西列夫斯基打开了文件，认真地看了看。其中一个文件夹里装着任命他为白俄罗斯第三方面军司令的训令。训令上说，他必须在2月21日之前到任。

第二份文件夹中装的是调整后的最高统帅部成员的名单。在名单上，华西列夫斯基元帅以副国防人民委员的身份赫然列在第三位。华西列夫斯基受宠若惊，虽然红军内部和外界早已将他视为红军中的第三号人物，他也经常参加最高统帅部的会议，但从来没有被正式列为最高统帅部的成员。

对斯大林的这个决定，华西列夫斯基感到十分不解。他问波斯克列贝舍夫，这是怎么回事。波斯克列贝舍夫耸了耸肩，回答说："我对这件事情的了解程度和您一样，元帅同志。"

就这样，华西列夫斯基带着疑问于2月20日赶到了白俄罗斯第三方面军司令部。由于他长期在前线担任最高统帅部的代表，对方面军的军事委员和各集团军级的司令都十分熟悉。这对他熟悉各部队的情况，协调各集团军之间的行动都起到了十分重要的作用。

五

指挥东普鲁士战役

华西列夫斯基接任白俄罗斯第三方面军司令之时，非但该方面军在海尔斯贝格方向的进攻严重受阻，波罗的海沿岸第一方面军防守的哥尼斯堡和泽姆兰德半岛地区也出现了危机。按照最高统帅部的要求，该方面军在哥尼斯堡组织防御性作战的同时将主力集结到了泽姆兰德半岛附近，以便在2月20日到27日之间粉碎德军该集团。

令该方面军司令巴格拉米扬没有想到的是，希特勒悄悄从海上运来了预备队，加强了这两处的守军，并率先在2月19日向波罗的海沿岸第一方面军发动了反攻。经过3天的激战，波罗的海沿岸第一方面军损失惨重，被迫向后撤退了一大段距离。德军趁机打通了哥尼斯堡集团和泽姆兰德集团之间的联系通道。

东普鲁士的战局变得复杂起来。为了扭转局势，加强对该地区红军的领导，斯大林在2月21日作出决定：从2月25日零时开始，取消波罗的海沿岸第一方面军的建制，将其所属部队改称为泽姆兰德集群，全部划归白俄罗斯第三方面军指挥。原波罗的海沿岸第一方面军司令巴格拉米扬被任命为泽姆兰德集群司令兼白俄罗斯第三方面军副司令。如此一来，华西列夫斯基肩上的任务就更加重了。

合编后白俄罗斯第三方面军虽然兵力十分强大，但其攻击正面并没有缩小，也没有从预备队获得任何补充。华西列夫斯基认为，要对东普鲁士的德军发动全线进攻几乎是不可能的。于是，他果断地决定，暂时停止对德军泽姆兰德集团的11个师的主动战斗，集中全力先消灭由19个师组成的德军海尔斯贝格集团。斯大林同意了华西列夫斯基的战役计划，并要求他在20天之内完成战役准备。

第九章 驰骋东普鲁士

3月15日，华西列夫斯基以6个强大的集团军分别从东面和东南两个方向对海林根拜尔总方向实施了分割突击。在浓雾弥漫的恶劣气候条件下，空军第一集团军克服了种种困难对地面作战部队给予了有力的支援。战斗进行得十分激烈。红军战士们踏着没膝深的沼泽地，一步一步地向前推进。许多战士的靴子被陷在了泥里，他们根本来不及将其拔出来，便光着脚继续前进了。

经过两个星期的战斗，红军将德军19个师的兵力分割合围在了海林根拜尔两边。华西列夫斯基要求各部队一鼓作气，全歼被合围的敌军。经过两个多星期的苦战，德军已经基本丧失了抵抗能力。结果，一战下来，两个合围圈内的德军便被全歼了。红军毙伤德军9.3万余人，俘虏4.6万余人，缴获坦克和强击炮600多辆、野战火炮3560门、迫击炮1440门及作战飞机128架。至此，德军海尔斯贝格集团便被彻底歼灭了。

在红军完成对海尔斯贝格集团的合围之时，华西列夫斯基便指示巴格拉米扬展开了强攻哥尼斯堡敌军的准备工作。德军哥尼斯堡集团的总兵力约在13万左右，共有4个步兵师及一些独立团的正规部队。此外，还有一些警备部队和所谓的"民众冲锋队"。该部分德军装备有400余辆坦克和强击炮、4000门火炮和迫击炮，没有作战飞机。不过，泽姆兰德半岛各机场上的170余架作战飞机可以给该部分德军提供支援。疯狂的德军在哥尼斯堡建立了3道坚固的防线，每一道防线都有德军的精锐部队防守。

为了减轻攻城部队的伤亡，华西列夫斯基除了向最高统帅部申请了强大的压制兵器之外，还集中了方面军几乎所有的加强火力。在攻城开始之前，华西列夫斯基已经调集了约5000多门火炮和迫击炮，其中有近一半都是大口径的重炮。为了切断德军从海上窜逃的通道，华西列夫斯基专门部署了5个海岸铁道炮兵连把守各个通道，并给他们配备了射程可达34公里的远程重炮。担负攻城任务的地面部队也都配备了包括火箭炮兵在内的强大炮群。

参加攻城作战的空军力量也十分强大。华西列夫斯基不但将方面军所属的两个空军集团军拨给巴格拉米扬使用，还通过斯大林调来了列宁格勒方面军、白俄罗斯第二方面军和波罗的海舰队的航空兵部队。空军司令戈洛瓦诺夫也亲自指挥航空兵第十八集团军的轰炸机群到前线助战。

4月2日，炮火准备开始了。红军强大的炮群开始向哥尼斯堡市区倾泻炮弹，航空兵也全部出动了。在随后的4天里，哥尼斯堡城区和近郊完全变成了一片火海。无论是白天，还是黑夜，到处都是燃烧着冲天大火，到处都是炮弹爆炸的声音。德军防守部队损失惨重，其部署的雷场也基本上被红军倾泻的炸弹引爆了。

但疯狂的德军并没有因此而放弃抵抗。4月6日，红军的地面部队开始冲锋之时，守城的德军依然组织了顽强的抵抗。第二天，红军第四十三集团军和近卫第十一集团军的部分部队终于突入了市区，与德军展开了空前的肉搏战。到当天晚上，城内的合围圈终于在城区的西面合拢了。

4月8日，华西列夫斯基向哥尼斯堡的德军发出了劝降最后通牒。德军哥尼斯堡警备司令拉什中将对华西列夫斯基的劝降毫不理会，依然率部负隅顽抗。华西列夫斯基命令部队全力清剿市区的残敌。残酷的巷战开始了，红军每占领一幢建筑都要付出血的代价。华西列夫斯基看着战士们一个个倒下去，心如刀绞，决定暂时停止攻击。

4月9日清晨，华西列夫斯基一声令下，5000门各种口径的大炮和1500架轰炸机同时对德军固守区域进行了轰击和轰炸。不计其数的炮弹落

1945年4月，德国东普鲁士，一群苏联士兵在战斗。

第九章 驰骋东普鲁士

到了德军固守的狭小区域，他们很快便坚持不住了。40分钟之后，德军固守区内的堡垒和建筑物上便挂起了白旗。华西列夫斯基命令暂停轰炸之后，德军便成队成队地从工事里走了出来。

当天夜里，哥尼斯堡的德军便被全部被肃清了。在此役中，红军俘虏了德军9.2万余人，其中包括军官和将军1800人。哥尼斯堡警备司令拉什中将也在被俘之列。希特勒闻讯，暴跳如雷，竟然缺席判处了拉什将军死刑。有趣的是，拉什将军此时正在红军的俘虏营中安然地睡大觉！

白俄罗斯第三方面军攻克哥尼斯堡的消息在当天就传到了莫斯科。斯大林在红场上以最高规格的礼炮声向华西列夫斯基和该方面军表示了祝贺。翌日清晨，斯大林还亲自打电话给华西列夫斯基，祝贺他取得的成功。在电话中，斯大林还兴奋地对华西列夫斯基说，苏联最高苏维埃主席团已经授予他"苏联英雄"的称号，并准备为他颁发第二枚"胜利"勋章。

哥尼斯堡被攻克后，德军泽姆兰德集团便被完全孤立了。德军8个师的兵力被处于绝对优势的红军牢牢包围着，动弹不得。4月11日，华西列夫斯基向他们发布了劝降通牒。华西列夫斯基要求他们在24小时之内主动放下武器，走出战壕，向红军投降，否则的话，红军白俄罗斯第三方面军势必会将他们全部歼灭。

华西列夫斯基的这个要求没有在规定的时间内得到回答。华西列夫斯基早已料到了这一结局。在此之前，他已经在德军泽姆兰德集团外围部署了强大的突击集团，以便随时对其发起攻击。4月13日凌晨，华西列夫斯基一声令下，两倍于被围德军兵力的突击集团以迅雷不及掩耳之势向德军扑了过去。进攻刚一开始，德军的防御阵地便被突破了。第二天，军心涣散的德军开始了总退却。华西列夫斯基命令各部队继续压缩包围圈，直至全歼该部分德军。

到4月17日，岛上的德军集团已经被红军分割得七零八落了，总攻时机到了。华西列夫斯基立即命令白俄罗斯第三方面军全力剿灭顽抗分子。在红军强大的攻势之下，费什豪森城不到3个小时的时间就被攻破了。当天傍晚，泽姆兰德半岛上的德军就被彻底肃清了。

希特勒的私人代表、泽姆兰德集团司令科赫在混乱中乘坐一艘破冰船逃命去了。但他在逃命之前却要他手下的士兵去送死。他上船之前还下达了一份作战命令，要求士兵必须战斗到最后一个人。主帅都逃命去了，士兵们又岂会去白白送死呢？他们开始成群成队地向红军投降。

到 4 月 25 日，华西列夫斯基指挥白俄罗斯第三方面军攻克了泽姆兰德半岛上的最大港口皮拉岛。这是德军在泽姆兰德半岛上最后一个要塞和据点。在攻克这一据点时，波罗的海舰队给了白俄罗斯第三方面军很大的帮助。他们从海上封锁了德军逃亡的通道，有力地配合了白俄罗斯第三方面军在皮拉岛的战斗。至此，整个东普鲁士战役以红军的全面胜利而结束了。在整个战役期间，尤其是战役后期，华西列夫斯基杰出的军事才能得到了上至最高统帅斯大林，下至普通士兵的一致好评！

六

法西斯德国的覆亡

在东普鲁士战役接近尾声之时，朱可夫元帅指挥的白俄罗斯第一方面军和科涅夫元帅指挥的乌克兰第一方面军先后在4月20日和21日攻进了柏林市区防御圈。随后，白俄罗斯第一方面军从东面、北面，乌克兰第一方面军从南面和东南面向柏林突击，在郊区展开激战，并冲入市区。德军利用城内密集的建筑、纵横交错的防空通道等一切有利条件，组成了绵密的防御体系。在巷战中，红军付出了惨重的代价。

为了尽量减少伤亡，朱可夫命令，在步兵和坦克发起冲击之前，都必须先用炮兵和航空兵对德军据点进行轰炸。从4月21日到5月2日，白俄罗斯第一方面军11000门火炮向柏林发射了180万发炮弹，相当于36000吨钢铁重量。整个柏林几乎被夷为平地。在红军的猛烈攻击下，柏林的防御终于土崩瓦解了。

在生死存亡的最后一刻，希特勒命令党卫军向柏林南郊的苏联人发动全面反攻。他要求柏林的所有德军必须全部投入战斗。在命令中，他发狠道："所有按兵不动的司令，都要在5小时内被处决，保证只剩最后一个人也要投入战斗！"

但是德军大多数官兵在最危险的时刻没有选择同希特勒一起走向灭亡，他们选择了逃生。大量的德军官兵纷纷乔装出逃，甚至连他身边的指挥官也跑得无影无踪了。希特勒在这一刻绝望了，他尖叫道："这就是末日了！每个人都背叛了我。除了背叛、撒谎、腐化和怯懦之外，没有别的。一切都完啦！"

希特勒决心留在柏林，同他的第三帝国一起走向灭亡。尽管有人劝他离开柏林，到南方去，因为那里还有大量完整的集团军，还可以组织抵抗。但希特勒已经没有这个勇气了，他叫来秘书，当场面授指示：元首将要留在柏林，保卫到底。他命令把这一指示立即向德国和全世界广播出去。

消息广播出去以后，德国著名女试飞驾驶员汉娜·莱契小姐居然驾驶飞机来到了希特勒身边，志愿与她心目中的偶像共存亡。汉娜问希特勒："我的元首，为什么你要留在这儿？为什么要使德国失掉你？元首必须活下去，德国才能活下去。人民要求你活下去。"

希特勒回答道："不，汉娜。如果我死去，这是为了我们国家的荣誉，这是因为我作为一个军人，必须服从自己的命令，保卫柏林到底。"

接下来，希特勒喋喋不休地向汉娜述说了他的理想和最后的希望。他希望温克将军的部队能够拯救柏林，拯救他。但这一切都已经落空了。因为温克的军队早已经被朱可夫指挥的白俄罗斯第一方面军击败，其残部正仓皇向西撤退。

让希特勒没有想到的是，在危难时刻，第三帝国的第二号人物戈林和最忠诚的党卫队全国总队长希姆莱都背叛了他。4月23日，戈林从上萨尔斯堡给希特勒拍了一封电报，探问他现在能不能替代希特勒，接管德国的全部领导权。希特勒看到这封电报，气得浑身发抖，戈林分明是在逼他下台。疯狂的希特勒立即下令解除了戈林的职务，并命令党卫军就地逮捕他。希姆莱也在背地里悄悄跟美国方面联系，表示德国愿意投降。

希特勒真的疯了，他冲着人群不断喊叫："把他们统统枪毙！把他们统统枪毙！"

整个地下室除了希特勒的尖叫声之外，剩下的便是几个女人低低的啜泣声。在生命的最后几天里，希特勒完全是在焦躁不安中度过的。志愿与他共存亡的军官和女人们也都是在焦躁不安中度过的。

4月28日晚，希特勒在地下室里收到消息：朱可夫的部队已经离总理府只有一条街了，可能在30小时以后，即4月30日早晨发起突击。希特勒意识到，他和第三帝国的末日来临了。希特勒作出了他一生中最后的决定——在黎明时与他的情妇爱娃·布劳恩结婚。

结婚仪式非常简单，气氛也非常凄凉。希特勒回顾了传奇性的一生，大大斥责了一番那些背叛他的朋友和支持者，最后又凄惨地说："我一直

谋略元帅 华西列夫斯基 ·huaxiliefusiji·

1945年5月4日，英国军官在阅读德国的投降协议，周围是德国高级官员。5月8日，德国也向苏联正式投降。侵扰欧洲土地五年以上的可怕战争终于结束。

认为婚姻会阻碍我把全部的精力献身于我们的党，影响领导我们的国家称霸世界。现在这一切都不存在了，我的生命也要结束了，我决定与我有过多年真诚友谊，自愿在柏林已遭围困之时来到这里与我同生共死的女人结婚。她自愿作为我的妻子同我一道死去。这就弥补了由于我服务于人民，投身于工作而给我们两人所带来的损失。"

4月30日早晨，希特勒指定海军元帅邓尼茨作为他的继承人，组建新政府。此时，他已经做好了自杀的准备。希特勒像往常一样，细嚼慢咽地吃了早餐。但与往日不同的是，他吃完早餐后把新婚妻子叫到了身边，与她一道同周围的人道别。凄凄惨惨的告别结束之后，希特勒带着爱娃·布劳恩回到了自己的卧室。

戈培尔、鲍曼等希特勒的铁杆粉丝守在元首的卧室外。下午3点30份，卧室里传来一声枪响。他们等待着第二声枪响，但是却久久没有动静。过了一会，他们轻轻地走进元首的房间，他们看到希特勒的尸体趴在沙发上，还在流血。他是对着自己的嘴开了一枪。他的新婚妻子躺在他的身旁，手中还有残留的毒药。

众人把希特勒和爱娃的尸体搬到花园里的一个弹坑

1945年5月8日，听到总理正式宣布德国无条件投降，逾百万人在伦敦街道庆祝。

中，然后浇上汽油点燃。当火焰升起时，在场的纳粹党徒们纷纷举起左手向他们的元首行告别礼。但仪式还没结束，红军的炮弹就落在了花园里。纳粹们纷纷四散逃命。对此，英国首相丘吉尔曾这样说："希特勒的火葬柴堆，和越来越响的苏联红军炮火的轰鸣，构成了第三帝国的悲惨结局。"

就在希特勒自杀的这个早晨，朱可夫指挥部队向国会大厦发起了突击。库兹涅佐夫上将指挥的第三突击集团军攻占了大厦的主要部分，但装备精锐的德国党卫军部队却异常顽固，拼死抵抗。即使在红军占领了大厦下面各层楼以后，在上面楼层守备的德军仍不肯投降。红军只好逐层与其搏斗，直到夜间，红军才在大厦的主楼圆顶上升起了苏联的旗帜。

亲自指挥这一历史性战斗的库兹涅佐夫将军再也抑制不住自己激动的心情，他拿起电话机，兴高采烈地向朱可夫报告："国会大厦上升起了红旗！元帅同志，乌拉！"

朱可夫的心情也十分激动，他一直盼望着的这个历史性时刻终于到来了。沉默了一会，朱可夫尽量平静地说："亲爱的库兹涅佐夫，衷心祝贺你和你的士兵们所取得的光辉胜利。苏联人民将永远不会忘记这一具有历史意义的功勋。"

5月1日，邓尼茨组织的新政府派代表跟红军谈判，要求红军停战。红军代表根据斯大林的指令，拒绝了德国的要求，同时声明：德国政府只能无条件投降。山穷水尽的邓尼茨政府无可奈何，终于在次日下午3点停止了一切抵抗。德军柏林城防司令魏德林将军也在此时率残部投降。至此柏林战役结束。

在第二次世界大战欧洲战场最后一场大战役中，红军消灭了德军100多万人，俘虏80多万人，缴获和摧毁6000架飞机、1.2万辆坦克和自行火炮、2.3万门野战炮以及不可计数的枪支弹药。但在这场战役中，红军也付出了惨重的代价。苏联自己公布的数字是伤亡30多万人。实际上，红军的伤亡本来不会惨重的，但由于朱可夫和科索夫两人都想争夺最后的胜利，不顾现实情况，强令部队攻击，造成了许多不必要的伤亡。

5月7日，德国政府代表约德尔由弗雷德堡海军上将和一名副官陪同，来到兰斯的盟军司令部。在这里，德国代表们向美英苏代表签署了无条件投降书。签字后，西方盟军总司令艾森豪威尔向盟国联合参谋总部拍发了一封电报。电报说："盟军的任务在1945年5月7日当地时间2点41分完成。"

由于斯大林对兰斯的投降仪式不满意。因为他认为苏联红军是战胜德国法西斯的主力，又攻克了柏林，德国在盟军驻守的兰斯签订无条件投降书有损于苏联的威望。所以苏联政府与美英政府商讨之后决定：兰斯投降仪式只当作投降仪式的预演，正式的仪式将在柏林举行，并将由苏方主持。5月8日24点，苏、美、英三国代表又在柏林再次接受德国法西斯的投降。无条件投降书规定，从1945年5月9日零时起，该协议正式生效。第二次世界大战欧洲战场的战事至此全部结束了，法西斯德国也彻底覆亡了。

· 第十章 ·

出任远东军总司令

一

向远东地区调兵遣将

法西斯德国投降前夕,华西列夫斯基接收了一项与攻克柏林一样具有重大意义的任务。1945年4月27日,斯大林命令华西列夫斯基立即飞回莫斯科。华西列夫斯基知道,斯大林肯定是要将他派往远东,去指挥部队对日作战。

直到这时,华西列夫斯基才突然明白斯大林将他列入最高统帅部成员的用意。他和朱可夫是斯大林最信任、最赏识的军事统帅。两个人就像是斯大林的左膀右臂一样!斯大林把攻克柏林这项光荣的任务交给了朱可夫,那么对日作战这个意义同样十分重大的任务便非华西列夫斯基莫属了。华西列夫斯基的猜测没有错,斯大林正是要他组建远东军司令部,统一指挥在远东地区的远东方面军、后贝加尔方面军和滨海集群。

沙俄与日本之间的矛盾由来已久。为了争夺在中国东北地区的权利,沙俄与日本于1904年春在中国东北地区展开了厮杀,史称日俄战争。结果,沙俄战败。日本趁机夺取了原先在其控制之下的旅顺海军基地、中东铁路的沈阳至大连一段(即所谓的南满铁路)、南库页岛及其附近岛屿等势力范围。

十月革命之后,日本曾借列强出兵干涉苏维埃政权之机,于1918年占领了西伯利亚的符拉迪沃斯托克(即海参崴)。1920年,日军又占领了整个库页岛。苏俄红军经过数年的苦战,才将两国在远东和中国东北地区的态势恢复到日俄战争之后的状况。

20世纪30年代,日军军国主义开始将侵略的矛头直指中国东北。苏联为了防范日军入侵苏联,先后成立了特别远东军和远东海军。后来,苏联政府将特别远东军扩建为远东方面军,将远东海军改称太平洋舰队,并增设了外贝加尔军区。随后，苏日两国的军事冲突不断，先后爆发了张鼓峰事件和哈勒哈河大战。

1941年4月，苏联与日本签订了中立条约。条约规定："如果缔约国一方成为第三者一国或几国的战争对象时，缔约另一方在整个冲突过程中应保持中立。"

苏联和日本两国在签订这项条约之时都有各自的打

1945年2月4日英国首相丘吉尔、美国总统罗斯福、苏联领导人斯大林（前排由左至右）出席"雅尔塔会议"。

算。苏联希望自己能够集中兵力对付德军的潜在威胁，而日本则希望他们向美国开战之后，苏联不要出兵中国东北（当时被日本扶植的傀儡政权伪满洲国控制）。该条约有效期为5年。

虽然两国签订了中立条约，但在整个苏德战争期间，红军远东方面军与日本关东军依然是剑拔弩张，两国政府也在明争暗斗，各自打着如意算盘，想把对方置于死地。不过，由于苏联要应付强大的法西斯德国，一时还无法抽出手来教训日本。由于日本在太平洋战争中节节败退，在中国战场也陷入了僵局，也不敢冒然撕毁条约，入侵苏联。

斯大林格勒战役结束之后，苏联红军完全掌握了对德作战的主动权。此时，斯大林便已经开始考虑对日作战的问题了。在1943年11月召开的德黑兰会议上，罗斯福和丘吉尔答应在欧洲开辟第二战场，斯大林也在原则上同意了在欧战结束后参加对日作战。

苏、美、英三国政府首脑在雅尔塔举行会议。会上，商讨了苏联对日作战等问题。

1944年9月，当苏联红军已经大致上将战场转移到了德国本土及其附庸国的土地上之时，斯大林向总参谋部下达了一项在对日作战进程中具有标志意义的命令。他要求总参谋部计算出在远东集结兵力所需时间，以及兵力配置、战役保障等各种资料和数据。随后，斯大林非常自信地对英国首相丘吉尔等人说，苏联可以在德国投降两三个月后完成对日作战的一切准备。

在1945年2月召开的雅尔塔会议上，苏、美、英三国首脑以秘密条约的形式规定了苏联在欧战结束后两三个月内参加对日作战的义务。但斯大林答应承担这一义务并不是没有条件的。他提出的条件是：维持外蒙古的现状，库页岛南部及邻近岛屿交还苏联，大连商港国际化，苏联租用旅顺港为海军基地，苏、中共同经营中东铁路和南满铁路，千岛群岛交予苏联。为了减轻西方盟军对日作战的压力，美国总统罗斯福和英国首相丘吉尔以牺牲中国的利益和主权为代价，答应了斯大林的这一无理要求。

雅尔塔会议结束不久之后，日本参谋本部就获得了苏联红军将在战胜德国3个月后参加对日作战的情报。不过，狂妄的日本军国主义认为，苏联根本无法在欧战结束3个月之内完成对日作战的准备。他们甚至认为，苏联红军肯定会在日军兵败如山倒之时才会出兵远东地区，对付日军精锐关东军。

1945年4月5日，朱可夫元帅指挥的白俄罗斯第一方面军已经逼近法西斯德国的心脏——柏林地区。苏联红军击败德国法西斯已经是指日可待的事情了。在这种情况下，苏联外交人民委员莫洛托夫把苏联政府不准备延长《日苏中立条约》的决定当面通知了日本驻苏大使佐藤。莫洛托夫在通知佐藤时说："长期以来，日本一直援助自己的法西斯盟友德国的对苏战争行动，同时也已同苏联的盟国英国和美国处于交战状态。在这种情况下，苏联政府认为《日苏中立条约》已经失去存在的意义，因此完全没有再让它继续存在的理由了。"

按照条约规定，该条约有效期为5年，如果在期满前一年任何缔约国一方不宣告废除的话，它将自动延长5年。如今，苏联政府正式向日本提出这样的要求，无疑是在告知日本，苏联红军将要参加对日作战了。

日本方面这才醒悟过来，日苏之战已经无法避免了。于是，日军不得不在应付太平洋战场和中国战场的同时，加强关东军的实力，下令所有在伪满洲国的退役军人重新入伍服役，以扩充其对苏联的防务。

与此同时，苏联也开始把大量的西线兵力，特别是那些具有在冬季条件下和森林、山地作战经验的部队，逐步地运送到远东地区。因为远东地区和中国东北气候寒冷，地形复杂，有很多被大片原始森林覆盖的高山地带。

当华西列夫斯基奉命在4月底飞回莫斯科之时，苏联红军从西线调往远东地区的兵力已经达到了4个集团军。这些集团军包括柳德尼科夫上将指挥的第三十九集团军、克雷洛夫上将指挥的第五集团军、克拉夫钦科坦克兵上将指挥的近卫坦克第六集团军和马纳加罗夫上将指挥的第五十三集团军。第三十九和第五集团军都是直接从东普鲁士战场上调过来的。这两支部队曾在波罗的海沿岸战役和东普鲁士战役中立下赫赫战功。

除了秘密向远东地区集结部队之外，斯大林还与华西列夫斯基一起，从西线抽掉了一大批富有指挥经验的军事统帅和高级指挥员去加强后贝加尔方面军、远东方面军和滨海集群的指挥系统。

在华西列夫斯基的建议下，远东方面军司令员仍由普尔卡耶夫上将担任。普尔卡耶夫上将在苏德战争之前就已经与华西列夫斯基结下了深厚的个人友谊。他办事干练果决，富于思考，而且还有在森林地带指挥作战的丰富经验。

在滨海集群方面，斯大林将原卡累利阿方面军司令部的全班人马搬了过去，任命原该方面军司令麦列茨科夫元帅出任滨海集群司令。华西列夫斯基对麦列茨科夫元帅的印象很好。在卫国战争期间，麦列茨科夫一直在西北部战线的各方面军中转战，战绩卓著。更为难得的是，他具有森林战、山地战

华西列夫斯基元帅（左一）在听取远东方面军领导汇报战况

和攻坚战等多方面的实战经验和指挥才能。

后贝加尔方面军位于对日作战最重要的方向上。关于该方面军的人选，华西列夫斯基提议最好由马利诺夫斯基元帅来担任。马利诺夫斯基指挥经验丰富，曾先后担任南方、西南和乌克兰第三方面军司令，并长期在华西列夫斯基的手下工作。两人在工作上的配合可谓天衣无缝。对此，斯大林十分清楚。他毫不犹豫地同意了华西列夫斯基的请求，任命马利诺夫斯基为后贝加尔方面军司令。该方面军的参谋长扎哈罗夫也是由华西列夫斯基提名的。

经过一系列紧张的工作，红军在远东地区的兵力部署大致完成了。后贝加尔方面军部署在伪满洲国的西部边境地带，方面军司令为马利诺夫斯基元帅，军事委员会委员为捷夫钦科夫中将，参谋长为扎哈罗夫大将。该方面军下辖近卫坦克第六、第三十九、第十七、第五十三、第三十六集团军，苏蒙混合骑兵机械化集群和空军第十二集团军。

远东方面军部署在伪满洲国东北边境地带，方面军司令为普利卡耶夫大将，军事委员会委员是列昂诺夫中将，参谋长是舍夫钦科中将。该方面军下辖第十五、第二、第十六集团军，堪察加防区各部队和空军第十集团军。

滨海集群部署在伪满洲国的东部边境地带，集群司令为麦列茨科夫元帅，军事委员会委员是什蒂科夫上将，参谋长是克鲁季科夫中将。该集群下辖第一、第五、第二十五、第三十五集团军，机械化第十军和空军第九集团军。

除了这3个强大的方面军和军队集群之外，尤马舍夫海军上将指挥的太平洋舰队和安东诺夫海军少将指挥的阿穆尔河区舰队也奉命接受华西列夫斯基的指挥，准备参加对日作战。

二

出任远东军总司令

考虑到对日作战的特殊性，斯大林不打算在远东军中实施最高统帅部代表制度，尽管这一制度在对德作战中表现出了许多优越性。1945年4月底，斯大林向华西列夫斯基提出，让他组建一个负总责的远东军总指挥部或司令部，后来干脆就说任命他为苏联远东军总司令。

斯大林的身上有许多矛盾的地方。他办事专横，一旦决定某件事情便很难听进去别人的意见。但他却又喜欢在作出决定之后当面征求当事人或在场的人的意见。此时当事人只能以"是应该这样"或"我表示同意"之类的话来回答，否则，他将会耿耿于怀很久。

华西列夫斯基当然知道斯大林的这一特点，所以在斯大林向他征求意见的时候，华西列夫斯基坚定地回答说："我会坚决执行最高统帅的决定！"

斯大林还喜欢将部队的指挥权抓在自己的手中。在苏德战争后期，他加强对各方面军的直接指挥便是这一特点的体现。但他在任命华西列夫斯基为远东军总司令时，却破天荒地给了他远远超出以往最高统帅部代表那样的权限。斯大林对华西列夫斯基说："在这个岗位上，你拥有完全的决断权和指挥权，你甚至可以把你的司令部当成最高统帅部的一个派出机构。当然，我也希望你能经常与我保持联系。"

尽管华西列夫斯基从4月底就开始实际领导远东军司令部的工作了，但直到7月30日，红军最高统帅部才正式任命华西列夫斯基为远东军总司令。为了保密起见，这一任命并没有对外公布。直到8月3日之前，华西列夫斯基的总司令部一直被称为"瓦西里耶夫上将作战组"。根据斯大林的指示，远东军中的3位元帅华西列夫斯基、马利诺夫斯基和麦列茨科夫均取下了元帅肩章，是以普通上将的身份秘密赶赴远东地区的。华西列夫斯基化名位瓦西里耶夫，马利诺夫斯基化名为莫罗佐夫，麦列茨科夫则化名为马克西莫夫。远东军向各方面军和集团军下达的作战命令和报告所使用的都是这些称谓。除了集团军级以上级别的指挥官之外，军师两级首长及其以下的军官都不知道远东军总指挥官和方面军司令到底是谁。

从4月底到8月初，华西列夫斯基虽然一直以远东军总司令的身份在领导对日作战的一切准备工作，但在公开场合依然是以副国防人民委员、最高统帅部成员和白俄罗斯第三方面军司令的身份活动的。6月24日，苏联红军在红场举行了盛大的胜利阅兵仪式，以庆祝苏联红军取得对德作战的伟大胜利。在阅兵式上，华西列夫斯基便以白俄罗斯第三方面军司令的身份走在了白俄罗斯第三方面军千人混成方阵的最前面。

华西列夫斯基远东军司令部的组成人员都是一些作战经验丰富的红军资深将领。除了司令部人员之外，华西列夫斯基的身边还有红军空军总司令诺维科夫空军主帅、通信兵副主帅普采尔采夫通信兵上将、炮兵副司令奇斯佳科夫炮兵元帅、后勤部副部长维诺格拉多夫上将、工程兵副总司令纳扎罗夫上将以及以缅泽林采夫少将率领的一个总参谋部工作小组。这些人要么在远东地区工作过，要么就是其所研究的领域的专家。

苏军炮兵用大口径重炮轰击关东军要塞阵地

斯大林之所以给华西列夫斯基的司令部配备如此强大的阵容，主要是考虑到对日作战的特殊性。一方面，远东地区距离苏联的心脏地区十分遥远，远东军根本无法每天都向最高统帅部汇报战况；另一方面，远东地区地域辽阔，地形复杂，参战的兵力和兵器完全不同于苏德战场。这些都要求远东军司令部要当机立断地作出决策，并能将各兵种的行动协同起来，以免贻误战机。给华西列夫斯基配备如此强大的指挥阵容无疑是为了让各兵种能够有效协作，共同对付日军。

1945年初夏，华西列夫斯基和斯大林已经就远东战役的总体计划达成了一致意见。华西列夫斯基和斯大林都认为，此次战役的战略目的应当是通过三路大军从西部中蒙边境、北部中苏边境及东部朝鲜方向的相向突击，彻底摧毁驻扎在中国东北境内的日本关东军主力，加速日本军国主义的败亡。考虑到日本关东军是日本陆军的精锐，日本空军和海军的作战基地距苏联国土也很近，华西列夫斯基在下达作战命令时十分慎重。在4月底甚至5月中旬以前，最高统帅部和华西列夫斯基给远东军各部队下达的都是防御命令。

日本关东军是日军的精锐部队，是日本殖民中国东北和朝鲜的武力基础，总共拥有作战兵力近100万人。在苏联红军发动对日作战前夕，日本关东军的司令为山田乙三大将，参谋长为秦彦三郎中将。这两个人作战凶悍，而且诡计多端，很不容易对付。当时，关东军编成内计有第一和第三方面军、独立第四集团军、空军第二和第五集团军及松花江区舰队等。后来，第十七方面军和第五方面军也被编入了关东军。

日军第一方面军下辖第五军和第三军，共10个步兵师和一个步兵旅，重要部署在中苏东部边境，位于苏联滨海集群的当面；第三方面军下辖第四十四军和第三十军，共8个步兵师、3个步兵旅和一个坦克旅，部署在伪满洲国与蒙古的边境地带，其当面是苏联红军后贝加尔方面军。这两个方面军是日军的主力部队。第十七方面军当时作为关东军司令部的预备队部署在朝鲜各海港地区，随时待命。独立第四集团军下辖3个步兵师和4个步兵旅，部署在伪满洲国东北边境，其当面为苏联红军远东方面军。库页岛（苏联称萨哈林岛）南部和千岛群岛驻有第五方面军，由3个师、一个旅和一个空军团组成。空军第二集团军的主要任务是防守伪满洲国的领空，空军第五集团军的任务则是防守朝鲜领空。除此之外，隶属于关东军指挥的还有所谓"满洲国"、内蒙和绥远等省的近30万人部队。当然，这部分部队在装备和作战能力上都远远不能与关东军相比。

虽然从兵力和装备上看，苏联红军及其盟军蒙古军队都占有绝对优势,但关东却占有地利。日本关东军依靠着中国东北和朝鲜丰富的物资、粮食和原料,在中国东北地区就地就可以解决军队的生活和作战物资的补给问题。

另外,在关东军控制的地区内,有13700公里的铁路、22000公里的公路、400多个飞机场和800多个大型军用仓库以及一些设备很好的兵营。在伪满洲国与蒙古、苏联的边境地带,日军建立了17个筑垒地域,其中8个在东部,针对苏联滨海地区。每个筑垒地域纵深达40公里以上,正面20~100公里。所有这些地区不仅是为了加强防御,而且也是为了创造更有利的条件来集中和展开兵力。边境筑垒地域线由3道阵地构成。4个筑垒地域设在朝鲜,一个针对库页岛北部。掩护千岛群岛的是有钢筋混凝土工事隐蔽的海岸炮兵连和筑有完备的永备防御工事的守备队。

不过,从总体上来看关东军根本不是苏联远东军的对手。日军大本营不是白痴,他们当然知道关东军正处在危险之中。日本陆军部判断苏联红军极有可能在寒冷的冬季到来之前发动攻击,但其准备工作会在8月底或9月初完成。据此,日本陆军部于5月30日向关东军下达了对苏作战要点。该要点规定的作战目的为:"击溃入侵满洲之敌,确保京(伪满洲国首都新京,即长春)图(图们)线以南、京连(大连)线以东要地,以利于坚持全面作战。"

从这份作战要点可以看出,日军已经明显感到了苏联红军对关东军的威胁,将一直积极采取的进攻战略改为了防御作战。为此,关东军急忙将中苏国境线上的各兵团及大量作战物资向后方转移。

红军远东军的情报部门很快便将日军向后方转移战略物资的消息传到了司令部。华西列夫斯基据此认为,远东军转变作战方针的时机已经到了。他立即向斯大林提出请求,变防御战略为进攻战略。斯大林和华西列夫斯基的判断基本一致,他们认为,德国投降之后,日军主动入侵苏联的几率已经是微乎其微了。所以,苏联红军必须坚决地实施突击进攻,主动消灭日本关东军,迫使日本军国主义投降。

三

认真制定作战计划

从1945年5月，华西列夫斯基就开始领导远东军司令部制定对日作战的初步计划。他整日站在作战地图前，仔细分析敌我形势。华西列夫斯基既看到了关东军占有地利，也看到了它的劣势。关东军在兵力配置和部署方面的最大弱点在于缺乏可靠的后方。

首先，关东军驻防之地距离日本本土十分遥远，无法及时从本土派兵增援。其次，关东军的交通线太长，伪满洲国北部和西部的铁路网十分落后，根本无法满足日军的运输要求。即使是铁路线发达的中部和东部地区，也都在苏联空军的航程之内。红军可以随时凭借着强大的空中优势对其实施轰炸。再次，整个关东军的部署全被长达4500公里的苏蒙弧形国境线所包围，红军根本不需要实施纵深作战，就可以对关东军实施合围。

关东军的中国后方和朝鲜后方也被中朝两国抗日武装的不断袭击和骚扰活动搞得鸡犬不宁。最后，关东军需要防卫和掩护的战线太长，根本没有足够的兵力在整个边界和所有的障碍地区设防。华西列夫斯基还发现，从蒙古东部通往多伦和张家口的山地和沙漠地带便是关东军防御力量最薄弱的地带。在这一地区，关东军既没有设置筑垒工事，也没有派部队加以掩护。

根据日军防御的特点，华西列夫斯基和总参谋部确定了通过数路突击来分割关东军的总战略意图。一方面，红军可以从关东军防御的薄弱地区利用快速兵团突击，从而一举插入其后方；另一方面，对关东军防御坚固地区的突击可以牵制住其有效机动，在行进中消灭它的有生力量。

总参谋部形成的初步作战计划是：由后贝加尔方面军从蒙古境内实施进攻，同时由滨海集群从滨海地区实施相向突击，而从北面越过黑龙江沿松花江的突击由远东方面军来承担。这样，不仅可以彻底孤立关东军的各作战部队，而且可以借助分割来各个消灭敌军。

斯大林和华西列夫斯基对这个初步计划都十分满意。剩下的问题便是应该在哪个方向上使用坦克集团的问题了。华西列夫斯基和参谋部的参谋们都认为，应该将更多的坦克部队交给后贝加尔方面军使用。因为在该方面所处的边境突击方向上，没有既宽又深的黑龙江，也没有大片的原始森林，日军的筑垒地域也相对较少，对坦克集群的快速机动十分有利。不过，在这个方向上的纵深上有大兴安岭山脉这座天然屏障，坦克兵要想通过这样的崇山峻岭并不是一件容易的事情。

华西列夫斯基认为，正因为如此，才更应该在这一地区集中使用坦克。因为日军根本不可能想到红军会在如此复杂的地段使用坦克。如此一来，坦克兵的快速出击就能收到更好的效果。不久，华西列夫斯基收到前线送来的一份情报。情报显示，关东军第三方面军在大兴安岭地区还未构筑好阵地，只有少数部队占据着为数不多的野战工事。

华西列夫斯基高兴坏了。这说明坦克部队一旦通过了山间通道，当面的日军根本无法抵挡红军的推进。而且，在苏德战场上身经百战的坦克兵是完全有能力将坦克开过大兴安岭的。就这样，华西列夫斯基最后决定将更多的坦克部队集中到后贝加尔方面军使用。

到6月初，总参谋部已经把旨在消灭关东军的远东作战的初步计划拟定好了。随后，斯大林和华西列夫斯基详细地听了总参谋部的汇报和计算结果。斯大林没有提出任何反对意见，他完全接受了。很显然，他对华西列夫斯基的工作十分满意，对他领导制定的作战计划也十分放心。

6月上旬，斯大林让总参谋长安东诺夫以总参谋部的名义通

松花江上的苏联军舰

知后贝加尔方面军司令马利诺夫斯基和参谋长扎哈罗夫，请他们务必先于其他各方面军首长到达莫斯科。当时，莫斯科正在紧张地筹备着6月24日举行的胜利大阅兵仪式。各方面军司令和参谋长是以参加阅兵仪式为由前来莫斯科的。

斯大林和华西列夫斯基之所以要求远东军各方面军或集群司令这样做，主要是为了保密起见。虽然日军大本营已经知道，苏日之间的大战是难以避免了，但他们还无法估计到战争爆发的具体时间。由于西伯利亚的铁路运力有限，日军大本营估计，红军要将远东军全部装备起来，保障其作战需要，至少要到秋天甚至更久才能完成运输工作。实际上，西方盟军在此之前已经在该地区为苏联红军储备了足够的战略物资。这是日本没有想到的。

另一方面，日本大本营判断，苏联所说的"对德战争结束两三个月后"正是中国东北地区的雨季。按照军事常识来判断，这样的气候条件是不适合发动大规模战役的。因此，日军陆军部判断，红军肯定会更晚的时候，即天气变得很好、很干燥时开始进攻。所以，日军提出的计划是在9月下旬之前完成对关东军的部署。

从这些方面来看，华西列夫斯基和斯大林要求各方面军做好保密工作是十分有必要的。后来的结果也证实，对日作战的保密工作对加速战役进程起到了十分重要的作用。

马利诺夫斯基和扎哈罗夫接到总参谋长安东诺夫的通知，立即带着方面军作战处处长帕夫罗夫斯基秘密飞到了莫斯科。马利诺夫斯基清楚，安东诺夫要他们提前到莫斯科，肯定不全是为了参加阅兵仪式，而是为了讨论他们所辖部队的作战问题。

一见面，华西列夫斯基就幽默地对他们说："你们倒是精明啊！连作战处长都带来了。"

扎哈罗夫抢过话头，俏皮地回答说："不这样，我们怎么能在您手下工作呢！"

华西列夫斯基和扎哈罗夫的两句玩笑话把现场的气氛一下子调动起来了。本来十分沉默的作战会议开得十分轻松，像是要提前庆功一样。在会上，华西列夫斯基向后贝加尔方面军的3位最重要的领导通报了对日作战的基本计划，并要求他们根据方面军的实际情况制定一份更为详尽的计划出来。

6月18日，马利诺夫斯基和扎哈罗夫等人如期提出了后贝加尔方面军的具体战役计划。一向以稳健著称的马利诺夫斯基认为，在他们的进攻方向上，将要遇到至少18～25个日军师团的阻击。不过，他自信地认为，凭借红军在装备上的绝对优势，在一个半至两个月内消灭日本关东军主力是不成问题的。

在具体的作战方向上，马利诺夫斯基认为，后贝加尔方面军应该在索伦到四平一线对日军展开进攻。战役应分为两个阶段进行。在第一阶段的战役中，红军应该占领中国东北中部平原。第二阶段的战役应该使部队前出到中国东北与华北的交界处，然后向伪满洲国南部推进，攻占包括旅顺口在内的整个辽东半岛。

马利诺夫斯基提出的计划与华西列夫斯基的设想基本一致。随后，他又征求了滨海集群司令麦列茨科夫元帅和远东方面军司令普尔卡耶夫大将的意见，充实了作战计划。

6月27日，最高统帅部批准了华西列夫斯基领导制定的对日作战计划。次日，斯大林以最高统帅部的名义向各参战各方面军下达了作战命令。作战命令要求后贝加尔方面军的主力部队从蒙古和伪满洲国交界的塔木斯克突出部实施突击，占领长春、沈阳和旅顺，以决定战争的结局；远东方面军的主力则从哈巴罗夫斯克（伯力）西南地域实施突击，以钳制黑龙江沿岸的日军并将其消灭在那里；滨海集群的主要兵力从滨海地区实施突击，沿捷径向吉林挺进，以与后贝加尔方面军的突击相会合。至此，整个远东战役作战计划便定型了。

离预定的作战日期已经越来越近了，华西列夫斯基应该离开莫斯科，开赴前线了。7月初，斯大林在克里姆林宫约见了他。这是他开赴前线之前与斯大林最后一次会面。斯大林的神色有些凝重，华西列夫斯基知道，每当红军要打恶仗之时，斯大林都是这种表情。华西列夫斯基把标上了密密麻麻的符号的作战地图摆到了斯大林面前的桌子上。

斯大林一手拿着烟斗，一手按着地图，认真地看了起来。过了一会，他突然抬起头，问道："真的没有什么问题了吗？"

华西列夫斯基坚定地回答说:"斯大林同志,我想是没什么问题了!如果说有的话,那也是到前线后所遇到的新问题了。届时,我会遵照您的指示及时请示您的。"

斯大林点了点头,嘱咐说:"请你必须经常与我保持联系。如果遇到紧急情况,不管我在做什么都要叫到我。"

华西列夫斯基朗声道:"我一定与您保持经常的联系。"

斯大林说:"祝你成功!我等着你的好消息。"

华西列夫斯基向斯大林行了一个漂亮的军礼,转身离开了他的办公室。斯大林站在那里,看着华西列夫斯基的背影,用力抽了一口烟斗。他知道,这位足智多谋的元帅要到前线去了,等着他的必定是一场恶战。但无论如何,他肯定会把胜利的消息传到莫斯科的!

四

重新考评战役期限

1945年7月5日，华西列夫斯基从莫斯科飞到了后贝加尔方面军司令部所在地赤塔。他的远东军总指挥部就设在赤塔西南方向25公里处的一个掩体之中。马利诺夫斯基在司令部里为华西列夫斯基举行了简单的欢迎仪式。华西列夫斯基刚端起酒杯，就对马利诺夫斯基说："元帅同志，我们喝完这杯酒就开始干活吧！"

马利诺夫斯基端起酒杯，一饮而尽，回答说："元帅同志，来吧，让我们把日本人赶回他们的岛国去吧！"

华西列夫斯基将最高统帅部于6月28日签发的训令当面交给了马利诺夫斯基。随后，他又派通讯兵将另外两份送到了麦列茨科夫元帅和普尔卡耶夫大将那里去。正式开始工作之后，华西列夫斯基发现，关东军远没有他们预想中的强大。在前沿阵地视察部队之时，华西列夫斯基和马利诺夫斯基一起和后贝加尔方面军各集团军司令进行了会谈。

各集团军司令表示，他们通过对当面之敌的观察之后发现，敌人并没有想象中那么强大，他们所使用的武器根本无法同苏联红军相提并论。他们纷纷表示，对待这样的敌人，他们完全可以不必用计划那么长的时间就可以完成各自的任务。担任先锋突击的近卫坦克第六集团军司令便表示，他们可以在战役开始的第五天前强行通过大兴安岭地区。而在后贝加尔方面军的作战计划中，该集团完成这一任务的时限是10天。

如此一来，后贝加尔方面军各诸种合成集团军前出到中国东北平原的期限也随之大大地缩短了。第三十六集团军将攻占海拉尔地域筑垒区的期限由原来的战役第十二天提前定到了十天。占领海拉尔之后，该集团军将利用抢出来的时间去进攻东北的军事重镇之一齐齐哈尔。第五十三集团军司令则表示，他们部队将紧跟在近卫坦克第六集团军的右后方，不断扩大突击口。方面军的右翼部队，如第十七集团军也将原定的期限缩短了 5 天，并保证如期越过大兴安岭，攻占大板山地区。苏蒙骑兵机械化集群也有可能大大缩短前出至张家口和多伦的期限，胜利与当地中国共产党领导的八路军部队会合。

华西列夫斯基仔细研究了这些建议，并将其及时地上报给了最高统帅部。斯大林看到各部队的司令如此有信心，十分高兴。不过，他对部队是否真的能保持如此之高的进军速度却持怀疑态度。他立即命令总参谋部作战部部长认真评估华西列夫斯基上报的这些数据。

作战部部长的评估结果表明，华西列夫斯基上报的建议基本上是可行的。总参谋长安东诺夫亲自向斯大林作了汇报。不过，他同时也提出了自己的质疑，近卫坦克第六集团军是否真的能在山地行进中保持如此之高的速度。斯大林也有些犹豫，不过他是信任华西列夫斯基的，最终还是批准了华西列夫斯基的新方案。

处理好了后贝加尔方面军参战有关事宜之后，华西列夫斯基在 7 月中旬先后到远东方面军和滨海集群那里视察了部队。跟后贝加尔方面军的情况差不多，远东方面军和滨海集群的部署也十分顺利。各集团军司令也在与华西列夫斯基的座谈中提出了修改作战计划的请求。他们提出的请求也主要是缩短战役期限。

华西列夫斯基在处理这件事情的时候依然很慎重，他亲自到各部队的前沿阵地视察了一遍，对作战物资储备情况进行了周密的调查。调查的结果显示，红军远东军完全可以在一个月之内消灭日军关东军的主力。后来的事实证明，华西列夫斯基的判断是正确的。

7 月 16 日，斯大林突然从波茨坦给华西列夫斯基打来电话，询问对日作战的准备情况。当时，斯大林正在波茨坦与时任美国总统杜鲁门和英国首相丘吉尔就对德国的处置问题和解决战后欧洲问题的安排召开会议，史称"波茨坦会议"。

华西列夫斯基如实向斯大林作了汇报。斯大林沉默了一会，突然说："能否提前 10 天做好战役准备？"

华西列夫斯基略一沉思，坚定地回答说："根据目前各作战部队的集结和物资调运的速度来看，我们无法做到这一点。"

斯大林淡淡地说："那好吧！一切按照既定计划进行吧！"

在不久之前，斯大林还担心远东军能否在短时间内做好战役准备，为什么现在又问华西列夫斯基能否提前做好准备呢？对此，华西列夫斯基感到十分不解。他猜想，这一定和正在召开的波茨坦会议有关。

华西列夫斯基的猜测没有错。随着欧战的结束，美英两国与苏联之间的同盟关系遭到了严峻的挑战。美英两国与苏联之间因意识形态和在欧洲的利益等问题而产生的矛盾逐渐公开化了。新上任的美国总统杜鲁门和丘吉尔一样，都是狂热的反共产主义者。在波茨坦会议上，美英两国勾搭在了一起，极力遏制苏联在欧洲的利益要求。

7月17日，杜鲁门收到了一份仅有6个字的密码电报："婴儿顺利降生。"看着这份密电，杜鲁门高兴得几乎要跳起来了。这份密电是在告诉杜鲁门，世界上第一枚原子弹已经于7月16日清晨在美国墨西哥州试验成功了。杜鲁门原本对苏联还有所忌惮，因为要加快对日作战的进程，必须要有苏联的参加。但如今，情形大不一样了。有了原子弹这种威力巨大无比的武器，即使没有苏联的参战，美、英、中等国也足以快速战胜日本。

7月24日，杜鲁门带着翻译故意来到斯大林面前，装成漫不经心的样子对斯大林说："元帅阁下，美国已经有了一种可怕的武器，它具有特殊的摧毁力量。"

丘吉尔在一旁目不转睛地盯着斯大林，想看他听到这一消息会有什么反应。

令杜鲁门和丘吉尔失望的是，斯大林并没有对这个消息作出特殊的反应。他只是例行公事地回答说："听到这个消息，我感到十分高兴，希望能用它来好好对付日本军国主义。"

但实际上，斯大林对这个消息十分在意。他回到住处之后，立即将朱可夫和莫洛托夫叫到他的房间，对他们说了这件事情。

莫洛托夫说："他们是想抬高身价。"

斯大林笑了笑说："让他们抬高好了。应该告诉库尔恰托夫加快我们工作的进度。"

实际上，苏联早已知道美国在研制原子弹的事情了。他们也早有准备，斯大林说的库尔恰托夫就是具体负责这项秘密工作的领导人和研制者之一。

斯大林在要华西列夫斯基加快远东战役准备进程之时，他似乎还不知道美国已经成功爆炸了第一颗原子弹。不过，斯大林之所以这样做，肯定与美英两国对苏联的打压有关。

苏、美、英三国首脑斯大林（右）、杜鲁门（中）和丘吉尔在德国柏林附近的波茨坦举行会议的资料照片。

7月26日，同盟国以美、英、中三国联合宣言的形式发表了《中美英三国促令日本投降之波茨坦公告》，督促日本无条件投降。尽管当时中国政府并没有派代表参加这次会议，但美国方面已经就宣言的内容事先征求了蒋介石的意见。由于当时苏联尚未对日宣战，所以斯大林并没有在这份宣言上签字。

《波茨坦公告》的发表之时，华西列夫斯基正在做对日作战的最后准备。7月30日，斯大林和安东诺夫向远东军司令部联合签署了一份正式命令，正式任命华西列夫斯基元帅为远东苏军总司令，并将后贝加尔方面军、远东方面军、滨海军队集群和太平洋舰队及阿穆尔区舰队统归苏联远东军总司令指挥。收到这份正式命令，华西列夫斯基重重地吸了一口气。

1945年8月，人才济济的远东苏军指挥集体，左起：克拉夫琴科、奇斯佳科夫、梅列茨科夫、诺维科夫、马利诺夫斯基、华西列夫斯基。

他知道，随着进攻日期的临近，他和远东军司令部的全体人员向外界公开身份的时候也要到了。

8月2日，华西列夫斯基再次收到最高统帅部发来的命令。这份命令也是斯大林和总参谋长安东诺夫联合签署的。命令规定，从1945年8月5日起，滨海集群改

谋略元帅 华西列夫斯基

称远东第一方面军，司令员仍为麦茨科夫元帅；远东方面军改称远东第二方面军，司令员仍为普尔卡耶夫大将；瓦西里耶夫上将作战组改称远东苏军总司令的司令部，伊凡诺夫上将为远东苏军总司令的参谋长。

·第十一章·

击溃日本关东军

一

战役开始前的风波

波茨坦会议结束之后,斯大林立即返回了莫斯科,静候远东军对日作战的最新消息。华西列夫斯基于8月3日向斯大林提交了一份关于整个战役准备进展情况的工作报告。在这份报告中,华西列夫斯基指出,远东军对日作战的准备工作已经大体完成了。后贝加尔方面军完全可以在8月5日凌晨发起突击行动,远东方面军和滨海集群也可以在8月6日到7日之间发动进攻。远东军已准备好的作战部队计有150万人左右,拥有29000多门火炮和迫击炮、5200多辆坦克和自行火炮、约5200多架作战飞机。

考虑到气候条件,华西列夫斯基向斯大林提出建议,远东军应在8月9日到10日之间越过各地段的边境线。当时,滨海地区已经进入雨季,但后贝加尔地区还有几天的好天气。红军的空军和坦克部队正好可以利用这几天的好天气充分发挥其威力和作用。虽然滨海地区已经进入雨季,但是那里的道路和构筑良好的空军机场依然可以供坦克和空军部队使用。不过,气象部门已经向华西列夫斯基报告,滨海地区的天气在8月6日到10日之间会好转。正是出于对气候条件方面的考虑,华西列夫斯基才将进攻日期定在了8月9日到10日之间。

配合陆军出兵东北的苏联空军

华西列夫斯基在这份报告中还着重指出,日军似乎已经侦查到了苏军的战役意图,正在向中国东北和朝鲜增兵。如果将战役时间向后推迟的话,可能会对红军产生不利的影响。

斯大林十分重视华西列夫斯基的这份报告，立即命令总参谋部对其进行了评估。评估结果再次表明，华西列夫斯基的建议是可行的。于是，斯大林便批准了华西列夫斯基在8月9日到10日之间开始进攻的建议。

就在这时，一件意外事件差一点破坏了整个战役计划。8月3日上午，总参谋部作战部长什捷缅科上将突然收到了《红星报》编辑部转来的一封信。这封信是一位名叫彼得罗夫的老记者写来的。

什捷缅科上将拿着这封看起来与普通的读者来信没有任何不同之处的信，心里开始嘀咕起来。是什么样的信呢？《红星报》编辑部为什么要把它转到总参谋来呢？什捷缅科上将打开信，刚看了几行，便被吓出了一身冷汗。信上写道："是非常情况促使我这个老头子给你们写这封信的。在7月的最后几天，在有20多名与军队无关的人员在场的一个公共场所，一名军衔为中校的红军军官十分卖劲地炫耀自己。这名中校泄露了军队和国家的机密。他姓波卢比或戈鲁比，名叫尼古拉·伊万诺维奇。据他说，红军正在做对日作战的准备，已经将往远东派去了华西列夫斯基元帅为首的一群总参谋部的军官来领导这次对日作战行动……"

这件事情非同小可，什捷缅科不敢耽误，立即就此事向华西列夫斯基作了专门的报告。为了保住那名叫尼古拉·伊万诺维奇中校军官的性命，捷缅科上将没敢向斯大林汇报此事。他知道，如果让斯大林知道此事的话，那名叫尼古拉·伊万诺维奇的中校军官会立马丧命的。

华西列夫斯基接到什捷缅科上将的报告，大吃一惊，急忙与什捷缅科上将商议，在总参谋部和远东军司令部两边同时开展调查工作。华西列夫斯基强调，必须找出这名叫尼古拉·伊万诺维奇的中校军官，查明他到底向外界透露了什么，弄清楚消息在多大的范围之内传开了。

很快，远东军司令部便把尼古拉·伊万诺维奇找了出来。经过审讯，这名中校不但泄露了红军对日作战的计划，还泄露了华西列夫斯基和几位方面军司令的情况。华西列夫斯基立即将其从远东军司令部遣送回了莫斯科，并要求什捷缅科上将想办法将其秘密清除出军队系统。

随后，什捷缅科上将也查明了，尼古拉泄露的消息除了记者彼得罗夫提到的那伙人之外，并没有更多的人知道。那伙人都以为尼古拉喝醉了酒，为了炫耀自己才在那里胡说八道的。至此，华西列夫斯基才松了一口气。

这次事件刚刚平息，又爆发了一件让华西列夫斯基心惊肉跳的事件。为了缩短对日作战的进程，也为了向苏联显示自己的实力，抑制苏联在欧洲和远东的势力，美国总统杜鲁门作出了一个惊人的决定——对日本本土实施核打击。

担任这一任务的是美国空军中的一支秘密部队——"五〇九小组"。自从1944年底，美军攻占塞班岛，日本本土被置于美国空军的轰炸范围之内以来，"五〇九小组"就开始了秘密训练。在美军对日本本土实施轰炸的过程中，"五〇九小组"成员驾驶的B-29型轰炸机每次只携带一颗炸弹，而且每次投弹保持一定高度。他们这样做的目的便是为将来对日本本土实施核打击做好准备。

1945年8月5日，"五〇九小组"的负责人蒂贝斯上校奉命召集了小组成员，举行了全体会议。在这次会议上，蒂贝斯上校第一次透露了"五〇九小组"的特殊使命。在此之前，除了杜鲁门等高层之外，只有蒂贝斯上校一人知道这个小组肩负的责任。

根据杜鲁门的命令，"五〇九小组"将于次日用82号飞机携带一颗代号为"小男孩"的原子弹前往日本广岛、长崎或小仓上空，对其实施核打击。"小男孩"的梯恩梯当量为两万吨。一旦爆炸成功，它将对广岛、长崎或小仓造成毁灭性的打击。

届时，82号B-29型轰炸机将由蒂贝斯上校亲自担任正驾驶，原来的正驾驶罗伯特·刘易斯则担任副驾驶。由于机组人员中无一人了解原子弹的构造，军方便命令技术专家柏森斯上校随机飞行。为了保证原子弹的机密不被泄露出去，军方命令柏森斯上校，如果任务没有完成，他不幸被捕的话，他应立即自尽。

8月6日深夜，"小男孩"被装上了82号机。随82号机一同行动的还有5架B-29型轰炸机，其中两架负责侦察，另外3架则负责随时报告天气情况。蒂贝斯上校会根据天气情况，最终选定在哪一座城市上空投放原子弹。

8月6日凌晨2点40分，"五〇九小组"准备起飞，82号机临时命名为"依诺阿盖依"号,这是蒂贝斯的母亲的名字。飞机缓缓滑出了跑道,速度越来越快,顺利升空了。柏森斯上校爬入弹舱,打开原子弹的保险装置,装上了引爆器。

飞机径直向广岛方向飞去。广岛是日本的陆军之城。日本本土防卫军第二总军的司令部便设在这里,日本中部地区的军管区也设在这里。一代又一代的日军部队从广岛市南面的宇品港登上运兵船,前往鸭绿江与清军作战,前往奉天与俄军作战,前去吞并朝鲜,前去占领中国东北,前往卢沟桥,前往南京、武汉、平顶山……与广岛相距不远的长崎是日本最重要的造船基地之一。

7点30分,蒂贝斯上校根据当时的天气情况,果断地决定将原子弹投掷到广岛。随后,柏森斯上校做好了投弹准备。8点35分,伴随"依诺阿盖依"号的两架侦查飞机迅速离开了。9点整,"依诺阿盖依"号机组人员戴上了厚厚的墨镜,这是为了防止强光伤眼睛。

9点14分17秒,蒂贝斯上校将"依诺阿盖依"的视准仪对准了广岛中心的相生桥正中,同时将自动装置打开了。60秒钟后,原子弹从打开的舱门落入了空中。飞机突然作了一个155度的大转弯,俯冲下来。瞬间,飞机的飞行高度下降了300多米。这样做是为了尽量远离爆炸地点。

45秒钟后,原子弹在离地600米的空中爆炸了,立即发出令人眼花目眩的强烈的白色闪光,广岛市中心上空随即发生震耳欲聋的爆炸声。顷刻之间,城市突然卷起巨大的蘑菇状烟云,接着便竖起几百根火柱,广岛市马上沦为焦热的火海。

苏联红军远东军总司令华西列夫斯基元帅(中)和远东第1方面军司令梅列茨科夫元帅(左)与日本关东军代表(右)商谈日军投降事宜

几个小时后,"小男孩"顺利在广岛上空爆炸的消息通过无线电传到了大西洋中部的"奥古斯塔"号军舰上。当时,美国总统杜鲁门正在这艘军舰上与水手们共进午餐。杜鲁门看着电文,高兴地喊道:"这是有史以来最伟大的事情!"

"小男孩"给广岛造成了毁灭性的打击。当时广岛人口为34万多人,靠近爆炸中心的人大部分当场便化为灰烬了。据战后统计,当日死者计8.8万余人,负伤和失踪的为5.1万余人。这些数字还不包括日本军人,据估计军人伤亡在4万人左右。全市7.6万幢建筑物全被毁坏的有4.8万幢,严重毁坏的有2.2万幢。

疯狂的日本军国主义者并没有从这件事情中吸取教训,依然拒绝接受《波茨坦公告》。在此之前,日本军国主义已经在7月28日公开发表宣言,拒绝无条件投降。日本军方一边竭力掩盖广岛事实真相,一边将希望寄托在苏联的调停上。此时,苏联尚未对日宣战。日本企图通过苏联在盟军中的影响,让日本得以保存实力,以一种较为体面的方式结束这场战争。

"小男孩"在广岛爆炸的消息传到苏联之后,斯大林和华西列夫斯基都感到极为震惊。美国果然已经研制成功了原子弹,这对苏联来说并不是一件好事。日后,苏联无论在欧洲,还是在远东的势力势必会遭受来自美国的威胁。这次意外的风波促使斯大林下定了决心,一定要早日对日宣战,抢夺远东的地盘,以防美国在战后在那里肆意发展自己的势力!

二

三路大军直扑关东军

受到"小男孩"在广岛爆炸这一事实的刺激,斯大林于8月7日给华西列夫斯基发出了远东战役开始前的最后一道训令。训令说,所有远东红军必须在8月9日开始行动;各方面军的航空兵的战斗行动也必须在8月9日早晨开始;太平洋舰队必须在8月9日前进入一级战备状态,并完成布雷行动。接到命令之后,华西列夫斯基立即对各方面军进行了具体的安排。

此时,日本驻苏大使佐藤正在焦急地等待着苏联外交人民委员莫洛托夫的约见。由于苏联没有在《波茨坦公告》上签字,日本政府就想当然地认为,苏联或许会同意帮助调停中、美、英等国的对日作战。日本前首相近卫以天皇的特别代表的身份来到了莫斯科,企图说服斯大林,让其出面,帮助日本有条件地向中、美、英等盟国求和。

"小男孩"在广岛爆炸之后,近卫仍然抱着侥幸心理让佐藤大使等候

苏联政府官员向国内人民宣布对日开战的消息

莫洛托夫答应给他的所谓最后答复。苏联外交人民委员会的工作人员最初通知佐藤大使说，莫洛托夫准备在8月8日晚上8点会见他。

不久，工作人员又给佐藤打去电话，通知他说，莫洛托夫将会见时间提前了3个小时，计划在8月8日下午5点在克里姆林宫会见佐藤。听到这个消息，佐藤还觉得挺高兴，事情或许会有转机。

8月8日下午5点，佐藤如约来到了克里姆林宫。他刚来到莫洛托夫的办公室，莫洛托夫便冷冷地对他宣布说："苏联政府决定，为履行反法西斯盟国的应尽义务，将于1945年8月9日与贵国进入战争状态。"

说完，莫洛托夫把他手里拿着的一份《苏联政府对日宣战声明》递了过去。佐藤一下子吓傻了，怔怔地拿着那份声明，一时竟然不知道该如何是好了。《苏联政府对日宣战声明》指出，7月26日，美、英、中要求日本武装力量无条件投降，已遭到日本拒绝。由此可见，日本政府向苏联提出的关于调停远东战争的建议失去了一切根据。苏联政府忠于对自己盟国的义务，参加7月26日同盟国的公告，从8月9日起，苏联认为自身和日本处于战争状态。

佐藤在回使馆的路上突然想起来了，莫斯科与东京的时差为7个小时，莫斯科时间的8月8日下午5点正好是东京的时间的8月9日0点。也就是说，苏联已经与日本处于交战状态了。佐藤的计算没错，此时的远东战场上，远东军在华西列夫斯基的指挥下，已经向日本关东军发起了进攻。

莫斯科时间8月8日上午，华西列夫斯基给斯大林打了一个电话。在电话中，华西列夫斯基向斯大林建议，将原来拟定的8月9日凌晨3点（东京时间）的进攻时间提前到0点10分，以增强进攻的

中国报纸上刊出的苏联对日宣战消息

突然性。斯大林看了看表，毫不犹豫地同意了华西列夫斯基的建议。于是，莫洛托夫便根据斯大林的指示，提前3个小时约见了日本驻苏大使佐藤，以便与远东军的进攻时间保持一致。

在佐藤离开克里姆林宫的同时，华西列夫斯基便向远东军所属的3个方面军和两个舰队下达了作战命令。马利诺夫斯基元帅指挥的后贝加尔方面军的进攻方向上顿时响起了轰炸机和坦克的轰鸣。胡佳科夫空军元帅指挥的空军第十二集团军的各个轰炸机群和克拉夫钦科坦克兵上将指挥近卫坦克第六集团军率先发起了进攻。轰炸机呼啸而去，将一颗颗炸弹投掷到了日军的阵地上。近卫坦克第六集团军则直指遍布荆棘的大兴安岭各山口，迅速向前推进。马纳加罗夫上将指挥的第五十三集团军在近卫坦克第六集团军的右后方，紧紧跟随着，不断将突破口撕得更大。这两支强大的集团军的进攻目标是日军第三方面军所属的第四十四军右翼，以便夺取该方面军驻地奉天（今沈阳）。

柳德尼科夫上将指挥的第三十九集团军和卢钦斯基中将指挥的第三十六集团军在近卫坦克第六集团军的北部也向日军发起了突击。柳德尼科夫的第三十九集团军从蒙古东部的塔木斯克（塔木察格布拉克）突出部出发，将粉碎日本关东军第三十军和第四十四军左翼，然后沿铁路向关东军司令部的所在地新京（今长春）挺进，同来自东部的远东第一方面军的第五集团军会师于该城。卢钦斯基的第三十六集团军则从乌里亚出发经海拉尔急取齐齐哈尔，那里是日本独立第四军的司令部所在地。

在近卫坦克第六集团军南面发起进攻的是达尼洛夫中将指挥第十七集团军和普利耶夫上将指挥的苏蒙混合骑兵机械化集群。第十七集

中共中央委员会主席毛泽东就苏联对日宣战发表声明

团军以3个步兵师由尤哥孜尔庙地域向赤峰发起突击，其任务是使日本关东军与驻北平（今北京）的华北方面军失去可能的联系，使后者不可能对关东军实行任何增援措施。苏蒙混合骑兵机械化集群则以5个骑兵师、2个机械化步兵旅、一个坦克族和一个装甲汽车旅的强大兵力，由北部戈壁地区向多伦方向发起进攻，以夺取多伦和张家口一线，与中国共产党领导的抗日武装会和。次日，蒙古人民共和国对日宣战后，由霍尔洛·乔巴山元帅率领的蒙古人民革命军也加入了普利耶夫所部向张家口方向的进攻。

在滨海地区，麦列茨科夫元帅麾下的远东第一方面军冒着瓢泼大雨，在午夜1点整已经越过了国境线，各个突击集团地段上的进攻发展得也十分顺利。古雷洛夫上将指挥的第五集团军和别洛博罗多夫上将指挥的第一集团军担任主攻。为达成进攻的突然性和迅猛性，这两支部队根本未经任何炮火准备就突入了日军的第一道防线，与日军展开了肉搏战。

第五集团军很快就从格罗杰科沃冲向了绥芬河地域的广大正面，然后把攻击的矛头直指吉林方向。第一集团军由兴凯湖以南地域发起进攻，直取穆棱和牡丹江，以夺取日军第一方面军设在牡丹江的司令部。此后，这两支部队应分兵一部攻取哈尔滨，主力则向长春挺进，最后与后贝加尔方面军会师长春，粉碎驻在那里的日本关东军司令部。

在第五和第一集团军的北边是扎赫瓦塔耶夫中将指挥的第三十五集团军。该集团军以2个坦克旅和3个步兵师的兵力兵分两路，分别从古别洛沃和列索扎沃茨克两地同时发起了进攻。当天中午，该集团军即渡过了乌苏里江，然后一路领先，直逼林西地区。

远东第一方面军战线最南端的部队是由奇斯佳科夫上将指挥的第二十五集团军。该集团军奉命以4个步兵师和一个坦克旅的全部兵力掩护第五集团军主力部队。随后，该集团军将攻击矛头指向了延吉，随后经延吉直接向朝鲜境内发展进攻。

龙马舍夫海军上将指挥的太平洋舰队主要配合第二十五集团军的作战行动，攻占朝鲜北部地区。当第二十五集团军进入朝鲜北部之后，太平洋舰队便先后派出了两个强大的海军航空兵机群对其正面的日军展开了轰击和扫射。8月12日傍晚，第二十五集团军一部与太平洋舰队派出的航空和登陆作战部队一起攻占了朝鲜的雄基、罗津两座海港城市。3天之后，朝鲜清津也被太平洋舰队的一支步兵旅攻克了。

普尔卡耶夫大将指挥远东第二方面军各部队也按照既定计划在午夜1点整发起了进攻。马莫诺夫中将指挥的第十五集团军以4个步兵师和3个坦克旅的全部兵力在阿穆尔河区舰队的协助下，于松花江与黑龙江的交汇口强渡了黑龙江。日加列夫空军上将指挥的空军第十集团军的作战机群不但掩护了该集团军的渡江行动，还在此后的战斗中轰炸了北安镇、齐齐哈尔和克山等战略要地，给日军以沉重打击。

捷列欣坦克兵上将指挥的第二集团军部队为远东方面军的右翼，在第十五集团军的西北面强渡了黑龙江，并在次日上午夺取了南岸日军重兵把守的黑河和瑷珲等地。接着，该部即经小兴安岭由北面向齐齐哈尔扑去，以配合后贝加尔方面军第三十六集团军夺取该城。

帕什科夫少将指挥的步兵独立第五军则悄悄渡过了乌苏里江。有趣的是，他们在向前突进的途中竟然没有遇到一个日军。到次日晚上，帕什科夫干脆下令：坦克搭载步兵，运输汽车卸下装备而载运部队前进。直到占领勃利前，全军竟未发生过一人伤亡。日军早已经将部署在这一带的部队撤到了其他方向。

除此之外，远东第二方面军的第十六集团军也在库页岛北部向占领该岛南部的日军发起了进攻。堪察加防区的各部队也在8月15日以后根据华西列夫斯基的命令登上了千岛群岛。

一时之间，整个远东和中国东北地区都爆发了轰轰烈烈的大战。红军向前推进的速度很快，日军各部队几乎没有来得及组织有效的抵抗，便接到了撤退的命令。

三

迅速分割合围日军

远东军迅速进攻打得日本关东军措手不及。由于日本陆军部一直坚持苏联红军最早也要到 9 月之后才能发动进攻，关东军司令山田乙三下令关东军应在 9 月底之前做好防御部署。实际上，在远东军发动攻击之时，关东军的第一道防线都没有建立起来，防御力量十分薄弱。

8 月 8 日下午，山田乙三丝毫没有意识到当面红军正在准备发动进攻，他像没事人似的乘坐火车到大连出差去了。直到火车抵达沈阳，他才接到参谋长秦彦三郎的特急电报，得知红军已经发动了进攻。山田乙三手捧电报，半天没有说一句话。随后，他在沈阳下了火车，登上第三方面军航空队的一架飞机飞回了长春。

得知红军对关东军发动了进攻之后，日本陆军部也陷入了混乱之中。他们知道，关东军根本不是红军的对手。于是，他们便给山田乙三发去了

1945 年 9 月的一次会议，乔巴山、华西列夫斯基、普利耶夫、马利诺夫斯基。

一封加急电令："以对苏作战为主，随地击破进犯之敌，确保朝鲜。"

山田乙三明白陆军部的意思，关东军唯有做好放弃中国东北的打算，尽量缩短战线，集中所有兵力来固守朝鲜。随后，山田乙三收到了前线送来的消息。红军后贝加尔方面军主力正从白城—阿尔山一线

苏军坦克部队穿越大兴安岭

以南地区向东南方向直扑而来，其先头部队已经向前推进了100多公里。山田乙三像泄了气的皮球一样，瘫坐在椅子上。他暗想，按照如此快的速度推进，红军将会在8月14日前后直抵长春城下。

山田乙三急忙与秦彦三郎

苏军步兵越过大兴安岭

商议，将关东军司令部移驻到通化，同时将齐齐哈尔的上村干男将军的第四军司令部迁往哈尔滨。随后，关东军第三方面军司令官后宫又提出，由于日军准备不足，现在应以第三方面军的全部主力与急速突进的红军展开决战，以阻滞红军向前推进的速度，赢得战役准备时间。山田乙三毫无应对之策，只得答应了后宫的建议。后宫马上以第三方面军司令的身份命令本乡义夫中将指挥第四十四军尽快赶到长春、沈阳一线，摆出了一副殊死抵抗的架势。

8月11日，后贝加尔方面军近卫

日本俘虏走在哈尔滨街道上

· 251 ·

坦克第六集团军越过了大兴安岭，开始进入靠近东北地区中部的醴泉（今突泉县）、鲁北镇地区。第五十三集团军也紧随其后。一路上，两支集团军并没有遇到日军的有效抵抗，但大兴安岭复杂的地形却让他们吃尽了苦头。到达平原地区之后，部队向前推进的速度明显加快了。到8月14日傍晚时分，近卫坦克第六集团军和第五十三集团军向前推进了250~400公里，其先头部队已经胜利地前出到东北平原的中部地区，直逼长春和沈阳。近卫坦克第六集团军实现了他们在5天之内通过大兴安岭的诺言。这对加速远东战役的进程起到了至关重要的作用。

后贝加尔方面军的左翼部队——第三十九和第三十六集团军的进军也较为顺利。第三十九集团军的主力部队于8月11日在五叉沟遭遇了关东军第一〇七师团。该集团军凭借坦克部队强大的机动能力，在重创第一〇七师团之后绕过该师团的防御正面，向索伦方向直驱，并于14日前出至吉林省洮南一线。

与此同时，第三十六集团军与日军第四十四军展开了激战，重创日军之后，夺取了战略要地免渡河车站。8月15日，第三十六集团军主力部队开始向大兴安岭山顶的日军第一一九师的阵地发起强攻。

后贝加尔方面军右翼部队第十七集团军几乎没有遇到什么抵抗便于15日切断了日军华北方面军与关东军的联系。普利耶夫率领的苏蒙骑兵机械化集群也于14日攻克了多伦和张家口的北部屏障张北县城。

远东第一方面军的进攻也比较顺利。由于日军在这一地区的筑垒地域比较集中，疯狂的日军组织了多次防御，但由于装备太差，根本无法抵挡红军的攻击。航空兵轰炸机群和该集团军的自行火炮部队首先打掉了日军的高射炮阵地，随即以轰炸机对其步兵阵地进行轰炸。迅速向前挺进的巨型T-34型坦克群则填补轰炸机无法轰炸的空白地带。结果，日军被炸得晕头转向，迅速失去了抵抗能力。仅在穆棱一战中，第一集团军便俘虏了日军近万人。到8月15日傍晚，第一集团军便在第五集团军的配合下，攻占了牡丹江。

在远东第二方面军的方向上，红军的攻击也收到了意想不到的效果。到8月15日，第十五集团军的突击部队已经前出到距佳木斯40公里的苏苏屯地区。第二集团军也在攻克胜武台日军阵地后进入孙吴附近，下一步即将展开对敌第一二三师团的猛攻。

至此，日本关东军的部队已被红军远东军强行分割成了几个互相孤立的部分。山田乙三成了光杆司令，因为他已经失去了与各部队的联系。关东军各部队之间也失去了应有的防务联系，不得不各自为战。

苏军坦克部队穿越戈壁沙漠

关东军的覆亡的日期已经指日可待了。红军远东军之所以能保持如此之高的进军速度，一方面是因为远东军大部分指战员的作战经验丰富，全部是红军中的精锐部队。他们的最高指挥官华西列夫斯基又是一个足智多谋的元帅，在整个战役期间表现出了高超的指挥才能；另一方面，关东军还从来没有见识过闪电战的厉害，根本不知道该如何还击。被红军俘虏的关东军副参谋长松村少将在其后来的供词中说："苏联在8月8日这天宣战，对关东军指挥部来说是异常突然的。同样，我们没有想到俄国人会进行这种闪电式的进攻，而且也没有想到俄国军队会这样快地穿越过大兴安岭、戈壁荒漠和原始森林……"

华西列夫斯基在回忆录《毕生的事业》中也分析过红军迅速取胜的原因。他自豪地写道："在彼此分隔开的各自作战方向上行动的红军部队，其进攻速度之所以有可能达到这样高的程度，完全是由于下列原因：首先，军队的部署经过周密的考虑，熟知每一作战方向上的地形特点和敌人防御配系的性质；其次，坦克兵团、机械化兵团及骑兵兵团的广泛而大胆地使用也起到了很重要的作用；

苏联红军的炮兵攻打驻牡丹江的日军

再次，进攻的出其不意，高速进攻性的突破及坚决果断与特别巧妙的行动保障了高速进军的实现；最后，红军官兵和蒙古官兵以及水兵的无畏精神是胜利的最根本原因。"

无论是从日方认为自己失利的主要原因，还是从华西列夫斯基总结的红军胜利的主要原因中来看，作为远东战役最高指挥官的华西列夫斯基在战役开始前的周密部署以及战役中的出色指挥绝对是红军迅速取胜的主要原因之一。华西列夫斯基的出色指挥得到了斯大林和苏联人民的高度评价。人们称赞远东军是一支无坚不摧的坚甲利师，赞誉华西列夫斯基为谋略元帅。

四

日本宣布无条件投降

苏联对日宣战之后,时任日本外相的东乡立即前往首相官邸拜见铃木首相。现在,日本企图通过苏联谋求有条件投降的希望彻底灭绝了。两人一致认为,必须从速结束战争,以争取对日本任何可能的好处。两人一同前往日本王宫觐见天皇,劝天皇尽快接受《波茨坦公告》。天皇在美国投下第一颗原子弹后,就已经产生了停止战争的愿望,当下嘱东乡转告铃木首相:鉴于敌方使用了新型炸弹,日本已没有力量再打下去了,应尽早结束战争。他又通过内大臣木户指示铃木:尽快收拾残局,务必不能重演广岛的悲剧。

上午 10 点 30 分,铃木首相在日本最高指导战争委员会会议上宣布说:"今晨苏联参战,已完全将我们推入绝境,我们已经不可能继续进行战争了。"

好战的陆相阿南等一伙人坚决反对停止战争。他们声称,停战一事至少要等到日本皇军在本土同美军决战之后再说。就在双方争论不休之时,情报部门又传来消息:美国又在长崎投掷了一颗代号为"胖子"的原子弹。广岛遭受到核攻击后,日本政府仍然拒绝接受《波茨坦公告》。盟军随即制定了一个代号为"没落行动"的计划,准备在日本本土登陆,迫使日本政府立即无条件投降。不过,盟军对日军那种在"玉碎精神"指导下的自杀性抵抗十分恐惧。美英联合参谋长联席会议经过仔细的评估,预测到"没落行动"将会是漫长且伤亡惨重的行动,因此盟军最高当局认为有必要再作第二次核攻击以摧毁日军抵抗的意志。

蒂贝斯上校在广岛执行完投掷原子弹的任务后,立即飞回了美军在太平洋上的基地之一——天宁岛。当晚,他便接到了再次对日本进行核攻击的命令。首要攻击目标是小仓市，次要攻击目标为长崎市。

8月9日上午11点02分，代号为"胖子"的原子弹在长崎上空爆炸了。"胖子"的威力比"小男孩"更大。因为长崎市四面环山，再加上投弹位置离市中心较远，所以受害程度得以减轻。当时的长崎市人口有24万，战后估计死者约达14.9万人，建筑物大约被全面烧毁或破坏的达36%。

闻知这一消息，东乡焦急地说："宝贵时机不容错过，日本已危如累卵，若再拖延，于我更加不利。"

阿南气势汹汹地叫嚣说："日本还没有打败，应作本土作战，如果敌人进犯本土，必让它付出惨重代价！"

双方一直争论到下午1点，但依然没有什么结果。铃木首相只好宣布休会，将这件事情提交内阁会议讨论。在内阁会议上，多数阁员都同意接受《波茨坦公告》，但同时也提出了一个附加条件，那就是"保留天皇以维持国体"。陆相阿南等主战派仍然坚持不投降，叫嚣不管形势如何险恶，非打到底不可，宁可玉碎，不为瓦全。

铃木知道，陆军是日本的支柱，陆相的意见往往可以左右日本政府的重大决策。如何才能制服阿南等人，打破僵局呢？铃木首相决定打破先例，奏请天皇召开御前会议裁决。内阁会议结束之后，铃木与外相东乡一起觐见裕仁天皇，要求他召开御前会议。裕仁天皇早有接受《波茨坦公告》的打算，马上应允了铃木的请求。

深夜11点50分，御前最高战争指导会议在御文库的地下防空室里正式召开了。会议刚开始，铃木首相就开宗明义地说："最高战争指导会议各持己见，内阁会议又难一致，蒙陛下准予召集御前会议，请各位郑重权衡，就是否接受《波茨坦公告》，当着陛下的面表明态度。"

裕仁天皇接过话茬，让在场的内阁成员和最高战争指导会议成员表态。外相东乡与海军大臣米内表示，如果敌方能保证不触动国体，可以立刻投降。这个所谓的"不触动国体"就是指保留天皇制度。陆相阿南、军令部长官丰田和参谋总长梅津则依然不顾一切地表示，日本必须打下去，胜负要到打完本土保卫战才能见分晓。铃木起立说："鉴于无法达成共识，形势又万分紧急，就只有一个办法，请求陛下圣裁。"

众人不曾料到铃木会请天皇裁决,因为这在他们的记忆中是没有先例的,故而惊讶之余,只能侧耳静候天皇的定夺。裕仁天皇略一沉思,无奈地说:"目前旷日持久的流血和暴行已经无济于事,朕亦认为波茨坦宣言要求我们解除军队、惩罚战争领导人等,确实令人不能容忍。但是时间已到了,我们不得不容忍不可容忍的事情。采纳外相意见,接受《波茨坦公告》吧……"

裕仁天皇此话一出,阿南、梅津等人再也不敢有什么异议了。他们用力点了点头,表示同意。铃木、东乡等人则异口同声地回答:"谨遵陛下圣命。"

8月10日上午,日本外务省通过瑞士、瑞典两个中立国,将求降电文转达给美、中、英、苏四国政府,表示日本愿意接受《波茨坦公告》,但附带一项谅解:"上项公告并不包含任何要求有损天皇陛下至高君权。"

为了避免引起国内的骚乱,日本内阁并没有立即向民众公开天皇的"圣断",只是含糊其词地对外宣称:"不久之后,政府也许会公布与前不同的重大决策,全体国民要有克服有碍于国体完整的任何困难。"

与此同时,主战派的阿南在一帮陆军军官的支持下,也以个人名义向民众公布了一条信息:"毅然决然将护持神州之圣战进行到底,即使食草、咽土、露宿也在所不惜……"

8月11日,阿南的这份公告被日本的报纸和电台广为转发。铃木首相急忙向天皇说明了此事。天皇召见了阿南,并责问了他。阿南解释说:"绝对服从圣命,而在投降令生效之前,陆军自然要继续战斗。"

8月12日,苏、美、英、中四国政府答复了日本政府通过瑞士、瑞典两个中立国转交的求降电文。答复电文上说:"自日本投降之日开始,天

华西列夫斯基著作回忆录《毕生的事业》

皇和日本政府对国家的管理权将隶属于盟军最高总司令……"除此之外，盟国还要求日本天皇立即命令日本所有海陆空部队及一切武装力量停止战斗，缴械投降；在波茨坦宣言规定的目标未实现之前，盟国武装力量将不撤离日本；日本的未来将由日本人民来决定。

这份电文实际上是在告诉日本政府，他们除了全面接受《波茨坦公告》之外，别无选择。至于是否能够保留天皇至高无上的权利，那只能看日本人民的选择了。

日本主战派阿南等人立即以"维护天皇国体遭到拒绝"为借口，再次拒绝投降，并令日军各部队继续战斗。陆军省的少壮派军官更是借此机会，在阿南等默许下，准备联合近卫师团发动政变，清除主和大臣，占领皇宫，挟持天皇，企图顽抗到底。

铃木得到了主战派的阴谋，立即觐见天皇，要求再次召开御前会议，尽快完成终战手续，以防出现事变。裕仁天皇遂于8月14日上午10点50分召开了第二次御前会议。天皇在众人争议了一番之后，以总结的语气说："朕的看法未变，现在重申一下：继续战争一无好处，徒然继续造成破坏。简而言之，盟国的答复可以接受。"

阿南、梅津要求再与盟国谈判，盟国如不许，即继续战斗。天皇沉默一阵后，长叹一声道："为使全体国民之生命不再继续受到杀戮，故应立即和平结束战争，总比日本被彻底毁灭为好。陆相和海相要说服属下接受这一决定是很不容易的，如需要朕到任何地方解释，朕都可以去。"

陆相阿南与海相米内立即回答说："不敢劳动陛下。"

向苏联红军投降的日本侵略军

裕仁天皇点了点头说："那好，内阁马上拟定宣告终战的诏书，由朕亲自向国民宣读。"

说完，裕仁天皇黯然神伤地离开了地下室。天皇离开后，与会人员的默默流泪终于变为了满室唏嘘，有的竟跪倒在地号啕大哭起来！这些罪恶的侵略者怎么也没有想到，他们也会有今日！

铃木首相当天便主持内阁会议起草了《终战诏书》。下午3点，东京同盟社对外发出电讯："接受《波茨坦公告》之天皇诏书即将公布。"

到晚上7点，《终战诏书》终于定稿了。宫内省的官员用毛笔抄录了两份，一份供录音用，一份送呈天皇审核。天皇过目后，签上了"裕仁"两字，又加盖了玉玺。随后内阁再度开会，并逐一在《终战诏书》上签名，议定8月15日中午12点广播公布。

在裕仁天皇手捧《终战诏书》，进行录音之时，日本内阁通过瑞士驻美国大使，向美国政府转达了日本接受《波茨坦公告》的消息。

8月15日凌晨1点，近卫师团的师团长森刚因为不愿意随同主战派一起发动叛乱被少壮派军人开枪击毙了。少壮派军人的叛乱开始了。近卫师团立即包围了皇宫，切断了皇宫与外界联系，搜寻天皇录音，并占领了广播电台，企图阻止内阁公布《终战诏书》。结果，叛乱被担任东京卫戍任务的东部军司令官田中大将率部镇压了下去。

中午12点，随着录音片的转盘转动，裕仁天皇宣读《终战诏书》的声音终于传到日本的每个角落。东京的数百人纷纷来到皇宫城外默然肃立。他们已经事先得到通知，天皇陛下将要发表日本有史以来的第一份投降诏令。当裕仁天皇那细细的声音传出来之后，全日本以及所有在南太平洋、中国东北、朝鲜各地的日本平民和军人都流下了怀疑的眼泪。这些侵略者往日的骄狂不见了踪影，代之而来的是忧虑、恐怖、悲伤……

五

日本关东军的覆灭

在日本向外播放裕仁天皇宣读《终战诏书》录音之时，长春的日本关东军司令部里异常安静。除了眼泪"啪嗒啪嗒"掉在地板上的声音之外，什么声音也没有。一瞬间，整个世界世界似乎死掉了。昔日里无限骄纵的关东军将士们全部面无表情地呆立着，他们的心已经完全被战败的恐惧和绝望攫住了。

在日本向外公开播放《终战诏书》的录音之前，斯大林就已经通过电话通知了总参谋长安东诺夫和远东军总司令华西列夫斯基说："日本已经接受了《波茨坦公告》。"

在给华西列夫斯基的电话中，斯大林特别强调说："请注意明日以后日军在战场上的行动。如果对方放下武器投降，红军必须以人道主义待之；如果日军仍继续顽抗，则坚决彻底地消灭之。"

听闻日本已经接收了《波茨坦公告》，准备无条件投降之后，华西列夫斯基十分高兴。狂妄的日本军国主义终于招架不住了，战争终于可以结束了。但他扫了一眼作战地图，马上又陷入了沉思，战争真的会就此结束吗？日本关东军在中国东北战场上主力还存在，他们是否会立即缴械投降呢？

华西列夫斯基的担心不是没有道理的。关东军司令山田乙三早在8月14日就已经知道了日本政府接受了《波茨坦公告》的消息，但直到《终战诏书》的录音播放之后，他依然没有下达缴械投降的命令。8月15日，远东军与日本关东军的战斗依然在继续，有些地段上的战斗甚至比之前更加激烈。

当天晚上，华西列夫斯基就将这一情况向斯大林作了汇报。总参谋长安东诺夫也向斯大林报告说："迄今没有发现有日本军部给关东军和其他各作战部队下达停战令。"

斯大林似乎早就预料到了这种结局，他十分镇静地对安东诺夫说："安东诺夫同志,我们应该立即在报纸上对战场的实际情形加以说明,同时命令各作战部队,在敌人尚未在实际上无条件投降以前继续采取积极行动。"

安东诺夫立即按照斯大林的指示去做了。8月16日出版的《真理报》上刊出了安东诺夫以红军总参谋长身份签署的公告。公告写道:

1. 日本天皇8月14日关于日本投降的公告,只是关于无条件投降的一般性宣言,对武装部队还未发出停止战斗的命令,日本武装部队依然在继续抵抗。日本军队迄今为止尚未实际投降。

2. 只有当日本天皇命令自己的武装部队停止战斗行动并放下武器,而且这一命令确实付诸实行时,日本武装部队才算投降了。

3. 有鉴于此,苏联远东武装部队将继续保持进攻态势。

以与此同时,华西列夫斯基也向后贝加尔、远东第一和第二方面军下达了作战命令,要求各部队按照既定计划继续进攻,坚决消灭一切尚在顽抗中的敌军。

各部队按照华西列夫斯基的命令继续向前推进,并在行进中给关东军以重创。山田乙三有些招架不住了。他终于意识到了,继续顽抗已经毫无意义了。

8月17日下午,山田乙三通过关东军司令部的广播电台向华西列夫斯基提出了进行停战谈判的请求。关东军司令部在广播中说:"为了尽快实现停止军事行动的命令,我们关东军首长今晨颁布命令,以便我方代表乘坐的飞机能在8月17日10~14点(东京时间)之间飞往牡丹江、密山、穆棱,同苏联红军当局建立接触。关东军司令部希望这一措施不致引起任何误会。"

广播播出去两个小时之后,华西列夫斯基才收到山田乙三本人亲自签署的无线电报。山田乙三在电报中说,他已命令所属部队立即停止军事行动,向红军交出武器。随后,远东第一方面军也收到了日军通过飞机投掷的2个通信筒。筒内装有日

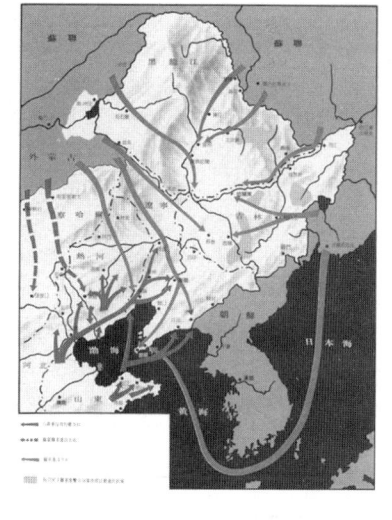

苏联红军出兵东北示意图

第十一章 击溃日本关东军

·261·

军第一方面军司令部关于停止军事行动的要求。

但前线发来的消息却显示，日军在大多数作战地段上仍在做着顽强的抵抗。华西列夫斯基立即给山田乙三回复了一封电报。华西列夫斯基在电报中向关东军发出了最后通牒，要求关东军必须在8月20日12点起之前在全线停止对红军的任何战斗行动，并缴械投降。

与此同时，华西列夫斯基又给远东第一方面军司令麦列茨科夫发去一封电报，要求他派出代表到牡丹江和穆棱两地的机场，授权他们通知关东军司令部的代表，明确告知对方，只有当日军开始正式缴械投降之后，红军的军事行动才能停止。

十分明显，华西列夫斯基在故意拖延时间。他这样做的原因有两个：其一，很多地段上的日军确实没有停止抵抗，远东军确实有继续保持军事行动的理由；其二，苏联政府和华西列夫斯基也有趁日军混乱之际占领中国东北地区，以便与中国政府谈判时可以攫取更多的利益的图谋。

8月18日凌晨3点，山田乙三再次致电华西列夫斯基。在电报中，山田乙三说，他已经向关东军所属各部队下达了缴械投降的命令，关东军将向远东军履行一切投降条件。当天上午，前线各部队纷纷发来消息，前一天还在激烈抵抗的日军各师团已经纷纷派来代表商谈受降事宜了。

华西列夫斯基元帅（前右）在哈尔滨机场视察苏军空降部队

为了抢占中国东北的战略要地，华西列夫斯基立即向各方面军司令下达命令说："……日军的反抗已被摧毁，而道路不通的情况又严重地阻碍了我军的迅速前进完成既定任务。为了立即占领长春、沈阳、吉林、哈尔滨等大城市，必须派出专门编组的装备精良的快速支队，还必须用这些支队或类似的支队来解决各项后续任务……不要怕它们离自己的主力部队太远，行动须大胆、果决……"

随后，各部队又组建了伞兵部队，开始抢占中国东北的各大城市。远东第一方面军由 120 人组成的伞兵分队率先抢占了哈尔滨。作为方面军全权代表的是该方面军副参谋长舍拉霍夫少将。日本关东军参谋长秦彦三郎由几名军官陪同来到了机场，向报舍拉霍夫少将报告了城内日军的情况。舍拉霍夫少将命令秦彦三郎及驻哈日本领事宫川等必须于 8 月 19 日 7 点乘苏军飞机前往远东第一方面军司令部，参加投降签字仪式。

8 月 19 日拂晓，后贝加尔方面军特命全权代表阿尔乔缅科上校也率领伞兵小分队在关东军司令部驻地的长春着陆了。小分队一行只有 11 人，其中有 4 名军官和 6 名士兵，其任务是接受长春守备部队和市郊所有其他日军部队的投降就俘。阿尔乔缅科上校只身来到了山田乙三的办公室。当时，山田乙三正在召开高级军官会议。

阿尔乔缅科上校一出现，所有的日军军官都愣住了。阿尔乔缅科上校立即命令山田乙三中止会议，并当面宣读了要求日军无条件投降的最后通牒。山田乙三似乎要说什么，但终究什么也没有说。他默默地取下佩刀，双手举起，递到了阿尔乔缅科上校的手中。随后，在场的其他日军将领也纷纷取下了佩刀，成了阿尔乔缅科上校的俘虏。随后，红军的航空兵部队赶到了长春市，占领了该市的主要桥梁、铁路、电台等重要设施。当天下午，山田乙三和伪满洲国总理便在阿尔乔缅科上校提出的投降书上签了字。

同一天，后贝加尔方面军的另一支伞兵小分队在沈阳着陆了。后贝加尔方面军政治部主任普里图拉少将作为全权代表，接受了城里 5 万余日军的投降。伪满洲国的傀儡皇帝溥仪和他的一批家眷也被控制住了。

与此同时，华西列夫斯基在远东第一方面军司令麦列茨科夫元帅的陪同下，在远东第一方面军司令部与关东军参谋长秦彦三郎和驻哈尔滨日本领事宫川举行了谈判，讨论日军在整

1975 年 9 月 30 日，华西列夫斯基元帅被授予列宁勋章，苏联元帅格列奇科和总政治部主任叶皮谢夫为他颁发勋章。

个中国东北和朝鲜地区无条件投降事宜。虽然名为谈判，但秦彦三郎只有俯首帖耳的份，根本不敢向华西列夫斯基提条件。

8月20日，后贝加尔方面军由200名坦克兵官兵组成的先遣支队分乘10架运输机占领了旅顺口和大连港。随后，其他的中国东北城市及朝鲜地区也先后被远东军占领。到8月底，南库页岛和千岛群岛也已经被置于苏联红军的实际控制之下了。

至此，日本关东军彻底覆灭了，远东战役也胜利地结束了。在此役中，红军计击毙日军8.4万余人，俘敌59.4万余人。仅后贝加尔方面军和远东第一方面军的战利品，就有火炮、迫击炮及掷弹筒3700门、坦克600多辆、飞机861架、汽车2000多辆、机枪12000挺、马匹13000匹、各种仓库679栋。

战后，华西列夫斯基和参加这次远东作战的全体红军将士一样，获得了一枚"战胜日本"奖章。除此之外，华西列夫斯基还被苏维埃最高主席团再次授予"苏联英雄"称号。

第二次世界大战结束后，华西列夫斯基又担任了红军总参谋长和苏联武装力量部副部长，领导军队的改组工作。此后，他先后担任了苏联武装力量部第一副部长、部长等职务。斯大林死后，他降为苏联国防部第一副部长，后又担任国防部主管军事科学的副部长。

等到赫鲁晓夫击败了莫洛托夫，完全掌握了苏联的最高领导权之后，华西列夫斯基被清除出了红军领导人之列。有一次，朱可夫找他谈话，暗示他说："亚历山大·米哈伊洛维奇，你没有写回忆录的兴趣吗？"

华西列夫斯基半天才回过味来，这是朱可夫在通知他应该辞职了。于是，华西列夫斯基便于1959年1月开始改任为将军养老设的苏联国防部总监组总监。此后，这位在第二次世界大战期间，以谋略著称的元帅默默无闻地走过了生命的最后时光。1977年12月5日，华西列夫斯基因病去世，终年82岁。

安度晚年的苏联元帅华西列夫斯基关注苏军的现代化的进程